Horst G. Weise · Vom Stasigefängnis nach Harvard

Horst G. Weise

VOM STASIGEFÄNGNIS NACH HARVARD

Ein junger Deutscher im Amerika der 50er Jahre

FRIELING

Die Schreibweise in diesem Buch entspricht den Regeln der neuen Rechtschreibung.

Bibliographische Information der Deutschen Bibliothek
Die Deutsche Bibliothek verzeichnet diese Publikation in der Deutschen Nationalbibliografie; detaillierte bibliografische Daten sind im Internet über http://dnb.ddb.de abrufbar.

© Frieling & Huffmann GmbH Berlin
Telefon: 0 30/76 69 99-0
www.frieling.de

ISBN 3-8280-2184-0
1. Auflage 2005
Umschlaggestaltung: Michael Reichmuth
Satz: Satz- & Verlagsservice Ulrich Bogun, Berlin
Sämtliche Rechte vorbehalten
Printed in Germany

*Für Harro, Reni,
Ilaria, Isabel und Marianne*

*Mit Dank an Marianne Terplan für geistige und
an Werner Topp für technische Unterstützung,
an Annelore Brandt für nützliche Hinweise.*

Vorwort

Der vorliegende Bericht schildert Erlebnisse und Gedanken eines jungen Deutschen, der nach den Erfahrungen des Nazismus, des Fronteinsatzes im 2. Weltkrieg, nach sowjetischer Kriegsgefangenschaft und politischer Haft in der DDR im ehemaligen Feindesland USA studiert und dort anschließend als Hochschullehrer unterrichtet. Er ist aus der Sicht jener Jahre geschrieben.

Inhalt

Vorwort	7
Inhalt	9
Das Abenteuer Freiheit (September 1952)	13
Ins Land der zehntausend Seen	17
Eine folgenreiche Bekanntschaft	21
Das Weihnachtswunder	25
Begegnungen mit der Vergangenheit	29
Menschen am Mississippi	33
Wie erklärt man Amerikanern das geteilte Deutschland?	37
Bei 40 Grad Hitze in der Bäckerei	39
Ein Triumph hoch über Manhattan (Sommer 1953)	41
Ein Abschied in Washington/D. C.	42
Das Gefängnis als Nachtquartier	43
Mein Chauffeur, der Firmenchef	47
Mit Streifenwagen, Lincoln und Sheriff Richtung Minneapolis	48
Go West, Young Man	51
Unter Feuerwehrleuten und Grizzlybären	53
Mit dem Glasauge Big Billy im stockdunklen Wald	54
Der schwarze Herr im weißen Cadillac	55
Der Sammler von Nazi-Reliquien	57
Was? In einem Gefängnis wollen Sie übernachten?	58
Überraschung in San Francisco	61
Die Glücksspielerin	64
Mit Flöhen hinter Gittern	65
Die Nacht im Park von Salt Lake City	65
Zurück nach Minneapolis	67
Rundfunk – und andere amerikanische Erfahrungen	68
Die Ankunft des neuen Amerikaners	73
Dinner mit dem Kaiser	76
Viertausend Kilometer kostenlos	77

Ein Engel zum Anbeten	82
Der gesellige Freimaurer	84
T. S. Eliot – der Dichter im Boxring	86
Die Immigration	88
Studentische Liberalität im Bible Belt	91
George Grosz und sein Sandkasten	96
Eine Reise in die unbekannte Heimat	98
Rebellion in Ungarn (Herbst 1956)	102
Von Hitler zur Demokratie: Rundfunksendungen für Amerikaner	104
Ein mysteriöser Anruf	106
Das Mädchen mit den Schnupftüchern im Hosenumschlag	108
Wieder nach Amerika?	110
Sprachunterricht auf dem Atlantik	112
Der Eintritt in den Bildungstempel	113
Studentische Tragödien	116
Cambridge, heiß	118
Die große Prüfung	119
Das Fünfzehn-Dollar-Auto (1. Teil)	121
Tucholsky in Cambridge	124
Der rote Diktator vor amerikanischen Studenten	125
Die Schöne im Segelboot	126
Die Brandung	128
Ein Schiff in Schieflage: Sind Sie verrückt?!	131
Auf dem Flugzeugträger	133
Bei Mary Tucholsky	135
Mit päpstlichem Segen	139
Ein Artikel und seine Folgen	140
Der falsche Prediger	142
John F. K., der Präsidentschaftskandidat (1960)	145
Eine akademische Fleischbeschau	148
Ein deutscher Schriftsteller besucht Harvard	152
Willy Brandt in Neuenglands Academia	153
Die Berliner Philharmoniker im Women's College	155

Das Fünfzehn-Dollar-Auto (2. Teil): Die Strafe	156
Die letzte Prüfung (1962)	158
Unter Architekten	160
Die in der Gosse liegen	161
Die jüdische Studentin	163
Welch schöne Frau! Gehört sie Ihnen?	164
Wie ist das, wenn ein Krieg ausbricht? (Herbst 1962)	166
Die Florentinerin	168
Überraschung im Central Park	172
Die Dachparty	175
Die Schreckensnachricht (22. 11. 1963)	176
Der jüdische Kollege	177
Günter Grass im Women's College	180
Kurt Tucholsky in Manhattan	182
Schicksalsbriefe	184
Unfassbar! (Das Fünfzehn-Dollar-Auto, letzter Teil)	185
Der Schock vor dem Abschied	186
Abschied von Amerika (Juni 1964)	187

I

Das Abenteuer Freiheit (September 1952)

Welch ein beglückender Wandel des Schicksals. Nach sechs Jahren als Soldat der todgeweihten deutschen Armee und Gefangener in sowjetischen Lagern, nach drei Jahren Unfreiheit und am Ende politischer Haft in meiner zerstörten Heimatstadt Dresden nun plötzlich die Erfahrung der Herrlichkeit der Freiheit, des weiten, offenen, unbeschädigten Raumes. Kein Stacheldraht mehr, kein Bajonett im Rücken, kein Zellengitter, keine Verhöre, keine Angst und kein kräftezehrender Hunger. Nur das schier unendliche Meer und ein grandioses, durch nichts beengtes Himmelszelt. Wie kann ich anders nach all dem Geschehen, als dies als eine Wiedergutmachung des Schicksals zu empfinden, ja als eine Gnade, eine unerwartete Entschädigung für Ertragenes, für eine gestohlene Jugend. Ich stehe an Deck, blicke in eine nie erlebte Ferne, genieße das rhythmische Stampfen der Schiffsmaschinen und bin von Freude und Dankbarkeit erfüllt.

So rauscht die MS Grote Beer nach Westen, Richtung Amerika, meinem Studienaufenthalt, einem neuen, gewiss ganz anderen Leben entgegen. Wer hätte das gedacht: Als Stipendiat ein Jahr bezahltes Leben und Lernen an einer amerikanischen Universität! War ich doch eben noch ein bettelarmer Flüchtling in dem von sowjetischen Panzern umgebenen, vom Kriege heimgesuchten Berlin, Student im ersten Semester an einer Universität, an der mich kaum ein Mensch kannte. Hier an Bord nun die andere Welt: Amerikaner, Engländer, Franzosen, Holländer und Deutsche, viele von ihnen junge Menschen, ein internationales Gemisch. Um mich herum ein ungewohntes Sprachengewirr, eine Herausforderung meiner elementaren Sprachkenntnisse, ein Vorgeschmack des Kommenden.

Dann eine Verwandlung: Wind kommt auf, nimmt zu, wird zum tobenden Sturm, der die Wellen meterhoch aufpeitscht, das Schiff zum Schwanken bringt, am Bug hochreißt und krachend wieder hinabstürzen lässt. Gegenstände fliegen umher, Menschen hasten torkelnd zu ihren Kabinen, einige mit Beuteln vor dem Mund. Ich spüre ein unbekanntes Gefühl im Magen.

Doch es ist Essenszeit. Was tun? Im Speisesaal sind die Tische übervoll von Genüssen, nach denen es mich jahrelang gelüstet hat, die es aber nie gab oder die ich mir nicht leisten konnte: Braten, knackige bunte Salate, Schokoladenpudding, Torten, Apfelsinen, Bananen und Ananas. Ihre Anziehungskraft ist stärker als mein unwohles Gefühl im Magen. Darum strebe ich meinem Platze zu, finde wenige Nachbarn und bin zerrissen zwischen Lust und Unlust. Ein reiferer amerikanischer Herr mir gegenüber beobachtet mich und fragt, warum ich nicht zugreife. Aus Angst, sage ich in meinem gerade noch zur Verfügung stehenden Schulenglisch, dass es mir schlecht bekommen wird. Falsch, sagt er, „Eat as much as you can." Das sei die beste Medizin gegen Seekrankheit. Während Apfelsinen über den Tisch rollen, Suppen überschwappen und irgendwo ein paar Teller klirrend am Boden zerbersten, stürze ich mich, ermutigt, wenn auch noch unsicher, auf die Delikatessen. „Eat more", sagt der Herr, „it will do you good." Und ich folge ihm blindlings und zunehmend gern, spüre ich doch allmählich den Wert dieses Rates. Es wird mein erstes lukullisches Mahl seit vielen Jahren. Stunden später ist mir so wohl, dass ich das Gefühl habe, niemals seekrank werden zu können.

Weiter draußen auf dem Atlantik machen mich ein paar Passagiere auf ein entferntes Spektakel aufmerksam: Wasserfontänen schießen in die Höhe. Es sind Wale, die ersten, die ich jemals zu Gesicht bekommen habe. Später begleiten uns streckenweise Delphine. Mit ihren akrobatischen Luftsprüngen, stets in der Fahrtrichtung unseres Schiffes, sorgen sie eine Weile für touristische Unterhaltung. Freuen sie sich über die Schiffe oder über die Menschen?

Am dritten Tag unserer Reise spricht mich ein junger Amerikaner an, ein Student. Er fragt mich, woher ich komme, wohin ich wolle und ob ich nicht Lust hätte, mich zusammen mit anderen an Gesellschaftsspielen zu beteiligen. Da ich allein bin, folge ich gern der Einladung und werde schnell einigen sympathisch wirkenden jungen Amerikanern beiderlei Geschlechts vorgestellt. Eine von ihnen, ein ausnehmend warmherziges Wesen, heißt Muriel und kommt aus Kalifornien. Nach einem Ratespiel, das mich sprachlich weitgehend überfordert, setzt sie sich neben mich, um mir zu helfen. Innerhalb kurzer Zeit werde ich von einem Strudel lebhafter und fröhlicher englischer Konversation erfasst, höre neue Begriffe, frage, wo ich das nicht instinktiv erfasse, nach ihrer Bedeutung und beginne damit, noch ehe ich angekommen bin, im wahrsten Sinne spielend meinen fremdsprachlichen Lernprozess. Als mich Muriel nach meinen Erlebnissen im Kriege fragt und ich ihr, nach dem Versuch einer auch mich zufrieden stellenden Antwort, erkläre, wie froh ich sei, endlich in ein freies Land zu kommen, erschreckt sie mich mit der Behauptung, so frei sei Amerika gar nicht. Da sei ein Senator namens McCarthy, der Menschen verfolge, die „linker" denken als ihm recht ist. Das beunruhigt mich, denn ich möchte Unfreiheit nicht noch einmal erleben. Doch in der Heiterkeit unseres Zusammenseins ist die kleine dunkle Gedankenwolke schnell verflogen.

Als wir uns der großen Stunde nähern, in der wir die Weltstadt New York zu Gesicht bekommen, fragt mich einer aus unserem Kreise, ob ich genügend Trinkgeld für die Stewards hätte. Ich sage ihm, dass ich keinen einzigen Dollar besäße und einen Reisekostenvorschuss der Staatsuniversität Minnesota erst in Manhattan erhalten würde, woraufhin er mir ungefragt einen Zehndollarschein in die Hand drückt, ich könne ihm das ja irgendwann zurückgeben. So erlebe ich amerikanische Hilfsbereitschaft schon vor der Ankunft in „God's own country" und kann nun den schiffsüblichen Gepflogenheiten nachkommen.

Dann ist es soweit. Aus einer leichten Dunstwolke taucht sie auf, die alte Freiheitsdame, das monumentale Geschenk Frankreichs zur Erinnerung an die errungene Unabhängigkeit, und backboard die imposante Silhouette Manhattans. Ich bin erregt, es ist ein großer Augenblick in meinem jungen Leben. Wenn der Dresdner Staatsanwalt W. mich hier sehen könnte, der mich so gern noch ein paar Jahre hinter Gittern behalten hätte, ihn würden Zorn und Missgunst erfassen, erlebte er hier meinen Triumph, diesen meinen kleinen Sieg der Gerechtigkeit über das ideologisch verbohrte, dumpfe Unrecht. Geduckt vor dem gewaltigen Massiv von Häusertürmen sehe ich im Geiste die vernichtete Silhouette meiner Heimatstadt. Welch ein Unterschied und welch eine Erleichterung, nach Jahren erlebter und erlittener Zerstörung in ein Land zu kommen, das von den optischen Verheerungen des Krieges verschont geblieben ist.

Die Koffer sind gepackt. Wir verabschieden uns und wünschen uns alles Gute. Eine Armeeangehörige aus unserem Kreise, die nördlich von San Francisco das Bildungs- und Kulturprogramm eines militärischen Stützpunktes leitet, sagt mir, sie würde sich freuen, mich dort einmal begrüßen zu dürfen. Eine erste Einladung an die Pazifikküste, viele tausend Kilometer entfernt. Ja danke, sage ich, ich käme so gern nach Kalifornien, besonders nach San Francisco, eine Stadt, die ich als Zwölfjähriger, von Frauen nichts wissend, zum Ort meines ersten Liebesgedichtes gemacht habe. Die Kultursoldatin findet das amüsant und weiß so wenig wie ich, dass ich sie genau dort wiedersehen werde. Im Angesicht der Wolkenkratzer über dem Hudson River beschließe ich, die USA nicht vor Erreichen der Westküste wieder zu verlassen. Dort, das schwöre ich mir, werde ich mir im Pazifikwasser Gesicht und Hände waschen. Es soll im nächsten Sommer, nach dem Ablauf meines Stipendienjahres, geschehen – irgendwie. Doch nun geht es erst einmal in den mittleren Westen, eine zweitägige Busfahrt entfernt.

Wir stehen alle an der Manhattan zugewandten Seite des Schiffes, bis wir angelegt haben, und sind in Erwartung des Wechsels, der in meinem Falle ein fundamentaler ist: Anderes Land, andere Sprache, andere Gebräuche und der Einstieg in ein großes Unbekanntes. Als ich zum ersten Male amerikanischen Boden betrete, kommt ein älterer Mann auf mich zu und fragt mich unverblümt: „Well, how do you like America?" Verblüfft von dieser unerwarteten, für mich unsinnigen Frage antworte ich ihm, wie könne ich das wissen, ich sei doch eben erst angekommen. Als er mich in ein Gespräch verwickeln will, dem ich, zumal angesichts seiner quirlend quäkenden Sprache, nicht gewachsen wäre, kommt mir Muriel zu Hilfe. Sie will in New York nach einer Arbeit suchen und hat mir versprochen, mich zu der Bank zu begleiten, bei der ich mein Reisegeld abholen soll.

Unser Gepäck mit uns schleppend, betreten wir die Gebäudeschluchten der Metropole. Es ist heiß, die Luft ist schwül, die Häuserwände sind erdrückend, und der Lärm des Verkehrs nach der ozeanischen Ruhe wirkt ermüdend. Selbst die Aufrechterhaltung des Gesprächs mit meiner hilfreichen Begleiterin fällt mir schwer, da ich ständig nach Vokabeln suchen oder fragen muss. Als wir nach ein paar beschwerlichen Kilometern die Bank betreten,

Muriel mich um meine Papiere bittet und mich auf einer Bank ausruhen lässt, überfällt mich eine große Müdigkeit. Als sie zurückkommt und mir sagen will, wie es nun weitergeht, geschieht das Unfassbare: Beim Gespräch mit einer reizenden, sich um mich bemühenden jungen Frau schlafe ich zwischen Haupt- und Nebensatz ein. Wie elektrisiert wache ich Sekunden später auf und entschuldige mich erschrocken und beschämt. New York hat mich erschlagen.

Noch am selben Nachmittag verabschieden wir uns in der Greyhound Bus Station und wissen nicht, ob wir uns jemals wiedersehen werden. Ein Jahr USA? Es soll ganz anders kommen.

2
Ins Land der zehntausend Seen

Zwei Tage und eine Nacht sitzend in einem Bus zu verbringen ist ein fragwürdiges Vergnügen, selbst wenn man dabei ein neues Land erkundet. Doch ich bin begierig, dieses Land, diesen Kontinent auf meine Weise mit den Augen zu erobern. Nicht alles am Wegrand in Richtung Minneapolis ist beeindruckend. Vorwiegend flache, oft waldreiche Landschaften wechseln ab mit manchmal weit auseinander liegenden Ortschaften, die offener und meistens weniger idyllisch oder gemütlich wirken als europäische Dörfer und Kleinstädte. Am Wegrand gelegentlich ein zum Restaurant oder zur Imbissbude umfunktionierter Bus oder ausrangierter Eisenbahnwaggon. Auffallend die vielen, häufig völlig isoliert stehenden weißen Holzhäuser mit ihren zaunlosen Rasen, die für europäische Verhältnisse riesigen, von uns „Straßenkreuzer" genannten Autos, von denen einige aussehen, als wären sie lieber Flugzeuge, die mächtigen Lastkraftwagen, die vielen Wohnwagenparks und die gelegentlichen Autofriedhöfe. Dies ist ein auf Langstrecken eingerichtetes Autoland. Und das entspricht meinem stärksten Eindruck: der schier endlosen Weite des Raumes. Amerika hat noch Platz für ganze Völkerschaften. Nur in der Ukraine habe ich ähnliche Weiten erlebt, doch an diese verheerenden Zeiten möchte ich mich jetzt lieber nicht erinnern.

Die Busstationen, an denen wir halten, sind nicht gerade einladend und das Essen, das wir in Fahrpausen zu uns nehmen können, ist nach den lukullischen Genüssen auf dem Schiff die reinste Antiklimax. Doch ich bin Schlimmeres gewöhnt und leiste mir angesichts meines geringen Taschengelds nur das Billigste. Meine Sitznachbarn wechseln ab und zu. Manche sagen nur „Hi", „Hello" oder „Good morning". Einer fragt mich, woher ich komme. Das führt zu einer Konversation oder eher dem Versuch einer solchen. Noch habe ich Schwierigkeiten, diese Menschen zu verstehen und ihnen meinen Wünschen entsprechend zu antworten. Den größten Misserfolg habe ich mit einem Schwarzen, dessen Englisch vom dem von mir gelernten „King's English" allzu weit entfernt ist. Selbst das Einhören braucht Zeit. Und was die Menschen und ihr Land betrifft, möchte ich keine voreiligen Schlüsse ziehen.

Selbst aus der Busperspektive ist Chicago beeindruckend und der Lake Michigan erinnert mich an unsere Geographiestunden vor einem Jahrzehnt. Die Landkarte im Kopf wird zum lebendigen bildhaften Erlebnis. Hierher möchte ich noch einmal zurückkommen. Auf dem weiteren, gebirgigeren, grüneren und flussreicheren Weg nach Minnesota, dem „Land der zehntausend Seen", umgibt uns die bisher größte Menschenleere, für mich fast ein beklemmendes Gefühl. Wie heimisch werde ich mich hier fühlen können? Werde ich hier einen Ersatz für meine durch Krieg und Nachkrieg verunglückten Jugendjahre finden?

Dann, nach langen Stunden, Ankunft in Minneapolis, meinem Reiseziel. Es empfängt mich Thelma, die einzige Person in dieser Stadt, die mich bisher zu Gesicht bekommen hat. Sie ist Psychologieassistentin an der Staatsuniversität Minnesota und hat vor Monaten an der Freien Universität Berlin als Vertreterin der University of Minnesota nach den Prüfungen für das Stipendium bei der Auswahl des Glücklichen zusammen mit anderen Amerikanern der Jury für mich votiert. Sie weiß so wenig wie ich, welche Folgen diese Entscheidung für mich und eine Menge andere haben wird. Sie bringt mich zum Foreign Student Adviser, einem freundlichen Herrn. Er heißt mich willkommen und bietet mir vielfältige Hilfe an. Da mein

Stipendium etwas knapp bemessen sei, habe man für mich eine kostenlose Unterkunft gesucht und gefunden, ein lutheranisches Begegnungszentrum. Dort könne ich für ein paar Wochen unterkommen. In den Studentenwohnheimen der Universität, den sogenannten dormitories, sei kein Platz mehr. Nach einem längeren Beratungsgespräch schreibe ich mich ein für American Studies, Anglistik, Geographie, Geschichte und Psychologie, einem „Feld-, Wald- und Wiesenstudium", wie es einst unser Dresdner Klassenlehrer für den Anfang empfohlen hat. Nun bin ich, da kriegsbedingt deutlich älter als die meisten amerikanischen Studenten, ein „Adult Special", also immerhin etwas Besonderes.

Und dann die ersten Vorlesungen in den Fächern Amerikanistik, Geographie und Journalismus. Du lieber Himmel, wie soll ich diese Professoren mit ihrem ausufernden, meine Schulkenntnisse weit überfordernden Wortschatz verstehen, ihren manchmal rapiden Wortkaskaden inhaltlich folgen? Dazu sprechen manche noch, als hätten sie einen Kaugummi im Mund. Es schmerzt, wenn der Professor scherzt und alle lachen, nur ich nicht, weil ich die Pointe nicht verstanden habe. Die meisten Nuancen entgehen mir, es ist frustrierend, doch ich weiß: Aller Anfang ist schwer, man muss sich allmählich einhören. Ich helfe mir, indem ich das Gehörte so oft und so weit es geht innerlich nachspreche und häufig vorkommende, mir noch unklare Begriffe auf der unteren Hälfte meiner Mitschriftseiten unter einem horizontalen Trennstrich notiere und zu Hause bis spät in die Nacht in meinem Wörterbuch nachschlage. Anfangs macht das manchmal zwei Drittel meiner Notizen aus, doch allmählich wandert der Strich immer weiter nach unten. Ich höre ein paar Mal „Avvid", „Horres" und Äristotl", bis ich begreife, dass Ovid, Horaz und Aristoteles gemeint sind. Man muss es nur wissen, dann wird es einfach. So gehen mir von Tag zu Tag mehr Lichter auf, und mein Verständnis des Mitgeteilten nimmt zu. Sprachenlernen braucht Zeit, Mühe, Ausdauer, Intuition und Vertrauen in die Fähigkeit der eigenen grauen Zellen.

Am Rande der Vorlesungen und in der Mensa lerne ich die ersten amerikanischen Studenten kennen. Für sie bin ich ein Mann vom Mond. Wenn ich ihnen in Beantwortung ihrer Standardfrage „Where do you come from?"

antworte, ich komme aus Deutschland, genauer gesagt East Germany, erschrecken manche etwas ungläubig. Ist das nicht ein kommunistisches Land? Ja schon, aber ich war dort ein politischer Gefangener. Was, auch das noch? Die Erklärung des komplizierten Sachverhalts strapaziert meine dafür noch rudimentären Sprachkenntnisse, aber nun bin ich für sie doch etwas Besonderes. Peinlich wird es für mich, wenn sie mit mir über Freud und Kafka sprechen wollen. Die waren im Hitlerreich als Juden auf dem Index, weswegen ich sie nie gelesen habe. Hier aber gehören sie unter Studenten geisteswissenschaftlicher Fächer zur Pflichtlektüre. Dabei sind ihre Werke Bestandteile der deutschsprachigen Literatur. Eine peinliche Wissenslücke schreit danach, gefüllt zu werden.

Erleichtert werden solche Gespräche durch die hier übliche ungezwungene, lockere, für unsere Begriffe manchmal lässige Art des Umgangs mit anderen. Weder bei diesen jungen Menschen noch bei den Erwachsenen, mit denen ich ins Gespräch komme, spüre ich Voreingenommenheit gegenüber mir als Deutschem. Schließlich waren wir vor ein paar Jahren noch Feinde, jetzt ein absurder Gedanke. Sie sind freundlich, sachlich, manchmal gerade meiner Herkunft wegen besonders interessiert. Immer mehr Fragen werden mir gestellt, immer mehr Antworten lerne ich auf Englisch zu geben. Mein Ausdrucksvermögen wächst fast von Tag zu Tag. Dann gibt es Momente, wo es mir den Dienst zu versagen scheint, wo ich verzweifelt nach einem Wort suche, das ich entweder irgendwann oder nie gelernt habe. Rückschrittsgefühle kommen dann auf und werden doch früher oder später von Erfolgserlebnissen abgelöst. Ich lerne immer mehr Studenten, Universitätsangestellte und andere kennen, werde immer mehr zu Gesprächen herausgefordert und wetze dabei meine noch stumpfe sprachliche Klinge. Langsam komme ich den Menschen und der Sprache dieses Landes näher.

Heimisch aber fühle ich mich hier noch nicht. Ich muss mich an vieles erst noch gewöhnen, was anders ist als in Europa und fremd wirkt, manchmal auch hässlich: die blumenlosen Gärten, die keine sind, sondern kahle Wiesenflächen; die schwarzen eisernen Feuerleitern, die die seitlichen oder hinteren Fassaden mehrstöckiger Häuser unschön wirken lassen; die in manchen Wohngebieten ungepflegten oder auch gar nicht vorhandenen Gehwege (man geht ja möglichst wenig zu Fuß); die Schlaglöcher in vielen Straßen; die Erbärmlichkeit der Slums und die überbordende, oft marktschreierische Schilderreklame, die dem eher verhaltenen europäischen Geschmack wenig entspricht, aber das freiheitliche Denken nicht so beleidigt wie das propagandistische Ideologie-Trommelfeuer der DDR-Slogans. Selbst der oft stählern trockene Oktoberhimmel, so schön er doch eigentlich ist, wirkt auf mich, weil ungewohnt, manchmal befremdend. Doch das sind vermutlich nur Umgewöhnungssymptome, die sich allmählich verflüchtigen werden. Außerdem wird sich Amerika ständig verändern, und Europa, Deutschland wahrscheinlich voran, wird sich während ich hier drüben bin vielleicht in mancher Hinsicht amerikanisieren. Ich muss diesem Land und mir selbst Zeit geben.

3
Eine folgenreiche Bekanntschaft

Nach Zeiten der Not geschehen manchmal Wunder – jedenfalls in meinem Leben. Schon nach wenigen Wochen muss ich mein lutheranisches Bett verlassen, da die Kirche ihr Gästezimmer benötigt. Ich ziehe in ein baptistisches Zentrum, also sozusagen zur Konkurrenz. Als auch dieses für seinen eigentlichen Zweck gebraucht wird, ist man im Foreign Student Office peinlich berührt und schafft es nach vielen Umfragen, eine Familie schwedischer Herkunft weit außerhalb der Stadt zu finden, die bereit ist, mich für ein paar Wochen kostenlos aufzunehmen. Ich wohne nun in einem sehr gepflegten Heim, esse manchmal mit den alten Herrschaften, muss aber sehr früh aufstehen, um einen der wenigen morgens in die Stadt fahrenden Busse zu erreichen und brauche weit über eine Stunde, bis ich auf dem Campus ankomme.

Eines Tages, als dichter Schnee fällt, laden mich ihre Nachbarn zum abendlichen Steakessen ein. Es ist ein Ehepaar mittleren Alters. Während wir am wärmenden Kamin sitzend unser Steak genießen – ein ungewohnter Genuss für mich, selbst ein Jahr nach der Flucht aus Ostdeutschland –, fragen sie mich stundenlang nach meiner Geschichte und der aktuellen des zweigeteilten Deutschlands. Es sind freundliche, offene und spürbar interessierte Menschen. Das Gespräch ist für mich eine sprachliche Herausforderung, doch ich schaffe es einigermaßen zufriedenstellend, das für sie Ungewöhnliche und Spannende verständlich zu berichten, wenn auch mit von Schweiß triefenden Händen, zwischen denen ich ein Taschentuch halte. Die erschreckenden Ereignisse sind noch zu nah. Als ich mich anschließend verabschiede und die Haustür öffne, trauen wir unseren Augen nicht: Vor uns liegt hüfthoher Schnee und es schneit noch immer ohne Unterlass. Ein Blizzard. Unser Gespräch war so intensiv und der Schneefall so geräuschlos, dass wir dabei in Gedanken im Kriegs- und Nachkriegseuropa waren und die Außenwelt nicht wahrnahmen. Da der Weg zu meiner Unterkunft etwa fünfzig Meter entfernt ist, schaufeln meine Steak-Freunde mit mir zu nächtlicher Stunde lange Zeit, um mir, gegen den noch immer herunterstürzenden Schnee kämpfend, einen schmalen Pfad zu meinem Nachtquartier zu graben. Dort angekommen bedanke ich mich für den angenehmen Abend und die am Ende aufopfernde Gastfreundschaft. Am nächsten Morgen ist die gesamte Nachbarschaft viele Stunden lang beim Schneeschaufeln. Niemand kommt weg von hier. Erst am Tag danach erreicht ein Pflug unsere Straße. Ich habe einen Tag Vorlesungen, allerdings nicht als einziger, verpasst und muss noch einmal das Foreign Student Office bemühen, denn so kann es nicht weiter gehen. Schließlich gelingt es den rührigen Leuten nach langem Suchen und Drängen, eine Familie im Stadtgebiet zu überreden. Wieder ein Umzug, aber ich habe ja nur wenig Gepäck.

Der neue Hausherr verkauft Sitzbezüge für Autos und lässt sich nur selten sehen. Seine Frau bereitet mir jeden Morgen ein Frühstück, scheint aber von irgendetwas beunruhigt zu sein. Vielleicht ist es dies: Mein Zimmer ist keines, es ist der nüchterne, mit Feldbett, Tisch und Stuhl notdürftig eingerichtete Kellerraum des Hauses. Mit einer Ausnahme würde mir das durchaus reichen. Der Winter ist inzwischen mit aller Macht in Minnesota eingezogen und ich höre und spüre auch immer deutlicher, dass er hier besonders kalt werden kann. Da wir bald Quartalsprüfungen haben, die wichtiger sind als die ständigen wöchentlichen schriftlichen Wissensüberprüfungen und ich noch viel Zeit für das Lesen meiner englischen Texte brauche, arbeite ich bis tief in die Nacht. Ein kleines Heizgerät vermeidet nur das Schlimmste. Um nicht beim Lesen zittern zu müssen, trage ich die wärmste Kleidung, die ich aus Deutschland mitgebracht habe, und wickele mir eine Decke um die Beine. Wenn es spät wird, sehe ich vor meinem Gesicht meinen Atem als Wasserdampfwolke – Erinnerungen an den Krieg und die Kriegsgefangenschaft. Doch ich kann mich nicht beklagen, habe ich doch hier keinerlei Ausgaben, und Russland war allemal schlimmer.

Eines Samstagnachmittags steigt die Hausherrin die Kellertreppe halb herunter in meinen Kühlraum und bedeutet mir, ich solle heute Abend zu einem Christmas carol singing mitkommen, also einem weihnachtlichen Liederabend, denn ich müsse unbedingt Leute kennen lernen. Mir scheint, die Dame hat ein schlechtes Gewissen und wünscht, jemand möge sie davon, also von mir, befreien. Ich erkläre ihr, dass ich wegen der anstehenden, für mich noch schwierigen Prüfungen jede Minute für meine Vorbereitungen brauche und lehne höflich und dankend ab. Doch sie insistiert hartnäckig: „You must meet people." Da ich Grund habe, mich dankbar zu erweisen, willige ich schließlich unter der Bedingung ein, dass ich mich während des Singens zum Lernen zurückziehen kann. Sie hat gesiegt und wird damit mein Leben verändern.

Wir entsteigen dem Straßenkreuzer meiner Gastgeber und betreten eine dieser zahllosen weißen holzverkleideten Villen der begüterteren Schichten. Eine warme, freundliche Atmosphäre empfängt uns. Weihnachtlicher Schmuck überall. Ich werde dem bejahrten Hausherrn und seiner Frau sowie einer Menge weißhaariger Damen und Herren vorgestellt, und zwar als ein „student from East Germany", also ein exotisches Wesen. „Oh, how interesting!", kommentieren einige und überlegen sich wahrscheinlich, wo genau dieses skurrile Land auf der Weltkarte zu finden ist, von dem man vielleicht schon gehört hat, es sei kommunistisch. Viel weiter gedeihen die Zwiegespräche nicht, denn es folgen weitere Vorstellungen. Hier sind vierzig oder fünfzig Gäste, Herrschaften, die fast ausnahmslos im Alter meiner Eltern oder älter sind. Ich komme mir entsprechend deplatziert vor, möchte aber keinen unangenehmen Eindruck machen und bemühe mich bei Kaffee und Weihnachtsgebäck um eine Zeitspanne der Höflichkeitspräsenz. Als die Gästeschaft zum Singen in den riesigen living room gebeten wird, ziehe ich mich nach Bitte um Verständnis bei den Gastgebern zum Lernen in einen anderen Raum zurück. Zum Klange meist fröhlicher Weihnachtslieder, deren Texte offenbar allen sehr geläufig sind, vertiefe ich mich in den radikalen Individualisten Henry Thoreau und den Transzendentalisten Ralph Waldo Emerson. In so weihnachtlich musikalischer Begleitung ist mir amerikanische Literatur noch nie begegnet.

Als der Gesang mit einem mächtigen „Halleluja" und heiterem Jubel zu Ende gegangen ist, werde ich gebeten, an einem Spiel teilzunehmen. Das sei angeblich wichtig. Kleine bemalte Anstecknadeln werden verteilt, die jeweils die vordere oder hintere Hälfte eines Tieres darstellen. Die Herren erhalten seinen Anfang, die Damen das Ende. Auf mich entfällt ein Karnickelvorderteil, und nun muss ich das für mich bestimmte Hinterteil finden. Im Gewühl der lachenden und kichernden Tierkörperteile suche ich lange vergebens, bis es mir dann doch in Gestalt einer fülligen alten Dame von gewiss über siebzig Jahren entgegen kommt. Man muss sein Schicksal akzeptieren. Unter Aufbietung meiner besten Englischkenntnisse und anerzogenen Höflichkeit geleite ich die alte Dame, ihr meinen Arm anbietend, treppab in das komfortable und festlich geschmückte Tiefgeschoss. Dort schweift mein Blick durch den Raum und nimmt eine wesentlich jüngere, recht attraktive blonde Dame in Rot zur Kenntnis, die mir weit lieber gewesen wäre. Dann lassen wir uns auf einem Diwan nieder und bemühen uns redlich, so etwas wie eine Konversation in Gang zu bringen. Plötzlich nähert sich herabsteigend ein feiner älterer Herr, begrüßt entzückt mein Karnickelhinterteil und fragt mich entschuldigend, ob er es mir entführen dürfe, sie seien alte Freunde und hätten sich lange nicht gesehen. Wie gerne bringt man ein willkommenes Opfer. Galant willige ich ein. Ich bin erlöst. Als ich mich umblicke, bemerke ich, wie die rot gekleidete blonde Dame mich ins Visier nimmt. Magisch angezogen erhebe ich mich, gehe auf sie zu und begrüße sie. Sie habe gehört, ich sei aus Deutschland, sagt sie und bittet mich, neben ihr Platz zu nehmen. „From East Germany", setze ich präzisierend hinzu, denn der Eiserne Vorhang hat ja schließlich zwei sehr unterschiedliche Welten aus meiner Heimat gemacht. Nun geraten wir beide in einen Strudel von Fragen und Antworten und ich entdecke mit Erstaunen, dass mich diese Frau zu einem einigermaßen flüssigen Wortschwall inspiriert. Ans Studieren ist jetzt nicht mehr zu denken. Sie fragt mich nach meinen Eltern und Geschwistern, was ich im Krieg und danach erlebt habe. Ich erzähle ihr, nicht ohne Erregung und flehende Suche nach manchen englischen Vokabeln, dass ich als Besatzungssoldat in Frankreich und Griechenland war, als Panzerfunker an der Ostfront, danach fast drei Jahre als Kriegsgefangener in der Sowjetunion und schließlich in Dresden erst als Lehrer, dann als politischer Gefangener, weil ich als Ostdeutscher einem Westdeutschen geholfen hatte, kritische Zeitungsartikel zu schreiben. Sie ist sichtlich beeindruckt. Beim Abschied bedeutet sie mir, sie wolle mich unbedingt wieder sehen, was ich ihr erzählt habe, sei „fascinating". Und fascinating sind auch die Folgen dieser Begegnung.

4

Das Weihnachtswunder

Schon am nächsten Abend ruft mich die gestern rot gekleidete blonde Dame bei meinen Gastgebern an und bittet mich, am Sonntagmorgen mit ihrer Familie zum Gottesdienst zu gehen, man werde mich abholen. Ein gesunder Instinkt lässt mich einwilligen. Nun erfahre ich ihren Namen: Gertrude Swanson.

Am Sonntagmorgen hält vor dem Haus ein großer Buick. Ich lerne den Rest der Familie kennen, den gut gelaunten Mr. Swanson und die Kinder, zwei Teenager. Alle sind sonntäglich gekleidet und wirken auf mich sympathisch. Die Kirche verfügt über einen eigenen Parkplatz. Auffallend gepflegt wirkende Menschen entsteigen ihren Statussymbolen, viele begrüßen sich herzlich. Das Gotteshaus, eine Methodistenkirche, ist zu meiner Freude geheizt, denn draußen ist es eiskalt. Wir geben unsere Wintermäntel ab wie bei uns zu Hause im Theater und betreten das wohlig wirkende Kirchenschiff. Mir fällt auf, dass sich manche nach Bekannten umsehen und sich zulächeln, wenn sie welche gefunden haben. Die Kirche ist offensichtlich ein gesellschaftlicher Begegnungsort. Der Prediger, ein stämmiger Riese, vermittelt mit freundlicher Miene und trotz seiner kraftvollen Stimme geradezu im Plauderton seine vorweihnachtliche Botschaft von Frieden, Liebe und Mitgefühl. Man singt mit Inbrunst und am Ende werden Behältnisse herumgereicht, die dem Einsammeln von Spenden dienen. Später erfahre ich, dass diese mächtige Kirche, wie alle Kirchen im Lande, mangels einer Kirchensteuer von Spenden abhängig ist. Man scheint hier sehr großzügig zu spenden, sonst könnte dieses Haus nicht so wohlhabend aussehen.

Nach dem Gottesdienst stellen mir die Swansons den Geistlichen vor, Reverend Dr. Loder. Er strahlt mich freundlich an und erschreckt mich beinahe mit seinem ungewöhnlich starken Händedruck. Als ich das kommentiere, erfahre ich, er sei ein sehr guter Fußballer gewesen.

Auf dem Heimweg fahren mich die Swansons vor die Haustür meiner Gastgeber und bitten diese, meine Unterkunft sehen zu dürfen. Als wir die Kellertreppe hinabsteigen, spüre ich im Gesicht der Dame des Hauses eine Mischung von Scham und Hoffnung. Die Kälte des Kellerraums können wir sogar zu dieser mittäglichen Stunde an unserem Atem sehen. Beim Abschied verspricht mir Mrs. Swanson, ich werde wieder von ihr hören.

Das lässt nicht lange auf sich warten. Am Tag darauf ruft sie an, man habe die Sache in der Familie besprochen, man wolle mich in ihrem Hause aufnehmen, kostenlos, ich solle meine Sachen packen. Noch am selben Abend werde ich abgeholt und verabschiede mich dankend und gern von meiner bisherigen, nun erlösten landlady. Diese Unterkunft sei eines Studenten aus Deutschland nicht würdig, sagt mir im Auto die gute Fee, sie wolle, dass ich ein anderes „image" von den Vereinigten Staaten bekomme. Nach einer Fahrt auf verschneiten Straßen in ein weiter vom Stadtzentrum entferntes betuchtes Wohnviertel halten wir vor einer Villa am Rande eines Sees. Im obersten Stockwerk wird mir ein kleines, aber geschmackvoll eingerichtetes Zimmer gezeigt, diesmal ein wirkliches Zimmer und ein gut geheiztes dazu. Mein neues Zuhause ist ein gepflegtes, geräumiges und gemütliches Heim bei guten Menschen. Ich solle mich in ihm frei bewegen, mit der Familie speisen, wann immer ich hier bin. Sie, die Eltern, möchten, dass ihre Kinder das „sharing", das Teilen, lernen. Ich nehme mir vor, mich dieser Ehre würdig zu erweisen. Nun lebt der Flüchtling und arme Student plötzlich in einem Schlaraffenland.

Nach den Abschlussprüfungen zum Ende des ersten Universitätsquartals – ich habe schon bessere Prüfungsergebnisse zustande gebracht, aber niemals in englischer Sprache – arbeite ich, um ein wenig Geld zu verdienen, in einem der großen Kaufhäuser der Stadt. Anfangs transportiere ich Kartons und Kisten von einer Stelle des Hauses zur anderen, dann werde ich an einem Fließband als Akkord-Verpacker von weihnachtlichen Topfblumen eingesetzt, eine nervenaufreibende Arbeit. Umso schöner sind die Abende in meinem neuen Domizil.

Kurz vor Weihnachten bitten mich die Swansons, mit ihnen in die City zu kommen. Sie wollen mir ein Weihnachtsgeschenk besorgen. Wir betreten ein Kaufhaus und besuchen die Abteilung für Herrenbekleidung. Eine halbe Stunde später bin ich der fast noch ungläubige Besitzer eines nagelneuen Anzuges, meines ersten amerikanischen Kleidungsstücks. Wenn ich ein, zwei Jahre zurückdenke, meine ich, ein Glücksengel schwebe über mir.

Am Vormittag des 24. Dezember läutet es an der Haustür der Swansons. Ich bin als Erster an der Tür. Vor mir, einen Schuhkarton in der linken Hand, der riesige Dr. Loder, der Geistliche der Methodistenkirche und frühere Fußballstar. Wieder zerdrückt er mir fast die Hand und überreicht mir den Karton. „Merry Christmas", sagt er, „this is for you." Ein Mensch und dazu noch ein Geistlicher, der mich nur ein einziges Mal in seinem Leben für wenige Minuten gesehen hat, macht mir ein Geschenk?! Ich kann es kaum fassen und ahne, wer dahinter steckt. Das Leben ist voller Überraschungen.

Am Heiligabend ist Hazel zu Gast, eine enge Freundin der Familie, begabt mit Herzenswärme und Humor. Mit den Swansons sind wir sechs Personen. Die Hausherrin setzt sich an den Flügel und spielt beschwingt ein Weihnachtslied. Mir zu Ehren wird die Bescherung, die man sonst hier am ersten Weihnachtsfeiertag vormittags feiert, auf heute Abend vorgezogen. Es soll ein denkwürdiges Erlebnis werden. Mit erwartungvollen Blicken lenken die anderen meine Aufmerksamkeit auf eine Kleiderstange auf Rädern. Sie ist behangen mit Anzügen, Sakkos, Hemden und einem wertvollen, mit dickem Lammfell gefütterten Ledermantel. Darunter Schuhe mitsamt den von Dr. Loder geschenkten. Das alles sei für mich, es seien ein paar neue, ansonsten wenig gebrauchte und frisch gereinigte Sachen, ich solle meine ostdeutschen Flüchtlingskleider mitsamt den unschönen Erinnerungen an den Krieg und seine Folgen wegwerfen und ein neues Leben beginnen. Von so viel Güte überwältigt verdrücke ich ein paar Tränen. Nie zuvor habe ich dergleichen erlebt. Mir scheint, ich werde hier für die Entbehrungen der vergangenen Jahre entschädigt. Ich solle einige der Kleider anprobieren, um zu sehen, ob sie passen. Sie passen ausnahmslos, auch die Schuhe. Ich frage, wie das möglich ist. Ganz einfach, sagt die gute Fee. Während ich in der Universität war, habe sie die in meinem Zimmer verbliebenen Kleider und Schuhe heimlich ausgemessen und habe telefonisch Freunde und Bekannte gebeten, wenn sie Gebrauchtes in meiner Größe erübrigen könnten, ihr dieses ebenso heimlich zuzuspielen. Der Geistliche hatte nach dem Gottesdienst angerufen und gefragt, womit er mir eine Freude machen könne. Ein paar gute Schuhe fehlen ihm noch, hat man ihm geantwortet, die ostdeutschen seien abgetragen. Er erhielt die Schuhgröße und besorgte den Einkauf. Alles für den „poor student from East Germany".

Die Gesichter der Anwesenden glänzen vor Freude über den gelungenen Überraschungscoup. Ich werde gebeten, in ihrem Kreise Platz zu nehmen und von meinen Erlebnissen im Krieg und in Ostdeutschland zu erzählen. Voller Dankbarkeit versuche ich unter Aufbietung meiner gesammelten Englischkenntnisse diesem Wunsche nachzukommen. Es fällt mir schwer, denn viele der schrecklichen Ereignisse an der Ostfront, im sowjetischen Kriegsgefangenenlager und in den Gefängnissen der ostdeutschen Staatssicherheit sind zeitlich noch zu nah und erregen mich. Meine Hände schwitzen. Der Hausherr reicht mir einen wohlschmeckenden, beruhigenden Whisky-Drink und ich ringe mit der Landessprache in dem Versuch, Dinge zu schildern, die meine Zuhörer gewiss nie erlebt haben, Erlebnisse und Empfindungen eines Menschen, gegen dessen Land Amerika noch vor wenigen Jahren kämpfte. Doch sie stellen mir eine Frage nach der anderen. Wie ich von den Russen gefangen genommen wurde, was ich in der Gefangenschaft erlebt habe und im politischen Gefängnis. Fasziniert hören mir alle zu. Als ich berichte, wie ich im Zustand völliger Unterernährung bei der Schwerarbeit zusammenbrach, von meinem russischen Bewacher geschlagen wurde und schließlich nicht einmal mehr sitzen konnte, sondern umkippte und liegen blieb, bis man mich wegtrug, sehe ich Tränen in den Augen der Frauen. Nun werde ich zu einem „shirt tail relative", einem Hemdzipfel-Verwandten, erklärt, also einem, der sich an die Familie anhängen darf. Vor etwas über einem Jahr saß ich noch, mit meinem Schicksal hadernd, im Dresdner Stasigefängnis, und nun dieses plötzliche Glück. Es ist ein bewegender Abend für uns alle. An seinem Ende sagt man mir, dies sei der schönste Heiligabend ihres Lebens gewesen, man sei mir unendlich dankbar. So herzerwärmend kann Amerika sein.

5
Begegnungen mit der Vergangenheit

Die Swansons haben mein Leben verändert. Statt allein in einer Studentenklause zu hausen, nehme ich nun als „Hemdzipfelverwandter" einer gesellschaftlich regen und offenbar populären Familie an deren Leben daheim und außer Haus weitgehend teil. Nur scheinbar verliere ich dadurch Zeit für mein Studium, denn ich hole sie durch den beinahe rasanten sprachlichen Fortschritt auf, den ich durch die unzähligen Gespräche in der Familie, mit ihren Verwandten, Freunden und anderen mache.

Eine Person aus ihrem Freundeskreis beeindruckt mich besonders. Es ist Dr. Anderson, eine etwa neunzig Jahre alte Dame, die vor vielen Jahrzehnten als erste Frau im Staate Minnesota Psychiatrie praktizierte. Als wir uns nach dem ersten Kennenlernen verabschieden, drückt sie mir einen Kuss auf die Wange und bemerkt schelmisch: „Es ist eine Freude für eine alte Dame, einen jungen Mann zu küssen." Die Frau ist erfrischend vital und lebenslustig. Den Swansons ist sie, so erfahre ich, schon seit langer Zeit eine wertvolle Beraterin. Mrs. Swansons Vater ist Chef eines der führenden Bestattungsunternehmen in Minneapolis, in dem auch ihr Mann arbeitet. Die Beschäftigung mit Verstorbenen als Lebensgrundlage könnte für sensible Personen wie diese beiden eine beträchtliche seelische Belastung darstellen. Dr. Anderson hat ihnen klargemacht, sie sei ein völlig legitimes business, eine Dienstleistung an leidenden Hinterbliebenen, dazu noch eine gute Einnahmequelle, folglich ehrbar. Sie sollten um so mehr dem Leben und seinen Schönheiten und Freuden zugewandt sein. Und dieser Geist beherrscht das Haus, in dem ich wohne.

Ich bekomme nun erste Einladungen, Vorträge über Deutschland zu halten, die ich waghalsig annehme, weil ich mich in freier englischer Rede üben will. Das wird mir insofern erleichtert, als sich Amerikaner besonders für die persönlichen Erlebnisse von Menschen interessieren, die etwas nicht Alltägliches zu berichten haben. Wenn ich zuerst vor einer Schulklasse, dann in einem Frauenclub, einer Baptistenkirche und einem Studentenheim von meinen *personal experiences* im Hitlerreich, in Krieg und Gefangenschaft sowie meinen Erfahrungen mit dem Kommunismus berichte, dann habe ich jedes Mal gebannt aufmerksame Zuhörer. Sprachliche Unvollkommenheiten nehmen sie für einen interessanten Bericht anstandslos in Kauf. In den Staaten gibt es Abermillionen von Einwanderern, deren Englisch mangelhaft ist. – Meinen Ausführungen folgen jedes Mal Diskussionen. Dabei fällt mir auf, dass oft die geradezu mitleidige Frage gestellt wird, warum nicht alle Menschen auf Erden so frei, friedlich, tolerant und demokratisch leben „as we Americans do". Sie verstehen nicht, warum die Wirklichkeit eine andere ist. Das zeigt die Zufriedenheit dieser Menschen mit dem System ihres Gemeinwesens und ihren Stolz auf das Geleistete, verrät aber zugleich einen Mangel an Informiertheit über andere Völker und ihre Gegebenheiten.

Eines Tages pfeife ich in einem restroom, einer Toilette der Universität, die Melodie eines russischen Volksliedes. Ein junger Mann mit auffallend feinen Gesichtszügen wendet sich mir zu und fragt mich, woher ich diese kenne. Ich antworte ihm, ich sei aus Deutschland und habe sie in der DDR oft gehört. Der Mann schaut mich daraufhin ein wenig schräg an und verwickelt mich im Hinausgehen in ein Gespräch. Er sei aus Stalingrad und habe als junger Soldat gegen die Deutschen gekämpft. Ich erzähle ihm, dass ich Ende 1942 zusammen mit einem früheren Klassenkameraden um ein Haar dorthin verlegt worden wäre und dass der dort ums Leben gekommen sei, während ich in die Bretagne kam. Ohne es auszusprechen, verstehen wir beide, dass wir noch vor wenigen Jahren als Todfeinde aufeinander hätten schießen können. Jetzt, nach dem Krieg, verstehen wir uns problemlos. Eine seltsame Begegnung mit einem dramatischen historischen Hintergrund, dazu noch in einer Toilette.

Immer mehr Menschen lerne ich kennen, die in der Zeit des Nationalsozialismus vor den Deutschen nach Amerika geflohen sind, darunter auch ein paar Juden. Manche sind die Söhne oder Töchter von Opfern des Nationalsozialismus. Es sind Begegnungen, die beiderseits Schmerzen auslösen. Ich stelle mich ihren oft unter die Haut gehenden Fragen und berichte, unter welchen Umständen ich aufwuchs und erzogen wurde, was mein gesellschaftliches Umfeld war und wie wir informiert oder nicht informiert wurden und dass ich mich bemüht hatte, meine Pflicht zu tun und dabei ein anständiger Mensch und Deutscher zu sein. Sie dürften beträchtliche Schwierigkeiten haben, sich in die Situation und die Psyche eines jungen Deutschen von damals hineinzuversetzen, der meinte, pflichtbewusst seinem Vaterland zu dienen, und einige werden ihre Zweifel haben. Ich kann nur ehrlich mitteilen, wie ich es erlebt habe. Das scheint sie zumindest zu beeindrucken. Kein einziges Mal, dass wir nicht freundlich auseinandergehen.

Die Beschäftigung mit der Vergangenheit meines Landes spielt nun auch in meinem Studium eine Rolle. Mein Geschichtsprofessor ist Harold Deutsch. Er ist ein Kenner der deutschen Widerstandsszene, hat vor dem Krieg mehrere der inzwischen hingerichteten Verschwörer persönlich kennen gelernt und war bei den Nürnberger Kriegsverbrecherprozessen als Berater tätig. Professor Deutsch unterrichtet die Geschichte des Zweiten Weltkrieges, also auch meine Geschichte. Kein Wunder, dass ich ihm wie elektrisiert zuhöre und viel mehr verstehe als in irgendeiner anderen Vorlesung. Die Gewissheit, als einziger seiner Studenten Augenzeuge jener Ereignisse gewesen zu sein, berührt mich eigenartig. Wenn die anderen von meiner Herkunft wüssten und ich gebeten würde, davon zu berichten, etwa von meinen Erlebnissen als Hitlerjunge oder als Soldat in Frankreich, Griechenland und an der Ostfront, von den Jahren meiner Kriegsgefangenschaft im Donezbecken oder meiner

Stasihaft in Dresden sowie der Flucht nach Westberlin, von Erlebnissen also, die nur wenige Jahre zurückliegen – ich wäre zu erregt und dem sprachlich wahrscheinlich nicht gewachsen – noch nicht. Wie präsent meine Erinnerungen auch sind, ich erkenne nicht ohne Erschrecken, wie unglaublich wenig ich – wie damals die Menschen um mich herum – von den Hintergründen wusste, wie oberflächlich und einseitig wir informiert waren, wie eine Diktatur verblenden und verdummen kann. Ich wusste nicht einmal, was eine Diktatur ist und erkannte darum auch nicht, dass ich in einer lebte.

Mit größtem Wissensdurst lese ich nun, das Wörterbuch stets dabei, amerikanische und britische Quellen und erlebe so zum ersten Mal jene Geschehnisse aus dem Blickwinkel unserer damaligen Feinde, verstehe ihre Empörung über die von Deutschen begangenen Verbrechen, erfahre, dass die meisten Amerikaner anfangs keinerlei Interesse am Eintritt in diesen Krieg hatten, dass sie erst durch Hitlers Kriegserklärung und das Bekanntwerden der KZ-Gräuel in ihn hineingezogen wurden. Ich, der einstige Hitlerjunge und deutsche Frontsoldat, beginne mit ihnen zu fühlen, ja mich mit ihnen zu identifizieren – ein ungeheurer Vorgang. Scham kommt in mir auf, dass ich in meinem naiven Irrglauben, meinem Vaterland einen guten Dienst zu erweisen, in dieser Vernichtungsmaschinerie, wenn auch nur als winziges Teil, mitgewirkt habe, dass ich nicht erkannt hatte, welchem teuflischen, humanitätsfeindlichen Irrsinn ich damit diente. Was aber, frage ich mich, wenn ich es erkannt hätte? Was hätte ich getan? Wäre ich bereit gewesen, als Staatsfeind und Verräter zu gelten, zu einem Strafbataillon abkommandiert oder hingerichtet zu werden und meiner Verwandtschaft, die an die gute Sache der Deutschen glaubte und der ich mich eng verbunden fühlte, dadurch Unglück und Schande zuzufügen? Eine solche entsetzliche Gewissensentscheidung blieb mir erspart, da mir verbrecherische Handlungen unserer Führung nicht bekannt waren und ich keinen Menschen kannte, der sich dem damals vorherrschenden Geist offen widersetzt hätte. Für Außenstehende und später Geborene ist das alles kaum begreifbar. Und aus dem Blickpunkt meines jetzigen Wissensstandes blicke ich auf das Phänomen solcher Ignoranz mit Entsetzen zurück.

Doch ich frage mich: Sind diese jungen Amerikaner um mich herum bessere Menschen als ich und meine Kameraden der Schul- und Kriegszeit, die Hitlerjungen und Soldaten der Wehrmacht waren? Würden sie, wenn sie von einem dem unseren vergleichbaren faschistischen System geprägt wären und für ihr Land in den Krieg ziehen müssten, in den Widerstand gegen ihren Staat gehen? Sie sind in einem völlig anderen, einem offenen Gesellschaftssystem aufgewachsen wie die jüngeren Deutschen heute, sind unbelastet, unbeschädigt, auf andere, harmlosere Weise naiv. Von Kindheit an lernen, erfahren, praktizieren sie Demokratie und damit das friedliche Zusammenleben mit unterschiedlichen Meinungen. Bei uns galt nur eine Meinung, kritisches oder gar selbstkritisches Denken hatten wir nicht gelernt. Die Demokratie war abgeschafft. Wir hatten ihre Regeln nie erlernt, ihren Geist nie geatmet, waren zum Gehorsam und zum blinden Glauben an Deutschlands gute Sache erzogen worden. So geschah, was geschehen ist, und wir mussten dafür bitter büßen.

Am Radio werde ich Zeuge der Antrittsrede des neuen Präsidenten Eisenhower. Er, der einstige General, der Hunderttausende Amerikaner in blutige Schlachten führte, betet und weint, ein in Europa unvorstellbarer Vorgang. Amerika ist anders.

6
Menschen am Mississippi

Der Minnesota-Winter ist teuflisch kalt. Der Mississippi unterhalb der Universität ist zugefroren. Temperaturen unter minus zwanzig Grad Celsius erlebe ich mehrfach. Das erinnert mich an die schrecklichen Wintermonate meiner sowjetischen Kriegsgefangenschaft im Donezbecken. Jetzt aber bin ich, im krassen Gegensatz zu damals, durch warme Kleidung gut geschützt und bin gut genährt. Hätte ich doch in jenen Jahren gewusst, dass ich einst in den Vereinigten Staaten leben und studieren würde, es wäre eine enorme seelische Kraftquelle gewesen.

Zur Entlastung der Swansons und um zu beweisen, dass ich mich auch alleine durchschlagen kann, ziehe ich in ein Studentenheim. Nun lerne ich eine Unzahl amerikanischer und auch ausländischer Studenten kennen. Eine Gruppe Frankfurter Kommilitonen ist enttäuscht von der Verschultheit des hiesigen Universitätsstudiums, der doktrinären Einstellung eines Dekans und der Leichtfertigkeit, mit der man hierzulande manchmal sozialdemokratisch oder liberal Gesinnte als potenzielle Kommunisten betrachtet. Umso begeisterter sind zwei auf Hawaii wohnende Mongolen, zwei hübsche Portugiesinnen, eine feurige Norwegerin (so etwas gibt es), ein niederländischer Pastor und eine Familie aus Hongkong. Ein Schwede betreibt zur Finanzierung seines Studiums einen schwunghaften Handel mit Uhren. Erstaunlich, wie viel Welt sich hier am oberen Mississippi tummelt.

Durch die Vermittlung von Gertrude Swanson lerne ich Beverley kennen, eine junge, aber reife ehemalige Violinistin beim Minneapolis Symphony Orchestra. Sie hat dieses Orchester und ihre bisherige Leidenschaft, die Musik aufgegeben, um sich ganz der christlichen Religion zu widmen, die ihr noch weit wichtiger erscheint als die Kunst. Wir treffen uns bei einer gesellschaftlichen Veranstaltung der größten Methodistenkirche der Stadt und diskutieren lange Zeit angeregt über die Rolle der Religion im Leben eines Menschen und der Gesellschaft. Die Kirche hat, um junge Menschen anzuziehen und für ein christliches Leben vorzubereiten, eine sogenannte „University of Life" geschaffen, die ständig Kurse anbietet, welche von der Frage der Sexualität über gesunde Ernährung, Kindererziehung, kostengünstiges Reisen durch Europa bis zu geistesgeschichtlichen Themen reichen. Das in Abwesenheit einer Kirchensteuer ausschließlich aus Spenden finanzierte jährliche Gesamtbudget dieses einen Gotteshauses ist größer als das mancher deutschen Universität, für europäische Begriffe unvorstellbar.

Als mich Mrs. Swanson im Studentenheim besuchen will, bin ich verpflichtet, während ihres Aufenthalts die Zimmertüre mindestens in einem Winkel von 45 Grad offen stehen zu lassen, eine auf Europäer lächerlich wirkende Regel. Gertrude Swanson ist fast eine Generation älter als ich. Ich freunde mich mit Marilyn an, einer, so scheint mir, intelligenten Studentin, mit der ich coffee shops, Kinos und ein Theater besuche. Als sie mich einmal abends in ihrem Studebaker nach Hause fährt und mich das Bedürfnis ergreift, ihr körperlich näher zu kommen, zieht sie vom Rücksitz eine Bibel hervor und liest mir eine lustvernichtende Passage vor. Der amerikanische Puritanismus treibt manchmal ernüchternde Blüten. Doch sollte man Lebenserfahrungen eher positiv bewerten.

In die Stadt kommt Billy Graham, der große Prediger Christi und leidenschaftliche Bekehrer. Der riesige Saal ist bis zum letzten Platz gefüllt. Ist es die Bereitschaft, sich öffentlich zum bedingungslosen Glauben an den christlichen Erlöser zu bekennen, die so viele Tausend hierher geführt hat oder ist es die Neugier, dieses theatralische Supertalent der Metaphysik einmal aus der Nähe zu erleben? Wahrscheinlich beides. Brillant gießt er seine die Missstände unserer Zeit geißelnden und als einzig wirksames Heilmittel die von den zwölf Aposteln verbreitete Lehre emphatisch über uns aus. Seine beschwörende, manchmal laut dröhnende Stimme geht unter die Haut, erregt Gefühle, Ängste, Sehnsüchte. Am Ende treten emotional Überrumpelte in großer Zahl nach vorn, lassen sich demütig von ihm segnen und in die Legionen der bisher von ihm Bekehrten einreihen. Dann gehen wir auseinander, die einen gezeichnet, die anderen nachdenklich, als wandelnde Fragezeichen. War das wirklich Gottes Wort oder die Redekunst eines Verführers? Kann man einem vertrauen, dessen rhetorische Mittel so demagogischer Natur sind, dass sie einem wie mir, der schon einmal Opfer demagogischer Zauberkünste war, vorsichtiges Misstrauen einflößen? Und doch: Ist nicht ein den Frieden predigender Demagoge der Menschheit weit dienlicher als einer, der seine Gläubigen zum Töten verführt? Und welches Recht haben wir, uns über Menschen zu erheben, die zu einem Glauben geführt wurden, der ihnen einen Halt gibt, einen Weg weist, solange dieser Weg nicht andere schädigt? Jeder Mensch sollte die Freiheit haben, seinen Weg der Religiosität oder auch der Areligiosität zu wählen und sich, bei eventuellen späteren Einsichten, wieder anders zu entscheiden. Betroffen von der Unsicherheit und Verführbarkeit der Menschenseelen verlasse ich das spirituelle Massenereignis, werde vom Strom des irdischen Alltags erfasst und lasse meine Nachdenklichkeit in der Tiefe des Bewusstseins versinken.

Der Eishockeysport, hier nur „Hockey" genannt, spielt in den Staaten eine wichtigere Rolle als in Europa. Bei einem Kampf der Universität Minnesota gegen eine andere Staatsuniversität erlebe ich schreckhafte Minuten. Ein gewaltiger Schlag auf das Tor der Gastmannschaft schleudert den Puck laut knallend auf die Stirn des Torwarts. Der stürzt vornüber aufs Eis, sein Kopf liegt in einer Blutlache. Ein Aufschrei erfüllt die Halle, Sanitäter eilen herbei, tragen ihn im Laufschritt davon. Wir halten ihn für tot. Eine halbe Stunde später betritt er mit einem mächtigen Kopfverband das Eis und stellt sich in sein Tor. Die Zuschauer springen von ihren Sitzen und brechen in einen frenetischen Jubel aus. Amerika liebt und feiert seine Helden.

Am Quartalsende holen mich die Swansons in ihr Heim zurück. Ich darf dort wieder kostenlos wohnen und wie ein Familienmitglied mit ihnen Mahlzeiten einnehmen. Nach diesen helfe ich immer beim Aufwaschen und Abtrocknen des Geschirrs. Dabei führen wir intensive Gespräche über Amerika, Europa, die deutsche Geschichte, meine Familie und Gott und die Welt. Gertrude Swanson fragt mich, wie es möglich sei, dass Deutsche in Gaskammern Menschen umbringen konnten. Nachdem sie mich kennen gelernt habe, könne sie sich das einfach nicht vorstellen. Eine Thematik, die mich immer wieder verfolgt. Unsere fast täglichen Küchengespräche verdichten sich immer mehr zu einer Institution, die mein Amerikabild und ihre Einsicht in das erweitern, was sich in Europa vor wenigen Jahren abgespielt hat.

Ich sehe einen Film über Hitler, Mussolini und Stalin, eine Thematik, die mich brennend interessiert. Geradezu fassungslos bin ich, das Kino fast leer zu sehen. Von wenigen amerikanischen Frontkämpfern des Zweiten Weltkrieges abgesehen haben die Menschen hier das von diesen drei Männern und ihren Anbetern Angerichtete nicht hautnah miterlebt. Europa ist für sie zu weit entfernt, der Weltkrieg ist für sie gewonnen und abgehakt. Unterschiedliche Völker haben unterschiedliche Perspektiven.

Mich erreicht die Nachricht, dass meine Eltern mit meiner Schwester als Letzte unserer Familie Dresden verlassen haben und über Westberlin nach Bayern geflohen sind. Sie haben nur ein paar Koffer mitnehmen können, der Rest unserer großen Wohnung und unseres Besitztums ist verloren. Mein Bruder war unter abenteuerlichen Umständen schon zwei Jahre nach dem Krieg nach Westdeutschland geflohen. Nun besteht unsere einst betuchte

Familie nur noch aus Flüchtlingen. Die Swansons und Gertrudes Eltern schicken Geld und ein Paket ins bayerische Flüchtlingslager. Dann fragen sie mich, wem in der Familie sie sonst noch eine Freude machen könnten. Mein Bruder, berichte ich ihnen, habe mich beim Abschied gebeten, ihm irgendwann ein Paar khakifarbene Militärhosen zu schicken oder, wie er scherzend hinzufügte, die Immigrationspapiere. Die Reaktion verblüfft mich. Gut, sagen die Swansons, wir lassen uns von einem in Wiesbaden als Oberstleutnant Dienst tuenden Freund ein Gutachten über ihn schicken und werden, wenn dessen Beurteilung positiv ist, die Immigrationspapiere besorgen. Und nach seiner Ankunft in Minneapolis werden wir die Khakihosen kaufen. Eine unglaubliche Vorankündigung, denn Sponsor eines Immigranten zu sein ist mit viel Mühe und einem großen Risiko verbunden. – Wenn ich ein halbes Jahr in die Zukunft blicken könnte, würde ich sehen, dass alles genau so geschehen wird, wie es die Swansons gesagt haben.

7
Wie erklärt man Amerikanern das geteilte Deutschland?

Stalin, der Schlächter ist gestorben. Fast sieben Jahre meines Lebens stand ich direkt oder indirekt unter seiner Herrschaft. Nun ist er nur noch Knochen, Staub und schreckliche Erinnerung. Manche glaubten schon, er würde ewig leben und anders Denkende unterjochen. Doch ist dies eine Zeitenwende? Der Geist dieses Tyrannen, der Stalinismus, ist in Osteuropa noch in voller Blüte und scheint sich in der Welt weiter auszubreiten. Meine Heimat Ostdeutschland und der Ostteil Berlins sind nach wie vor in seinem Würgegriff. Wie lange noch?

Eine High School bittet mich, eine Stunde Unterricht über das gegenwärtige Deutschland zu halten. Eine freundliche Lehrerin empfängt mich, die vierzehn oder fünfzehn Jahre alten Schüler erheben sich von ihren Plätzen und beäugen mich als das, was ich für sie bin: als einen Exoten, einen Menschen von einem anderen, vor kurzem noch feindlichen Stern. Neben dem Pult eine Weltkarte. Ich frage, wer mir zeigen könne, wo Deutschland liegt. Betretenes Schweigen. Die Welt hat zu viele Länder, die zu weit entfernt sind. Immerhin finden sie Europa, doch auch das ist ziemlich hoffnungslos in zu viele Nationen aufgeteilt. Einer macht einen Versuch und scheitert. Ich helfe und frage, wo denn nun Berlin liege. Das aber geht auf dieser Weltkarte völlig unter. Jetzt nehme ich ein Stück Kreide und zeichne auf der Wandtafel eine grobe Karte Gesamtdeutschlands, teile es in die vier Besatzungszonen auf, mache einen Kreis um Berlin, teile ihn in dessen vier Sektoren auf, erkläre ihnen, dass Berlin, also auch der amerikanische Sektor, von sowjetischen Panzern umgeben ist, dass im britischen Sektor sowjetische Soldaten an einem Ehrenmal Wache halten und im britischen sowjetische Soldaten aus den Fenstern eines von ihnen beherrschten Funkhauses Sonnenblumenkerne auf die unter ihnen patrouillierenden britischen Soldaten spucken. Jetzt sind die jungen Amerikaner endgültig fassungslos und überfordert.

Das High-School-Erlebnis veranlasst mich zu einem Wagnis: Ich schreibe einen Artikel für die lokale Presse, meinen ersten in englischer Sprache. Darin übertrage ich die aktuellen deutschen und Berliner Verhältnisse auf die USA und die Stadt Minneapolis. Nach einem von den Amerikanern verlorenen Krieg werden die Vereinigten Staaten in Besatzungszonen der Siegermächte aufgeteilt. Der Staat Minnesota gerät unter sowjetische Kontrolle, die von russischem Militär umgebene Stadt Minneapolis besteht aus einem sowjetischen, einem britischen, einem französischen und einem deutschen Sektor. Panzer der Besatzungstruppen rasseln durch ihren jeweiligen Sektor. Die Stadt ist zerrissen in einen kommunistischen und einen kapitalistischen Teil. Im kommunistisch dominierten Teil werden ständig Gegner des Regimes verhaftet und zu Haftstrafen verurteilt. – Der Artikel wird von der führenden Tageszeitung des Staates, der *Minneapolis Star & Tribune* angenommen und erregt bei seinem Erscheinen Aufsehen. Jetzt geht den Lesern Berlin unter die Haut, jetzt verstehen sie Deutschland besser. Viele Menschen sprechen mich an, stellen Fragen, loben mich, laden mich ein. Ich soll Vorträge in verschiedenen Clubs, Kirchen und Studentenschaften halten. Einige Angebote nehme ich an, muss aber darauf achten, dass mein Studium nicht darunter leidet.

Berlin verlässt mich im Mittleren Westen nicht. Ich werde zu einem Empfang eingeladen, den die Stadt für den Berliner Oberbürgermeister Erich Reuter gibt. Als ich mich ihm vorstelle, fragt er, warum ich hier sei. Meine Antwort scheint ihm zu missfallen. Fast ärgerlich beschwört er mich: „Deutschland braucht Menschen wie Sie. Kommen Sie zurück!" Diese Worte beunruhigen mich, hege ich doch den Wunsch, ein weiteres amerikanisches Studienjahr anzuhängen, wenn nicht sogar noch länger zu bleiben. Ich habe jetzt hier viele Bekannte, mehrere Freunde und erlebe, wie meine Zweitsprache meine Alltagssprache geworden ist, wie ich in ihr denke und wie sie sogar meine Träume erfasst. Soll ich jetzt, wo ich mich hier immer mehr zu Hause fühle, in das von sowjetischen Panzern umzingelte Westberlin zurückkehren, an eine Universität, wo mich kaum einer kennt? Wäre es nicht vernünftiger, von dem Erarbeiteten zu profitieren und noch ein Jahr auf eigenes Risiko anzuhängen? Das Ende meiner Stipendiatenzeit naht. Die Freie Universität Berlin, die ich als Austauschstudent verließ, schweigt sich aus. Der Gedanke, nach dem Erlebnis der Freiheit in das von der DDR umgebene Westberlin zurückzukehren, ist mir nicht geheuer. Ich beschließe, ein weiteres Jahr zu bleiben, nicht ahnend, dass daraus ein ganzes Jahrzehnt werden wird. – Erich Reuter stirbt noch im selben Jahr.

8

Bei 40 Grad Hitze in der Bäckerei

Jetzt heißt es Geld verdienen. Ich beantrage ein weiterführendes Stipendium und frage Prof. Deutsch, ob er für das kommende Studienjahr einen Assistenten brauche. Das, sagt er, wäre erst nächstes Jahr möglich. Ich benötige aber eine Einkommensquelle schon im Herbst diesen Jahres. Wo habe ich die besten Chancen, eine Anstellung als Lehrassistent zu bekommen? Manche sagen mir, ich als Deutscher hätte doch in der Germanistik einen Vorteil gegenüber amerikanischen Studenten. Germanistik in Amerika? Aber warum eigentlich nicht? Ich versuche es beim German Department und finde offene

Ohren. Man sagt mir unter einer Bedingung zu: Ich muss Germanistik zu meinem Hauptfach machen. Das war bisher nicht meine Absicht, doch nach reiflicher Überlegung sage ich zu. Schicksal ist Entscheidung plus Glück, aber erst kommt die Entscheidung.

Das Studienjahr endet im Juni. Für den späten Sommer plane ich die ersehnte Reise quer durch die USA. Zum schnellen Geldverdienen bleibt also nur der frühe Sommer. Durch die Vermittlung hilfreicher Bekannter deutscher Abstammung finde ich einen Job in einer Großbäckerei. Es handelt sich um eine Nachtschichtarbeit. Der minneapolitanische Sommer ist heiß, manchmal wochenlang brütend heiß und feucht. Die Nächte sind zwar halbwegs erträglich, doch in der Hitze einer Bäckerei? Ich muss am späten Abend zur Arbeit antreten und kann um fünf Uhr morgens nach Hause gehen. Es gilt, noch ofenwarme, alle möglichen Varianten amerikanischer Backtradition, wenn schon nicht Backkunst, umfassende Produkte auf Bleche zu verteilen und zu anderen Stellen der Fabrikhalle zu transportieren. Das könnte in einem eiskalten Winter eine beinahe angenehme Beschäftigung sein, doch bei fast vierzig Grad ist sie schweißtreibend und manchmal kaum noch erträglich. Der Heimweg zu frühmorgendlicher Stunde ist dann jedes Mal eine Erlösung. Ein noch fast leerer Bus und ein Fußweg durch die erwachende Natur, vorbei an hüpfenden Eichhörnchen und den Frühaufstehern unter den Vögeln. Dann, noch ehe die meisten Menschen erwachen, versinke ich in einen tiefen Vormittagsschlaf.

Am Ende meiner nächtlichen Bäckereiarbeit habe ich etwa fünf Kilo abgenommen. Mein Durst ist beinahe grenzenlos. Ganze Gallonen Milch und Orangensaft verschlinge ich in kurzer Zeit. Der Chef der Bäckerei schenkt mir zum Abschluss zwei Kammgarnanzüge. Man stelle sich das bei uns zu Hause vor.

Aus Deutschland kommt die Nachricht von einem Arbeiteraufstand in Ostberlin. Um den Mut zu haben, gegen eine geballte Polizeimacht und sowjetische Panzer aufzubegehren, muss die Wut beträchtlich sein. Viele werden das mit ihrer Freiheit, wenn nicht ihrem Leben bezahlen müssen. Vor kurzem noch wäre das undenkbar gewesen. Da ändert sich etwas. Hoffentlich. Eigenartig, das, was mich noch vor kurzem fast verschlang, aus der sicheren Distanz zu beobachten. Wie tröstlich, dass Deutschland so weit weg ist. Jetzt hat mich Amerika im Griff.

Es ist Zeit für die Einlösung meines Schwurs bei der Ankunft in New York im vorigen September, mir innerhalb Jahresfrist das Gesicht mit Pazifikwasser zu waschen. Die große Reise durch den Kontinent steht vor der Tür. Wann immer es geht, will ich per Anhalter, als *hitchhiker*, reisen, denn das Ersparte brauche ich fürs Leben und Studieren im Herbst. Mal sehen, was kommt.

9
Ein Triumph hoch über Manhattan (Sommer 1953)

Vom Mittleren Westen an die Ostküste und wieder zurück, dann weiter bis an die Pazifikküste und von dort zurück nach Minneapolis zu reisen – das ist ein kühnes Vorhaben für einen knappen Monat, besonders wenn man nicht viel mehr als fünfzig Dollar in der Tasche hat. Ohne Verzicht auf Bequemlichkeiten, eine Prise Glück und eine kräftige Portion Optimismus geht das nicht. Doch was ich mir vor neun Monaten bei meiner Ankunft in New York fest vorgenommen habe, das soll jetzt geschehen.

Ich finde einen, der mit seinem Buick nach New York City fahren will und zahlende Mitreisende sucht. Mit $ 12,50 bin ich dabei. Nach einer fast zweitägigen Tag- und Nachtreise komme ich sardinengleich gepresst und ermüdet in Manhattan an. Zu Fuß schlage ich mich diverse Meilen zu Muriel durch, meiner warmherzigen Schiffsbekanntschaft vom letzten Jahr und bitte sie um Verständnis, ich müsse als Erstes ein Stündchen schlafen. Als sie mich aufweckt, streife ich noch im Halbschlaf mit einer Hand ihren Unterarm und beobachte zu meinem Erstaunen, dass das Spuren hinterlässt, die eine ganze Weile sichtbar bleiben. Eine derartig empfindliche Epidermis habe ich noch nie erlebt. Da müsste man (oder sie) ja schon beim Streicheln Angst vor nachhaltigen Zärtlichkeitseffekten haben.

Dann zeigt sie mir die Stadt. Wir promenieren die Fifth Avenue hinunter und betreten das imposante Empire State Building. Es wurde unmittelbar nach dem katastrophalen Börsencrash am Ende der Zwanzigerjahre gebaut und ist auch deswegen ein Monument amerikanischer Tatkraft und technischer Brillanz. Als wir auf der höchsten für Besucher zugänglichen Etage angekommen sind und auf dieses gewaltige Gebirge von Wolkenkratzern hinabblicken, überkommt mich wie beim ersten Erblicken der Freiheitsstatue vor einem knappen Jahr ein Gefühl des Triumphes. Vor kaum zwei Jahren war ich im Dresdner Stasigefängnis in entwürdigender Enge eingesperrt und von 1945 bis 1947 in sowjetischen Kriegsgefangenenlagern ausgehungert und gedemütigt worden. Nun da oben auf dem Dach der Neuen Welt zu stehen, ist für mich der endgültige Sieg der Freiheit über das Unglück in meiner Vita. Manchem politischen Flüchtling der Nazizeit mag es damals ähnlich gegangen sein, nur dass ich auch die Freiheit habe, jederzeit nach Deutschland zurückzukehren, wonach ich mich jetzt gar nicht sehne. Wir besuchen dann noch die attraktive Rockefeller Plaza und den Central Park, ehe wir uns Manhattans Chinatown ansehen. Schnell wird mir klar, dass so etwas Wochen dauern könnte, wenn man es gründlich machen wollte. Da Muriel bei Radio Free Europe arbeiten muss, führt mich ihre Freundin, eine Chinesin, durch das United Nations Building. Den ereignisreichen Tag beschließt eine pfiffige, von erfrischendem amerikanischen Esprit und eindrucksvoller Präzision geprägte Show in der Radio City Music Hall. Diese Weltstadt ist gewaltig in ihren Ausmaßen, ihrer Geballtheit, ihrer Vielseitigkeit und ihren unzähligen Angeboten. Ich muss, ich will, ich werde sie wiedersehen.

10

Ein Abschied in Washington/D. C.

Am nächsten Tag fahre ich mit Muriel im Bus nach Washington. Dort trennen wir uns aber bald, weil sie in der Stadt Dienststellen zu besuchen hat und abends bei Freunden wohnt. Anspruchslos und zur äußersten Sparsamkeit gezwungen, finde ich ein Bett für $1,50 im YMCA, einer segensreichen

Einrichtung für Reisende ohne Budget. Am Tag danach ein meilenlanger Spaziergang zwischen weißen Häusern und vorwiegend schwarzen Menschen, ein starker Kontrast. Am Potomac spielt eine Militärkapelle schmissige Musik. Zwischen unserer traditionellen und dieser hier liegt ein Ozean. Da Zackigkeit, hier Lebensfreude. Zumal nach World War Two gebe ich letzterer den Vorzug.

Ich lerne zwei junge Chinesinnen kennen, eine davon ist schon Doktorandin, mir also weit voraus. Sie ist jünger als ich, hat aber nicht durch Kriegsdienst und Gefangenschaft wertvolle Jahre verloren. Die beiden nehmen mich auf eine Party mit, bei der ich einen ehemaligen griechischen Partisanen kennen lerne, der auf dem Peloponnes gegen die deutschen Truppen kämpfte, mich dort also im Sommer 1943 hätte umbringen können oder ich ihn, ein aufregendes Zusammentreffen. Wir sprechen sehr frei miteinander und verstehen uns bald ausgezeichnet. Der Wahnsinn des Krieges in einer Nussschale.

Ich muss die Ostküste wieder verlassen, damit ich Kalifornien noch zur Zeit schaffe und zum Beginn des neuen Studienjahres Mitte September wieder an der Universität in Minneapolis sein kann. Ein letztes Gespräch mit Muriel. Wir konstatieren beiderseitige Sympathie, aber nicht mehr. Sie begleitet mich an den Stadtrand, wo ich meinen Koffer mit der Aufschrift „Berlin to Chicago" so aufstelle, dass vorbeifahrende Autofahrer sie lesen können, verabschiedet sich und wartet, entgegenkommend wie sie ist, in einiger Entfernung so lange, bis ein Auto für mich anhält. Ein Abschied für immer und der Beginn einer langen abenteuerlichen Reise als Anhalter.

II

Das Gefängnis als Nachtquartier

Mein erster Erfolg als „hitchhiker" führt mich wieder mit der deutschen Vergangenheit zusammen. Der Fahrer, ein Amerikaner mittleren Alters, hat zu meiner Überraschung wie ich im Sommer 1951 die kommunistischen Weltjugendfestspiele in Ostberlin miterlebt, war wie ich Zeuge des Kalten Krieges zwischen dem kapitalistischen West- und dem kommunistischen Ostberlin. Nur wurde er nicht wie ich anschließend verhaftet und inhaftiert. Meinen Bericht hört er mit größtem Interesse und dankt mir am Ende für die spannende Unterhaltung.

Mein zweiter Chauffeur hat keine Beine mehr. Er hat sie im Krieg auf einer Pazifikinsel durch eine Mine verloren. Er kann sämtliche Fahrfunktionen mit den Händen ausüben, eine erstaunliche Konstruktion. Als ehemalige Feinde sind wir zwei Überlebende der größten Katastrophe des Jahrhunderts. Der Krieg ist seit acht Jahren vorüber, begegnet mir aber immer wieder.

Als Nächster liest mich, inspiriert von dem Reizwort „Berlin" auf meinem Koffer, ein deutschsprachiger Geistlicher vom Straßenrand auf. Er hat den deutschen Theologen Professor Tillich an Bord, den er gerade vom Flughafen abgeholt hat. Zwei Männer Gottes und ein Student unterhalten sich nun angeregt über das Problemland Deutschland. Mittags lädt uns der Pfarrer beide zum Essen ein. Dann trennen sich unsere Wege. – Mein nächster Fahrer ist ein ehemaliger Seemann, der mir mit seiner ungebremsten Vulgärsprache und radikal materialistischen Einstellung auf die Nerven geht, mich dafür aber einige hundert Meilen Richtung Westen chauffiert. – Am späten Nachmittag hält für mich ein Vater mit seinem Sohn. Sie haben sich viel zu sagen. Es sind die Ersten, die sich nur untereinander, aber nicht mit mir unterhalten, zur Abwechslung ein ganz angenehmer Umstand. Sie bringen mich nach Pittsburgh und setzen mich dort kurz nach Mitternacht im Zentrum vor einem Drugstore ab, der einen *24-hour service* anbietet. Ein weiß bekittelter Verkäufer fragt mich, was ich wünsche. „Strawberry ice-cream soda, please", und ob er mir sagen könne, wo ich hier kostenlos übernachten kann. Kostenlos? Das Ansinnen findet er amüsant. Ich muss ihm erzählen, warum kostenlos, ich wolle ja schließlich noch an den Pazifik und habe kaum fünfzig Dollar dabei. Das imponiert ihm, vielleicht hält er mich auch für hoffnungslos naiv. Nun spricht er von seiner deutschen Urgroßmutter und was für ein tolles Land Deutschland trotz allem, was vor Jahren geschah, doch sei. Mittlerweile ist es etwa ein Uhr morgens, ich bin müde und will morgen früh möglichst zeitig wieder am Stadtrand um eine Mitfahrgelegenheit, einen „ride", bitten. Da hängt er sich ans Telefon, erklärt seinem Gesprächspartner, ich sei ein „hitchhiker" aus Deutschland und habe kein Geld, ob der Angerufene, offenbar ein Freund oder Bekannter, nicht helfen könne. Am Ende schickt er mich ein paar Straßen weiter zu einem „24th precinct", ein Wort, dem ich noch nicht begegnet bin; für das Eis wolle er kein Geld. Mit einem offenbar amüsierten Grinsen wünscht er mir „Good luck and have a good night." Dankbar verlasse ich den Eispalast und seinen gütigen Hüter und strebe meinem unbekannten Nachtquartier entgegen. Aber was zum Teufel ist ein „precinct"?

Als ich ankomme, über der Tür eine blaue Laterne mit der Aufschrift „Precinct 24". Jetzt ahne ich, was das ist: ein Polizeirevier. Ich habe gehört, „hitchhiking" sei im Staate Pennsylvania verboten. Laufe ich hier etwa in eine Falle? Ich trete ein. Auf einem Podest ein Schreibtisch, dahinter ein Polizist. Der sieht meine Kofferaufschrift „Berlin to Chicago", weiß sofort Bescheid, sagt „Come along" und führt mich in einen Gang. An dessen linker Seite hinter Gittern mehrere Gefängniszellen. Er öffnet eine von ihnen, schickt mich hinein, sagt „Sorry, ich muss Sie einsperren", schließt die Türe ab und brummt „Good night." Jetzt weiß ich nicht, ob ich mich freuen oder ärgern soll. Einerseits habe ich nun ein Bett, andererseits bin ich wieder einmal hinter Gittern. Meine ukrainischen Kriegsgefangenenlager und die zwei Dresdner Stasigefängnisse lassen grüßen. Ich betrachte meine Klause. Im engen Raum eine Wasserschüssel, ein Nachttopf, an der Wand ein Bett zum Herunterklappen. Darüber zur Unterhaltung schmuddelige Graffiti. Jemand schnarcht. Ein Ambiente der besonderen Art. Es ist etwa zwei Uhr morgens, als mich der Gott des Schlafes in seine Arme schließt.

Einige Stunden später reißt mich eine Stimme aus einem schönen Traum: „Sorry", sagt ein Officer, „ich muss Sie aufwecken. Dies ist die Frauenabteilung." Ich erhebe mich von meinem Bett, blicke mir erstaunt die Augen reibend durch meine Gittertür in den Korridor und sehe dort tatsächlich mehrere Frauen auf Bänken liegen, eine auf dem Fußboden. Aha, denke ich, die Schönen des horizontalen Gewerbes, wie amüsant. Im Vergleich zu denen komme ich mir sehr privilegiert vor. Doch bin ich noch immer eingesperrt. Ich habe mich zum Gehen fertig gemacht, als ein neuer Officer an meine

Zellentür tritt und mich fragt, weswegen ich eingesperrt sei. Das verunsichert mich ein wenig. Soll ich ihm sagen, wegen hitchhiking? Ich erzähle ihm den Sachverhalt, woraufhin er wortlos verschwindet, offenbar, um sich nach mir zu erkundigen. Minuten vergehen, zwei der horizontalen Damen starren mich an, fragen sich offenbar, was ein Mann in ihrer Abteilung zu suchen hat und wieso er bevorzugt untergebracht ist. Als ich ungeduldig werde, kommt ein anderer Polizist, sagt: „Okay, Sie können gehen", und öffnet meine Tür. Noch immer nicht frei von Zweifeln verlasse ich mein freundliches Nachtasyl, gehe, meinen Koffer in der Hand, mit einem „Thank you and good bye" an dem diensthabenden Officer vorbei ins Freie und wende mich auf dem Weg zur nächsten Straßenkreuzung wie bei meiner Flucht aus der DDR nach Westberlin vor knapp zwei Jahren sicherheitshalber mehrfach nach einem möglichen Verfolger um. Doch es folgt mir niemand. Ein Glücksgefühl erfasst mich: Ich bin frei! Ich habe eine kostenlose, erholsame und dazu noch berichtenswerte Nacht verbracht und nehme mir nun vor, auf meiner Weiterreise andere Gefängnisbetten anzusteuern. Das Leben kann so schön sein, man muss nur etwas wagen.

Bald stehe ich an einem highway, der in den Westen führt. Mein neuer Chauffeur ist ein Mr. King, Sohn eines Autofabrikanten. Meine Antworten auf seine pausenlosen Fragen über Deutschland, den Krieg, die Gefangenschaft und nun auch das Erlebnis im Polizeirevier machen mich heiser, aber ich amüsiere ihn, besonders wegen der leichten Mädchen auf den Bänken und er bringt mich bis in den Staat Indiana. Dann, nach nur kurzer Wartezeit, übernimmt mich ein jugendlicher LKW-Fahrer und will mich bis in die City von Chicago mitnehmen, wo wir erst spät in der Nacht ankommen würden. Soll ich mich den eingesperrten Chicagoer Gangstern beigesellen? Wenn man dort keinen Platz für mich hat, habe ich ein Problem. Darum und weil er nicht weiß, wo in der Stadt Gefängniszellen sind, bitte ich ihn, mich an einer großen Wiese vor der Stadt abzusetzen. Dort strebe ich durch hohes Gras streifend einem hübschen Mädchen entgegen, das von einem *billboard*, einer riesigen Werbetafel, herunter Autowerbung macht. Ich erkläre sie zu meinem nächtlichen Schutzengel, rolle meinen Schlafsack aus, verjage ein paar Mücken und tauche ab.

12

Mein Chauffeur, der Firmenchef

Als mich die ersten Sonnenstrahlen wecken, kämme ich mir die zerzausten Haare, packe meine Sachen und laufe auf eine nicht weit entfernte Kreuzung zu. Dort befindet sich ein noch geschlossenes Kleidergeschäft. Ich stelle meinen Koffer mit der plakativen Angabe meiner Herkunft „Berlin" und meines Zielortes „Chicago" an den Rinnstein und warte. Nach einer Weile hält ein Luxuswagen in meiner Nähe, ein Herr steigt aus, geht zu dem Geschäft, blickt in die Auslagen, beäugt mich beim Zurückgehen, bleibt plötzlich stehen und fragt mich, ob ich wirklich aus Berlin komme. Ja, antworte ich, entschuldige mich für mein ungepflegtes Aussehen, ich hätte im Schlafsack übernachtet, und füge hinzu, ich könne ihm ein Empfehlungsschreiben der Universität Minnesota zeigen. Er sieht es sich an und bittet mich, neben ihm einzusteigen. Als wir in seiner Firma, einer berühmten Löschwagenfabrik ankommen, weiß er schon viel über mich. Er, offenbar der Chef stellt mich seinen Mitarbeitern als einen von ihm aufgelesenen „student from Germany" vor und schickt mich in die Toilette seines Stabes, damit ich mich schön machen könne. Frisch gewaschen, rasiert und in einer halbwegs gebügelten Hose kehre ich zu ihm zurück. „Who are you?", fragt er, offenbar scherzhaft, er könne mich nicht wiedererkennen. Dann lädt er mich zu einem Mittagessen mit seinen engsten Mitarbeitern in ein ungarisches Restaurant ein, dort sei eine Kellnerin, die Deutsch spricht. Bis dahin solle ich mir die Stadt ansehen. Dazu drückt er mir fünf Dollar in die Hand. Berauscht von so viel Anhalterglück und amerikanischer Freundlichkeit durchstreife ich nun die Innenstadt.

Beim ungarischen Mittagessen werde ich als eine Art special guest reichlich verwöhnt. Die Herren haben eine beinahe kindliche Freude, mich mit drei ice-cream-Portionen zu verwöhnen. Die aus Ungarn stammende Kellnerin spricht sowohl Deutsch als auch Englisch recht erbärmlich, sodass ich mit meinen Sprachkenntnissen recht zufrieden sein kann. Dann verabschiedet sich der Chef mit dem Angebot, ich möge mich doch bei Gelegenheit wieder sehen lassen und übergibt mich einem Herrn seines Stabes. Der fährt mich weit hinaus vor die Stadt Richtung Wisconsin. Ich beantworte ihm dafür unzählige Fragen zu Nazi-Deutschland, dem Zweiten Weltkrieg, meiner Kriegsgefangenschaft, dem kommunistischen Ostdeutschland und der westdeutschen Bundesrepublik. Da er den Nachmittag von seinem Chef offenbar frei bekommen hat, bringt er mich nach Norden an die Staatsgrenze zu Wisconsin. Dann entschuldigt er sich, er müsse nun doch umkehren, bedankt sich für die Bereicherung seines Wissens, wie ich mich für seine außerordentliche Großzügigkeit, sagt noch, was ich ihm erzählt habe, sei „absolutely fascinating" und wünscht mir „Good luck". Chicago war ein überraschendes, menschlich schönes Erlebnis. Es gab mir einen Einblick in eine der Zuckerseiten dieses Volkes.

13
Mit Streifenwagen, Lincoln und Sheriff Richtung Minneapolis

Es ist nicht zu fassen: Als ich mich auf der Wisconsin-Seite der Staatsgrenze mit meinem beschrifteten Koffer aufstelle, auf dem nun „Berlin to Minneapolis" zu lesen ist, nähert sich ein Streifenwagen der Wisconsin State Police. Wollen die mich bestrafen oder warnen, weil „hitchhiking" hier verboten ist? Der Wagen hält neben mir, ein Officer steigt aus, mustert mich kritisch, blickt noch einmal auf mein Schild und fragt, wozu ich mich in den USA aufhalte. Ich sei ein „Foreign Student", antworte ich und zeige ihm stolz mein Empfehlungsschreiben der University of Minnesota. Daraufhin bittet er mich, hinten einzusteigen. Mein Ziel kennt er, ich aber seines nicht. Vielleicht noch ein Gefängnis? Neben ihm ein anderer Polizist, links über ihm in Reichweite meiner Hände eine Maschinenpistole. Über den Polizeifunk immer wieder Mitteilungen, einmal recht aufgeregte. Der Fahrer sagt durch, er habe einen German hitchhiker an Bord. Soll ich etwa an die Zentrale übergeben werden? Er hat doch vorhin gelesen, dass meine Universität um jedwede Hilfe für mich bittet, ich bereise dieses Land, um es besser kennen zu lernen. Wir fahren fast zwei Stunden. Anfangs fragen sie mich, wie es im Zweiten Weltkrieg war, warum ich gerade in Minnesota studiere und wie ich mein Stipendium bekommen habe. Schließlich hält der Wagen in einem Kleinstädtchen an einer für mich günstigen Stelle. Ich solle jetzt besser aussteigen, sagt der Officer, sie müssten jetzt in eine Richtung fahren, die mich nur von meinem Weg abbringen würde. Mit gebührendem Dank für diese ungewöhnliche Mitfahrgelegenheit verabschiede ich mich und warte auf meinen nächsten Chauffeur.

Lange Zeit hält niemand und ich frage mich, ob ich mich nicht doch woanders hinstellen sollte. Als ich mein Gepäck hochhebe, spüre ich einen stechenden Schmerz in der linken Hüfte und sacke zusammen. Der zweite Weltkrieg holt mich ein, genauer gesagt meine sowjetische Kriegsgefangenschaft. Damals, im späten Winter 1946 war ich im Zustand gravierender Unterernährung zusammen mit neun anderen deutschen Gefangenen unter der unerträglichen Last einer zentnerschweren amerikanischen Baggerschiene zusammengebrochen und konnte danach monatelang nur noch humpeln. Während ich mich nun unter Schmerzen mühsam wieder aufrichte, hält eine Luxuslimousine, ein weißer Lincoln. Durch das offene Beifahrerfenster fragt mich ein pechschwarzes Gesicht, ob es mich mitnehmen dürfe. Endlich mal ein Schwarzer, denke ich. Der prozentualen Zusammensetzung der amerikanischen Bevölkerung entsprechend wäre das jetzt auch angebracht. Nur dieser hier ist auffallend elegant gekleidet und chauffiert ein ausgesprochen edles Gefährt. Um so bereitwilliger bejahe ich seine Frage, steige ein und versinke in wohligem Leder. Glück muss man haben. Unterwegs erfahre ich, dass er der Fahrer eines steinreichen Chicagoer Geschäftsmannes ist. Er hat weniger Fragen als die meisten meiner bisherigen Chauffeure und bringt mich immerhin über hundert Meilen meinem Ziele näher.

Als er mich abgesetzt hat, schmerzt mein Hüftgelenk noch schlimmer als zuvor und ich habe Mühe, im Stehen mein Interesse an einer Mitfahrgelegenheit zu bekunden. Während ich schon dem Verzagen nahe bin, hält ein Auto. Ob ich wirklich aus Berlin sei, will der Mann unter der Hutkrempe wissen. Ja, ich sei Student und wolle an meine Universität in Minneapolis, könne aber kaum stehen wegen eines Schadens, den ich mir in sowjetischer Gefangenschaft zugezogen habe. Das reizt den Mann, so einer wie ich ist ihm gewiss noch nie begegnet. „Okay", sagt er, ich solle einsteigen. Kaum sitze ich, da zieht er einen Colt aus dem Halfter unter seiner Jacke, sagt, er wolle mich nur davor warnen, auf dumme Gedanken zu kommen, er sei Sheriff. „Wonderful", antworte ich, ein sichereres Transportmittel könne ich mir gar nicht wünschen, und zeige ihm mein Empfehlungsschreiben. Nun hat er wohl keine Angst mehr vor mir. Deutschland interessiert ihn weniger, aber von meinen Erfahrungen im Panzerkrieg gegen die Russen will er etwas wissen. Inzwischen wird es allmählich dunkler. Als er mich in einem gottverlassenen Ort absetzt, habe ich unsagbares Glück. Ein jugendlicher Fahrer sieht mich aussteigen, erkennt meine Zielangabe auf dem Koffer und fragt mich, ob ich ihn begleiten wolle, er fahre nach Minneapolis, irgendwo müssten wir aber übernachten. Der Sorge, nachts ohne Unterkunft zu sein und mit meinem Gepäck längere Strecken laufen zu müssen bin ich nun enthoben, doch vor den Kosten einer Hotelunterkunft graust mir. Er heißt Frank, der Vater ist Italiener, die Mutter irischer Abstammung. Frank ist 28 Jahre alt und, wie er sagt, schon ein Spitzenverdiener. Altersmäßig sind wir uns nahe, doch im Vergleich zu mir ist er ein Krösus. Kriegsdienst, Gefangenschaft und politische Haft sind ihm erspart geblieben. Nahe dem Mississippi übernachten wir in einem kleinen Hotel. Er besteht darauf, alles zu bezahlen. Am nächsten Morgen fahren wir am Mississippi entlang Richtung Minneapolis. Zum Glück ist Frank ein wissensdurstiger und angenehm mitteilsamer Mensch, sodass uns unsere angeregte, manchmal lustige Unterhaltung leicht über die Zeit hinweg hilft. Papier und Bleistift stets auf den Knien, lerne ich von ihm eine Menge für mich neuer Ausdrücke und Wörter. Frank ist ein erfreulicher Abschluss des ersten Teiles meiner großen Reise. Um diesem noch eine Krone aufzusetzen, fährt er mich vor die Haustüre der Swansons und trägt mir zur Schonung meiner lädierten Hüfte sogar noch den Koffer nach oben. Vor wenigen Jahren wären wir sogenannte Feinde gewesen.

Wenn ich jetzt ein Fazit meiner bisherigen Erlebnisse als deutscher „hitchhiker" in den USA ziehe, steht an erster Stelle die außerordentliche Hilfsbereitschaft und Kontaktfreudigkeit so vieler Amerikaner. Und: Ich habe, nur acht Jahre nach einem Krieg, in dem zigtausende von Amerikanern im Kampf gegen Nazideutschland ihr Leben ließen, keine Spur von Deutschfeindlichkeit zu spüren bekommen.

14
Go West, Young Man

Nach einer Woche erzwungener Bettruhe starte ich, ungeduldig und mit hundert Dollar in der Tasche, Richtung Pazifik. Montana, Seattle, San Francisco und irgendwie zurück nach Minnesota, das ist die erwünschte Route. Im Glacier National Park arbeitet ein paar Wochen lang meine minneapolitanische Universitätsfreundin Ginger in einem großen Hotel. Sie hat mich ermutigt, sie zu besuchen. Und in Seattle wohnt ein altes, mit den Swansons verwandtes Ehepaar, das mir Übernachtungen angeboten hat. In San Francisco arbeiten zwei der netten Amerikanerinnen, die ich vor einem knappen Jahr auf dem Schiff kennen gelernt habe. In Berkeley neben dem Campus der Universität Kalifornien wohnt ein mir empfohlener deutscher Geistlicher, der mir vielleicht helfen könnte, eine Unterkunft zu finden. Ein Programm also von ein paar tausend Meilen mit mehreren Anlaufstationen. Mal sehen, was geschieht. Go West, young man.

Eine Reihe von Autos mit durchweg freundlichen Fahrern bringt mich nach North Dakota. Einer von ihnen ist ein Geistlicher, der Spaß daran hat, sein überdimensionales, innen kitschig komfortabel ausgerüstetes Auto gegen Bezahlung Honeymoonern anzubieten, sozusagen als christliche Dienstleistung. In einem Provinznest bitte ich, als es dunkel wird meinen chauffierenden Gastgeber zu dessen völliger Verblüffung, er möge mich doch bei dem örtlichen Polizeigefängnis absetzen. Dort angekommen, zeige ich mein Empfehlungsschreiben und bitte um eine Gefängniszelle als Nachtquartier. In Pittsburgh sei das doch möglich gewesen. Ich wolle, sage ich ihm, nicht die Nacht am Straßenrand verbringen. Das hören die Ordnungshüter hier zu Lande gern, doch dieses Mal habe ich Pech: Es gibt keine freie Zelle mehr.

Schade, denn gern hätte ich noch einmal ein Nachtquartier der besonderen Kategorie bezogen, es müsste ja nicht unbedingt in der Frauenabteilung sein. Vielleicht klappt es ein anderes Mal.

Nach einer etwas unbequemen Nacht im Auto fährt mich am nächsten Morgen ein Ölarbeiter durch die dramatisch erodierten und zerklüfteten Badlands. Er ist stolz, einem Europäer eine so ungewöhnliche amerikanische Landschaft zeigen zu können. Nachmittags übernimmt mich ein Deutsch sprechender Polizist, dessen Eltern aus Deutschland emigriert sind, und bringt mich tiefer und höher in die Rocky Mountains. Manchmal begegnen wir für eine ganze Weile keinem einzigen Fahrzeug und beobachten in der abends ziemlich plötzlich einbrechenden Dunkelheit bei der Fahrt durch schier endlose Wälder die Spiegelung unserer Scheinwerfer in den Augen mehrerer Rehe. Der Officer nimmt mich bis nach Helena, Montana, mit. Er ist so erfreut über meine Bekanntschaft und meine Informationen über unsere gemeinsame Heimat, dass er mir, nachdem er mit einem mit ihm befreundeten Hotelchef gesprochen hat, ein kostenloses Hotelzimmer vermittelt. Wenn das so weiter geht, schaffe ich es vielleicht wirklich, mit meinem äußerst knappen Geld bis nach San Francisco und zurück nach Minneapolis zu kommen.

Am Morgen danach hält ein aus Korea heimkehrender Offizier für mich an. Er erzählt mir, er wäre viel lieber als Besatzungssoldat in Deutschland gewesen als in diesem „gottverdammten Korea". Nun vergleichen wir unsere Kriegserlebnisse. Er interessiert sich für die damaligen deutschen Panzer und die untergegangene deutsche Armee, die er bewundert, weil sie gegen eine solche Übermacht so lange ausgehalten habe. Wie schon bei vielen anderen Amerikanern lese ich bei ihm eine stille Bewunderung für deutsche Qualitäten heraus, womit er eher die kriegerischen als die kulturellen meint. Schließlich aber, brummt er, solle man den „gottverdammten Krieg" besser ein für alle Mal begraben. Ehe er mich abends in einer Kleinstadt namens Kalispell vor dem örtlichen Fire Department absetzt, schenkt er mir fünf unbelichtete Filme, da er ja nun keine Fotos von dem „goddam war" mehr machen müsse. Nun bin ich wohlhabender als bei der Abreise in Minneapolis.

15
Unter Feuerwehrleuten und Grizzlybären

Es wird dunkel und kein Mensch hält mehr für mich an. Als ich nach langem ergebnislosen Warten anfange, mir Sorgen wegen eines Nachtquartiers zu machen, geht ein Feuerwehrmann aus dem hinter mir befindlichen Gebäude an mir vorbei, sieht meine aktuelle Kofferaufschrift „Berlin to Seattle" und fragt mich, warum ich da stehe. Minuten später stellt er mich seinen Kameraden vor. Sie verwickeln mich in ein Gespräch, laden mich zu einem Imbiss ein und weisen mir dann eines ihrer freien Betten an. Für sie bin ich als Flüchtling aus dem kommunistischen Machtbereich eine Art befreundeter Marsmensch. Nach einem angeregten Gespräch über Deutschland und den Zweiten Weltkrieg verbringe ich zur Abwechslung eine Nacht unter sprungbereiten Feuerwehrleuten. Wieder ein neues Erlebnis.

Am 30. August komme ich nach zwei Begegnungen mit Grizzlybären, die sich in der Hoffnung auf etwas Fressbares bis an die Autofenster wagen, im Glacier Park in dem Hotel an, in dem Ginger ihren Sommerjob hat. Sie stellt mich ein paar sympathischen jungen Leuten vor. Die meisten von ihnen sind Studenten. Sie zeigen mir in ihrem großen Schlafraum ein freies Bett und sagen, ein, zwei Nächte lang ginge das schon, das Bett sei unbesetzt und sie würden mir übrig bleibendes Essen bringen, das Hotel sei reich und erlitte dadurch keinen Schaden. In Gingers freier Zeit machen wir schöne Spaziergänge am See, einmal tanzen wir zusammen, was ich allerdings wegen meiner dabei auftretenden Hüftschmerzen bald aufgeben muss. Sie und die Jungs schmuggeln immer wieder übrig bleibendes Essen ins Zimmer. Das Schmarotzerleben endet am Morgen des dritten Tages schlagartig, als mich der Hoteldetektiv entdeckt. Ich entschuldige mich bei ihm, danke Ginger und den anderen und mache mich aus dem Staub. Weit darf ich nicht laufen, denn den Bären möchte ich kein Frühstück sein. Bald nehmen mich zwei kalifornische Studenten mit, bringen mich aus dem Park heraus und setzen mich an einer Kreuzung ab. Rund herum kein einziges Haus.

16

Mit dem Glasauge Big Billy im stockdunklen Wald

Es vergeht eine unangenehm lange Zeit, in der sich niemand meiner erbarmt. Schließlich hält ein Auto mit mehrfach beschädigter Karosserie. Ein asiatisch wirkender, etwas ärmlich gekleideter Jugendlicher fragt mich, wohin ich wolle. Besonders weit kann er mich nicht bringen, weil er dann zu seinen Leuten abbiegen will. Doch jetzt ist mir jeder recht, der mich mitnimmt. Er ist Indianer, ein Neuzugang in meiner Kollektion. Karl May, diesmal real. Ich frage ihn mehr als er mich. Er erledigt etwas für seinen Stamm, was, will er nicht sagen. Die Höflichkeit des Fahrgastes gebietet, nicht zu insistieren. Er will mir nicht einmal verraten, welchem Stamm er angehört. Langes Schweigen, der Bursche ist wortkarg und ein wenig geheimnisvoll. Ich frage mich, warum er mich aufgelesen hat. Immerhin, er bringt mich in eine Ortschaft und an eine weit günstigere Stelle, um Mitfühlende, Neugierige oder Gesellschaft Suchende zum Anhalten zu bewegen. Dann stehe ich wieder eine Weile allein, bis ein recht schäbiges Auto anhält, aus dem ein Mann mit einem Glasauge lugt. Einladend sieht er nicht aus, eher verdächtig, aber ich will weiterkommen, denn es beginnt zu dunkeln. Die Stunden mit ihm sollen eines meiner spannendsten Mitfahrerlebnisse werden. Der Mann verhält sich eigenartig, redet eine Menge Unsinn, erzählt mir, er sei Geheimpolizist gewesen und spreche Französisch, Italienisch und Deutsch. Deutsch? frage ich und stelle ihn auf die Probe. Das Ergebnis ist erbärmlich. Der Kerl ist ein Wichtigtuer und wird mir immer unangenehmer. Wir fahren in den Staat Idaho und kommen durch nicht aufhören wollende Wälder. Es wird stockfinster und er fragt mich, was für eine Kamera ich habe. Ich antworte vorsichtshalber, sie sei defekt, erzähle ihm auch, ich sei praktisch ohne Geld und daher auf Mitfahrgelegenheiten angewiesen. Da meldet sein Autoradio, man suche einen Mörder mit einem Glasauge. Er reagiert mit einem wortlosen Grinsen. Jetzt schalte ich auf Alarm. Was soll ich tun in der Nacht mitten im Wald, wo man manchmal fast eine Stunde lang kein einziges Haus zu sehen bekommt? Meine Muskeln sind angespannt, ich bin fertig für eine körperliche Auseinandersetzung. Nun helfe ich mir, indem ich ihm von meinen Kriegserlebnissen in der Sowjetunion und von meiner politischen Haft in Dresden erzähle. Vielleicht lenkt ihn das von aggressiven Gedanken ab. Meine Kriegsgefangenschafts- und Haftgeschichten interessieren ihn offenbar am meisten. Irgendwann hält er an einer einsam in einer Waldlichtung stehenden Spelunke. Dort frage ich den Wirt, ob er mich unterbringen könne, ich misstraue meinem Fahrer. Er hat aber keine Betten. Ich wäre auch zufrieden, in meinem Schlafsack auf dem Fußboden zu übernachten. Das will er aber nicht. So bin ich auf die Weiterfahrt mit dem Glasauge angewiesen. Wenn er mich wirklich umbringen wollte, hätte er ja bisher genug Gelegenheit gehabt. Wir nähern uns der Stadt Spokane. Wo ich aussteigen wolle, fragt er mich. Wenn möglich, antworte ich, vor einem Gefängnis. Das versetzt ihn plötzlich in einen beinahe euphorischen Zustand. Er kenne dort das Personal sehr gut. Was hat er mit dem Gefängnis von Spokane zu tun? Hat er dort eingesessen? Von nun an ist die Fahrt mit ihm entspannt und beinahe heiter. Wenn ich dort ankomme, solle ich dem wachhabenden Officer seinen Namen nennen: Big Billy. Als ich mich nachts gegen zwei Uhr von Big Billy dankbar, erlöst und müde verabschiede und mich im Gefängnis mit meinem üblichen Anliegen vorstelle und sage, Big Billy habe mich bis hierher gefahren, bricht der Wachhabende in ein schallendes Gelächter aus. Jetzt bin ich sicher: Ich bin von einem wichtigtuerischen kleinen Verbrecher quer durch die westlichen Rocky Mountains gefahren worden. Ein Mörder kann er kaum gewesen sein.

17
Der schwarze Herr im weißen Cadillac

Am Morgen nach einer etwas zu kurzen Nacht in einer nicht besonders anheimelnden Zelle bekomme ich als Bekannter von Big Billy eine Tasse Kaffee, verlasse mein kostenloses Hotel und warte an einer Kreuzung auf mein nächstes Glück. Als es zu lange auf sich warten lässt, laufe ich bis an den Ortsrand und werde dort zur Belohnung von einem weißen Cadillac aufgelesen. Darinnen wieder ein elegant gekleideter Schwarzer. Ein schwarzes Gesicht in einem weißen Luxuswagen ergibt einen besonderen ästhetischen Kontrast. Der Herr ist freundlich, aber etwas wortkarg. Besonders neugierig scheint er nicht zu sein. Die ansonsten für Amerikaner charakteristische Neugier gehört wohl nicht zu seinem Stil. Am Grand Coulee Dam halten wir, um einen Schluck zu trinken, vor einer Bar. Als wir dort einem weißen Betrunkenen begegnen, der seine rötlich angelaufenen Augen verbissen auf das schwarze Gesicht heftet, fahren wir lieber weiter. Bald beginnt der eben noch stahlblaue Himmel zu dunkeln und vor dem letzten Abendlicht im Westen hebt sich eindrucksvoll die gewaltige Silhouette des Bergmassivs der Cascade Range ab, das Tor zum Staate Washington und dem Pazifischen Ozean. Danach unter einem prächtig klaren Sternenhimmel ein paar schweigsame Stunden mit dem schwarzen Mann im weißen Cadillac.

Erst nach Mitternacht kommen wir in Seattle an. Der dunkle Herr an meiner Seite fragt mich, wo er mich absetzen könne. Für meine örtlichen Gastgeber, das alte Ehepaar, antworte ich, sei es jetzt zu spät, am liebsten würde ich in einem Gefängnis übernachten. Das verschlägt dem Gentleman die Sprache. Er tritt auf die Bremse, beobachtet mich ungläubig, fast entsetzt, und ist erst zufrieden, als ich ihm erkläre, dass ich den ganzen Kontinent mit hundert Dollar in der Tasche durchqueren wolle, mir daher Hotelbetten nicht leisten könne und schon einmal kostenlos hinter Gittern übernachtet habe. So etwas hat er mir nicht zugetraut, aber, so mag er denken, einem armen und ein wenig verrückten europäischen Studenten könne man das vielleicht abnehmen. Die Gehsteige sind leer, doch der zweite der um diese Uhrzeit wenigen sichtbaren Passanten, die er daraufhin anspricht, weist uns den Weg zu meinem Wunschziel, das sich bei unserer Ankunft als ein Hochhaus entpuppt. Ich bedanke mich herzlich für die besonders großzügige Hilfeleistung, steige aus, gehe auf den Eingang des Gebäudes zu, läute bei der in einem oberen Stockwerk gelegenen Polizeidienststelle und warte, bis der Officer mit dem Fahrstuhl unten ankommt. Dabei bemerke ich, dass mein schwarzer Gentleman noch immer nicht weitergefahren ist, offenbar um sicher zu sein, dass ich auch wirklich aufgenommen werde. Erst als ich eintrete und dankend Richtung Cadillac winke, fährt er ab, ein Verhalten, das mich tief beeindruckt. Oben zeigt mir der Officer seinen Schreibtisch und sagt, auf dem könne ich meinen Schlafsack ausbreiten und den Rest der Nacht verbringen, sein Dienst sei jetzt vorüber. Er und sein Kollege wünschen mir noch eine gute Nacht. Gegen sieben Uhr morgens weckt mich ein neues Gesicht und entschuldigt sich, ich müsse aufstehen, denn er brauche jetzt den Schreibtisch. Als ich frisch gewaschen, rasiert und gekämmt von der Polizeitoilette zurückkomme, bietet er mir eine Tasse Kaffee und eine mit Butter und Marmelade bestrichene Semmel an. Nach diesem anrührenden Erlebnis beschließe ich, die Polizei von Seattle hinfort vor aller Welt zu preisen.

18
Der Sammler von Nazi-Reliquien

Nach zwei geruhsamen Tagen mit den älteren Verwandten der Swansons, die mich kreuz und quer durch die beneidenswert zwischen Meer und Bergen gelegene Stadt fahren und nachts in einem hübschen Zimmer mit weißem, frisch bezogenem Bett schlafen lassen, stehe ich wieder am Straßenrand und warte auf jemanden, der anbeißt. Als Erster hält ein Polizist, der mich vor den Gefahren des „hitchhiking" warnt. Ich weiß: Die Gefahr ist beidseitig. Es hat Fälle gegeben, in denen ein Fahrer den Hitchhiker und andere, in denen dieser seinen Fahrer umgebracht hat. Letzteres entspricht nicht meinen Neigungen, und nach dem Glasauge fühle ich mich ziemlich sicher. Bald hält ein harmlos aussehender Herr, wie sich schnell herausstellt, ein leidenschaftlicher Sammler von Nazidevotionalien, den der Name „Berlin" auf meinem Koffer magisch angezogen hat. Und das in Reichweite des Pazifischen Ozeans. Er ist ungewöhnlich gut über den Verlauf des Zweiten Weltkrieges informiert und versichert mir, er könne den deutschen Standpunkt jener Jahre gut verstehen. Als wir uns der Stadt Portland nähern, überredet er mich, doch kurz sein Haus zu besuchen. Ich würde staunen, was es dort zu sehen gebe. Seine Ausstellung sei schon vielfach fotografiert worden, man habe mehrere Artikel über sie geschrieben und das Fernsehen habe einen Bericht darüber gebracht. Der Mann hat mich ein gutes Stück Richtung San Francisco nach Süden gefahren, hat mich zum Lunch eingeladen und es ist erst früher Nachmittag. Gegen meine Neigung meine ich, ihm meine Zusage schuldig zu sein. Als ich sein Haus betrete, wird mir ganz unwohl zumute. Im Korridor ein von Infanteriekugeln durchlöcherter, innen mit Anzeichen von Blutspuren behafteter deutscher Stahlhelm, unter dem ein deutscher Soldat gestorben sein muss. Im oberen Stockwerk eine Hakenkreuzfahne, eine SS-Standarte sowie Exemplare so ziemlich aller mir aus der Kriegszeit erinnerlichen militärischen Orden und Epauletten nazistisch-deutscher Provenienz. Zwischen allem ein Porträt unseres großen Verführers. Nur mit Mühe gelingt es mir, ihm meine Empfindungen zu verheimlichen, will ich ihn doch nicht enttäuschen, denn er ist so stolz auf seinen pandämonischen Kramladen. Und Sammler sind manchmal kauzige Menschen. Seiner inständigen Bitte, doch bei ihm über Nacht zu wohnen, ich müsse doch unbedingt seine Familie kennen lernen und mehr über den Krieg erzählen, widerstehe ich aber schließlich standhaft und lasse mich von ihm nicht ohne ein Schuldgefühl an den südlichen Stadtrand zur Hauptstraße bringen.

19
Was? In einem Gefängnis wollen Sie übernachten?

Diesmal ist es eine Lehrerin, die das magische Wort „Berlin" auf meinem Gepäck zum Anhalten verleitet. Sie interessiert sich für Deutschland, da ihr Mann dort gekämpft hat und verwundet wurde. Auf dem Weg nach Corvallis, wohin sie eingeladen ist, führen wir ein intensives Gespräch. Als ich ihr aber gegen Abend bei der Ankunft in der Stadt mitteile, ich wolle die Nacht in irgendeinem Gefängnis verbringen, hält sie das für einen schlechten, meiner nicht würdigen Scherz. „Was? In einem Gefängnis wollen Sie übernachten?" Wie könne einer, der Jahre seiner Jugend als Gefangener verbracht hat, freiwillig ein Gefängnis aufsuchen. Es bedarf großer Überredungskunst, ehe sie bereit ist, meinem Wunsche nachzugeben. Für mein viel zu geringes Reisebudget hat sie Verständnis, doch meine Lust an so abwegigen Abenteuern vermag sie nicht zu teilen. Vor dem Eingang zum Gefängnis, zu dem sie sich erst durchfragen muss, verabschiedet sie sich kopfschüttelnd und beinahe mütterlich besorgt von mir und überlässt mich meinem freiwillig gewählten Schicksal. Es soll eine ungewöhnliche Nacht werden.

Der Officer sagt bedauernd, er habe leider keine freie Zelle mehr. Er könne mir nur eine anbieten, in dem schon ein Gefangener einsitzt, ein komischer Kauz, fügt er vorsichtig warnend hinzu. Wenn mir das nichts ausmache, bitte. Es ist spät, ich hätte um diese Uhrzeit geringe Chancen, noch eine Mitfahrgelegenheit zu finden und außerdem: Ich möchte ja etwas erleben. Der kauzige Mann empfängt mich mit einem schiefen Blick, fragt, was ich denn verbrochen hätte. Als ich ihm den wahren Grund nenne, wirkt er misstrauisch, fragt aber dann gar nicht mehr, sondern schüttet eine Suada von Vorwürfen gegen die hiesige Polizei und die amerikanische Gesetzgebung über mich aus, dass ich ihn frage, was denn sein Vergehen sei. Keines, dessentwegen man in Europa eingesperrt würde, behauptet er, aber hier „in diesem gottverdammten Land" werde man ja selbst wegen der natürlichsten Dinge eingelocht. Ist er homosexuell? Oder ein Exhibitionist? Hat er Frauen belästigt? Er will es mir nicht sagen. Statt dessen bittet er mich, morgen Vormittag für ihn einen Brief hinauszuschmuggeln und zu einem Geistlichen zu bringen. Warum lässt er ihn nicht über die Polizei in die Post geben? Er wäre doch bestimmt dazu berechtigt. Erst spät lässt er mich zum Einschlafen kommen, und in einem meiner Träume muss ich eine Bombe aus einem Haus tragen, schaffe es aber nicht. Als wir geweckt werden, gibt er mir den Brief, ich solle ihn so einstecken, dass ihn der Wachhabende nicht sieht. Der aber fragt mich beim Hinausgehen sofort, ob der Mann mir einen Kassiber mitgegeben habe, denn das versuche er bei jeder Gelegenheit, er sei hier ein alter Bekannter, der allen auf die Nerven gehe. Der Polizei schulde ich Dank für die kostenlose Übernachtung, meinem Mitgefangenen dagegen nichts. Ich übergebe den Brief. Der Polizist grinst, zerreißt ihn und wirft ihn in einen Papierkorb. – Wieder ein Erlebnis, das man in einem Hotel nicht haben kann.

Nach langem Laufen und Warten ist mir das Glück wieder hold. Eine in Deutschland geborene Frau, deren Mann als Waldarbeiter verbrannt ist, nimmt mich mit ihrem Kind mit, fährt mich zu ihren deutschen Freunden, die mich interessiert empfangen und zum Essen einladen. Gegen Abend fahren wir alle zu einer lauschigen Bucht am Pazifik, machen ein Feuer, braten Steaks, wärmen Pizzas und beobachten zum Klange deutscher und amerikanischer Lieder einen prächtigen Sonnenuntergang. Ein Ziel meiner Reise ist erreicht: Wie ich es mir bei der Ankunft auf diesem Kontinent vor einem Jahr geschworen hatte, wasche ich mir Gesicht und Hände im Wasser des Pazifik, mehr noch, ich schwimme in ihm und bin nun überzeugt, dass meine Entscheidung zu dieser Reise, fast ohne finanzielle Basis, richtig war. Es ist ein parasitäres Leben, das ich führe, doch sehe ich keinen Anlass, mich dessen zu schämen, denn auf meiner ganzen bisherigen Reise haben mich nur Menschen mitgenommen, die das mit größtem Interesse und geradezu mit Dankbarkeit für meine für sie ungewöhnlichen Erfahrungsberichte getan haben. Auf manchmal für Stunden schnurgeraden Straßen allein zu fahren, ist ermüdend und darum gefährlich. Die Gesellschaft eines jungen Menschen, der Geschichten aus einer anderen Welt erzählt, ist dann gerade richtig. Jedesmal habe ich beim Abschied gefragt, was ich schulde. Ein Einziger wollte und erhielt von mir fünf Dollar. Er war kein Amerikaner. Alle anderen lehnten fast entrüstet ab und dankten mir für die anregende Wegbegleitung.

Am nächsten Morgen verlasse ich die deutsch-amerikanische Familie und werde von einem intelligent wirkenden Herrn aufgelesen, der sich mir von Anfang an, wohl weil er es mit einem Deutschen zu tun hat, als Jude vorstellt. Er überschüttet mich mit Fragen nach Nazi-Deutschland, der Hitlerjugend, meiner Familie, meinen Erlebnissen und wie die Vernichtung von Juden in einem so kultivierten Volk wie dem deutschen möglich werden konnte. Wie schon so oft antworte ich ihm nach bestem Wissen und Gewissen. Unser Gespräch, das gelegentlich von Rundfunknachrichten aus dem vom Kalten Krieg heimgesuchten Berlin unterbrochen wird, ist so angeregt, dass wir an der Küstenstraße Richtung Süden fahrend ein plötzlich über die Straße laufendes Schaf zu spät wahrnehmen, überfahren und töten, sozusagen ein spätes amerikanisches Opfer des Dritten Reiches. Am Abend folgt mein Gastgeber meinem üblichen Anliegen und bringt mich zu einem winzigen Gefängnis, in dem ich eine ereignislose, dafür aber lange und wieder kostenlose Nacht verbringe.

20

Überraschung in San Francisco

Umso eindrucksvoller ist der nächste Tag, den ich mit einem Kaufmann verbringe. An der Grenze zu Kalifornien Kontrolle: Der Kaufmann reicht dem Beamten eine Packung Damenstrümpfe, offenbar eine Bestechung, weil er gesetzeswidrig im Kofferraum verstecktes Obst nach Kalifornien importiert. Der Beamte verzichtet auf die Kontrolle und wünscht uns eine gute Fahrt. Auch Kaufleute und Grenzpolizisten sind nur Menschen mit Schwächen. Ich bekomme zwar keine Damenstrümpfe geschenkt, aber eine Fahrt durch den Redwood Forest mit den mächtigsten Bäumen, die ich je gesehen habe. Durch einen fährt unser Straßenkreuzer hindurch. Nach Besuchen in einem riesigen Weingarten der Italian Swiss Company und einer schier endlosen Obstplantage setzt mich der gütige Kaufmann, einen beträchtlichen Umweg in Kauf nehmend, in Berkely vor dem Hause des deutschen Geistlichen ab, bei dem ich mich wegen einer Unterkunft in San Francisco melden soll. Dessen Frau verspricht mir, eine solche zu finden, zunächst könne ich eine Nacht im hiesigen International House unterkommen, morgen notfalls bei ihrer Familie. Ich nutze die Zeit zu Spaziergängen auf den bunten Hängen von Berkeley, die mir eine ideale Aussicht auf die Bay Area ermöglichen und besichtige die University of California. Noch eine Nacht bei der hilfreichen Familie des Pastors, dann ruft seine Frau die Mitglieder ihres internationalen Frauenclubs an und berichtet schließlich freudestrahlend, sie habe etwas Gutes, ja besonders Gutes für mich gefunden. Es ist eine kostenlose Wohnung für eine Woche auf einem Hügel in San Francisco. Der Aufenthalt in der Bay Area lässt sich gut an.

Mit einer deutschen Studentin, die ich bei dem Pastor kennen gelernt habe, stehe ich am Straßenrand und hoffe auf ein Auto, das uns über die Bay Bridge in die Traumstadt bringt. Vielleicht, weil sie so sommerlich attraktiv aussieht oder wegen meines Zeichens „S. F." für San Francisco auf meinem Koffer, hält ein großes weißes Auto. Der Fahrer ist ein Polizist, der in seiner Freizeit in die Stadt fährt. Als er hört, woher wir kommen, erklärt er sich erfreut bereit, jeden von uns zu seiner Unterkunft zu bringen, lädt uns aber vorher zu einer Stadtrundfahrt und einem Essen im Fishermen's Wharf ein. Er sei stolz, zwei jungen Europäern seine Stadt zu zeigen. Liebenswürdiger kann man kaum empfangen werden, dazu noch von einem Police Officer. Als wir über die riesige Bay Bridge fahren, liegt vor uns strahlend die Stadt, der ich als naiver Zwölfjähriger mein erstes Liebesgedicht widmete. Ein Traum wird wahr.

Nun kann ich eine Woche lang kostenlos auf dem Russian Hill in einer modern und dabei gemütlich möblierten Wohnung residieren, die ein zurzeit verreister junger Geschäftsmann bei der Familie gemietet hat, mit der ich jeden Tag frühstücken darf. Es gibt einen Fernseher und alles, was man sich für ein komfortables Leben wünschen kann. Das ist nun doch besser als eine Gefängniszelle und sogar aufregend, denn die Wohngegend gehört zu den Feinsten der Stadt. In einem gegenüber liegenden Haus sehe ich die Wohnung des berühmten deutsch-jüdischen Architekten Erich Mendelsohn, der in diesen Tagen im Sterben liegt. Auf der anderen Seite, schräg unter mir in beruhigendem Abstand, die berühmte Gefängnisinsel Alcatraz. Erinnerungen an meine zwei Dresdner Stasizellen werden wach und ich spüre wieder einmal intensiv das Gefälle zwischen meinem jetzigen freien und fröhlichen Leben und damals. Mittags treffe ich im Stadtzentrum Joan, eine meiner sympathischen Schiffsbekanntschaften vom letzten Jahr. Sie arbeitet dort und verbringt mit mir fast täglich ihre Mittagspause. Wir sitzen im Sonnenschein auf einer Parkbank, nähren uns von Sandwiches und frischer Milch, erinnern uns der gemeinsam verbrachten geselligen Atlantiküberquerung und vergleichen unsere Eindrücke vom jeweils anderen Kontinent. Sie ist begeistert von Europa, würde aber lieber in Amerika leben, ich komme aus einem zerstörten Land, dem ich entflohen bin und das mich trotzdem nicht loslässt. An einem Abend besuchen wir, unter Palmen und Eukalyptusbäumen sitzend, eine Ballettaufführung im Golden Gate Park, ein bezauberndes Erlebnis. Sie ist glücklich in dieser herrlichen Stadt und ich kann verstehen, warum.

Einmal holt mich Janet ab, ebenfalls eine Schiffsbekanntschaft vom vergangenen Jahr und fährt mich über die Golden Gate Bridge nach Sausalito, wo sie als Leiterin eines Kultur- und Bildungsprogramms für Soldaten arbeitet. Sie lässt mich auf ein Tonband sprechen und ich erschrecke, als ich zum ersten Mal meine Stimme höre. Ich hatte sie mir anders vorgestellt. Durch Janet lerne ich eine deutsche, mit einem Amerikaner verheiratete Frau kennen, die mir zwei Hemden schenkt, mich aber befremdet. Sie hasst Amerikaner und ist eine halsstarrige Nazistin, der ich schnell entfliehe.

Durch Joan und Janet lerne ich mehrere junge Amerikaner, zwei norwegische Matrosen sowie junge, sympathische Menschen aus Indonesien, den Philippinen und Frankreich kennen. Das ist alles so völlig anders als die einseitig deutsche, dadurch unaufgeschlossenere, in sich verkapselte Welt, aus der ich komme. Wäre sie so international gewesen wie die hiesige, hätte es einen Zweiten Weltkrieg vielleicht gar nicht gegeben. Mein Denken und Empfinden wird immer erdumfassender und der nationalistische Geist, in dem ich einst aufgezogen wurde, wird mir immer fremder.

Per Anhalter fahre ich im Nebel, der sich während der Fahrt nach Süden auflöst, nach Palo Alto und besichtige die Stanford University. Dort ist gerade der deutsche Botschafter zu Besuch. Es ist ein schöner Campus und ich hätte Lust, hier zu studieren, doch wer weiß, wohin mich das Schicksal verschlagen wird. Noch eine Party bei Joan, dann ein schmerzlich schöner Abschied von ihr und dieser wunderbaren Stadt. Ein Jahr später wird Joan einen venezianischen Professor heiraten.

21

Die Glücksspielerin

Es ist Zeit für die Rückfahrt nach Osten, zur University of Minnesota. Ein feiner, gebildeter Herr fährt mich nach Sacramento, wo ich gute Freunde aus Minneapolis treffe, mit denen ich in einer Obstplantage wohlschmeckende Stunden und einen schönen, warmen Abend verbringe. Im Freien sehen wir uns den Film „From here to Eternity" an und sprechen danach über den Wahnsinn des Krieges. Ich habe ihn erlebt, sie haben ihn nur im Kino gesehen und kennen nur die Segnungen des Friedens. Ich beneide sie dafür, sie bestaunen meine sie erschreckende Erfahrung.

Ich will über Reno im Staate Nevada weiter nach Osten. Auf meinem Koffer steht jetzt „Berlin – Salt Lake City". Das spricht eine leicht betagte Dame an, die mir erzählt, sie fahre schon zum x-ten Male nach Reno, um in den Spielcasinos Geld zu gewinnen. Es sei ihr schon mehrfach gelungen, das letzte Mal hätte sie mehrere hundert Dollar nach Hause gebracht, die wolle sie jetzt verpulvern. Eine Spielerin ist etwas Neues in meinem Chauffeurskabinett. Ihre Mentalität ist meiner fremd, doch sie macht die Fahrt durch ihren Humor und vernunftfernen Optimismus angenehm. Auf der Fahrt über die Sierra Nevada erreichen wir den Lake Tahoe. Er liegt tief unter uns zur Rechten, als wir ein Warnschild sehen, das eine scharfe Linkskurve ankündigt, hinter der es steil bergab geht. Genau dort ein großes Schild mit der Aufschrift: „Jesus saves you". Das ist makabrer amerikanischer Kirchenhumor, wie man ihn auf dem alten Kontinent wohl kaum finden dürfte. In Reno setze ich meinem Budget angepasst 50 cents aufs Spiel, nur um zu sehen, wie so eine slot machine funktioniert und was sich so in einem Casino tut. Als ich nach wenigen Minuten meinen Einsatz los bin, beobachte ich im Treppenhaus über mir, wie der Windstoß eines Ventilators den Rock einer Dame wegbläst und ihren unbekleideten Unterleib freiweht. Hier ist Amerika anders als im bibelfesteren Mittleren Westen.

22
Mit Flöhen hinter Gittern

Nach dem Verlassen der Spielhölle von Reno bringt mich der Fahrer eines jener für Amerika typischen imposanten Riesen-LKW zusammen mit 40 000 Pfund Natriumkarbonat in das große Nevada-Becken. Als der Abend anbricht, erreichen wir einen im Niemandsland zu liegen scheinenden, zum Davonlaufen langweiligen Ort namens Lovelock. Mein Fahrer ist so freundlich, mich vor dem örtlichen Polizeirevier abzusetzen. Wenn man mich hier nicht aufnimmt, steht mir eine unangenehme Nacht bevor. Der Officer sieht mich misstrauisch an. Er weiß nicht recht, was er von mir halten oder mit mir anfangen soll. Ich ziehe mein Empfehlungsschreiben hervor. Da murmelt er: „Alright" und sperrt mich mürrisch in eine hässliche Zelle. Die Wände verschmiert, auf dem Fußboden schmutziger Sand und ein Bett, das diesen Namen nicht verdient. Was aber soll ich machen? Man muss seinem Schicksal mutig begegnen. Dieses äußert sich im Laufe der Nacht durch die ersten Flohbisse meiner Reise. Als ich am kommenden Morgen, mich noch kratzend, um meine Freilassung bitte, weigert sich der neue Wachhabende und verschwindet für längere Zeit. Zum ersten Male verfluche ich mein kostenloses polizeiliches Nachtasyl, denn ich muss weiterkommen; in Minneapolis fängt bald das neue Studienjahr an. Schließlich befreit mich unter halb argwöhnischen Blicken ein anderer Polizist. Aus Erfahrung kann ich jetzt sagen: Wahrlich, es gibt freundlichere Gefängnisse.

23
Die Nacht im Park von Salt Lake City

Am Straßenrand ein zweischneidiger An- und Augenblick: Ein Leichenwagen hält an, um mich mitzunehmen. So einer hat mir gerade noch gefehlt. Aber der Tod gehört schließlich zum Leben und die beiden freundlichen

Insassen, ein vermutlich verheiratetes Mormonenpaar, sind bereit, mich bis nach Salt Lake City mitzunehmen. Das kommt mir sehr entgegen. Es wird eine lehrreiche Fahrt, denn die beiden informieren mich so gründlich über ihre Religion, dass sie, wäre unsere gemeinsame Reise lang genug, vermutlich in Versuchung gerieten, mich zu bekehren.

Im prallen Sonnenschein durchqueren wir die gewaltige Salzwüste westlich des Großen Salzsees und fahren am See entlang nach Osten. Die Mormonenstadt begrüßt uns am Stadtrand mit der Utah State Fair, einer traditionellen Festveranstaltung. Ein Volksredner macht Werbung für Vitamintabletten und ein Skifahrer springt bei mörderischer Hitze von einer Schanze auf fast glühenden Sand. Mormonisch belehrt statt bekehrt erreiche ich das Polizeipräsidium und frage nach einer freien Zelle. Die gibt es nicht. Statt dessen reicht man mir einen Schein, der mich berechtigt, die Nacht in einem Stadtpark zu verbringen, der sei bewacht und daher angeblich sicher. Bei klarem Vollmond krieche ich zwischen Sträuchern in meinen Schlafsack und träume von irgendwelchem Geld, das ich in einer Wüste verloren habe. Sind das die 50 Reno-cents? Mein Unterbewusstsein ist nicht up-to-date, denn ich habe ja noch weit mehr als die Hälfte des Geldes, das ich bei Beginn der Reise besaß, und deren weitaus größter Teil liegt hinter mir.

Am Tag darauf nehme ich mir die Zeit, wenigstens das Mormonen-Tabernakel zu besichtigen, dann bringen mich erst zwei nette junge Mormonen und dann ein schweizerischer Geschäftsmann in die Wüste von Wyoming. Stundenlang kein einziges Haus und selten ein entgegenkommendes Fahrzeug. Vor uns gewaltige Bergmassive, die östliche Kette der Rocky Mountains. Irgendwo im Niemandsland geht uns das Benzin aus. Nun sind wir auf Fremdhilfe angewiesen, sonst werden wir hier geröstet. Nach einer Weile können wir einen LKW zum Anhalten bewegen. Ein Tausch von „gas" und „money" und wir sind wieder fit. Man hilft und weiß sich zu helfen. Nun wirkt die Wüste wunderbar und die flotte Unterhaltungsmusik eines minneapolitanischen Senders im Autoradio ist das erste Signal meiner Endstation. Noch sind es aber etwa 1.500 Kilometer bis dahin, für die ich Fahrer und Nachtquartiere finden muss. Doch jetzt bin ich reich an der nötigen Erfahrung.

24
Zurück nach Minneapolis

In Cheyenne lässt man mich eine Nacht auf einer Bank im Gerichtssaal des Polizeipräsidiums übernachten. Wieder bezweifle ich, dass so etwas in Deutschland möglich wäre. Dann wieder die Straße. Durch das auf mich öde wirkende östliche Nebraska befördern mich ein politisch interessierter LKW-Fahrer und ein zu meinem Unbehagen mit halber Geschwindigkeit dahinschleichender älterer Mann. Stundenlang überholen uns andere Fahrzeuge, doch ich will den Alten nicht enttäuschen. Er scheint froh zu sein, dass ich ihn vor dem Einschlafen bewahre.

Noch eine Nacht auf dem Fußboden einer Buswartehalle in einem öden Kaff, dann liest mich ein Offizier der Air Force auf, der im Krieg in England stationiert war und amerikanische Bomber nach Deutschland schickte. Wieder eine Begegnung mit dem Schatten der Vergangenheit, doch der Mann ist außerordentlich sympathisch, ehrlich und fein in seinem Umgang mit dem ehemaligen Gegner, der ein solcher gar nicht hatte sein wollen.

In Iowa stellt mich einer meiner bisher über achtzig, hier von mir nur auszugsweise erwähnten Chauffeure stolz seinen deutschen Freunden vor, und als Letzter bringt mich ein Student der University of Minnesota an mein Ziel und setzt mich nach einem langen, intensiven Gespräch vor der Haustür der Swansons in Minneapolis ab, symptomatisch für die Großzügigkeit fast aller Amerikaner, die mir in diesen etwa sechs Wochen geholfen haben, ihr Land zu erfahren. Ein großes Abenteuer ist zu Ende. Es hat mich insgesamt lächerliche 65 Dollar gekostet und um ein ermutigendes menschliches Erlebnis bereichert. Es war intensive praktische Landeskunde pur.

Nun kann ich ein erstes Fazit meiner gesamten, mehr als zwölftausend Kilometer umfassenden Reise ziehen. Was immer einem an den USA oder seinen Bürgern missfallen mag, es ist ein gewaltiges Land mit einer außerordentlichen Vielfalt an Landschaften – von grandiosen bis zu monotonen – und an Völkerschaften, Rassen und Religionen, die anderswo verfeindet sind und hier zusammenleben und zusammenarbeiten, ist ein noch junges

Land voller fleißiger, meist praktisch eingestellter Menschen, deren große Mehrzahl optimistischer, beweglicher, hilfsbereiter und freundlicher ist als dies bei uns der Fall ist. Es hat immense natürliche und menschliche Reserven und eine überwältigende Wirtschaft. Es ist reich an Wohlstand, auch wenn er viele noch nicht erreicht hat. Es ist ein Riese voller Kraft, in dem noch beträchtliche unverbrauchte Energien schlummern. Und ich komme zu dem Schluss: Wehe dem, der es anzugreifen versucht. Deutschland und Japan haben es versucht und haben bitter dafür gebüßt.

25
Rundfunk – und andere amerikanische Erfahrungen

Mit einem durch die erlebnisreiche Reise zwischen Atlantik und Pazifik erweiterten Horizont beginne ich mein zweites amerikanisches Studienjahr an der University of Minnesota. Es gelingt mir, ein paar kleinere Stipendien zu erhalten, doch reicht das noch nicht zum Leben. Darum arbeite ich wieder im Professorenrestaurant als Tischabräumer und dish washer. Wie sich schnell zeigt, kann auch ein so untergeordneter Job nützliche Folgen haben. Beim Leeren eines Tisches lerne ich einen durch seine Fernsehkommentare im ganzen Staat bekannten Politikwissenschaftler namens Ziebarth kennen. Er ist gerade im Gespräch mit meinem Geschichtsprofessor Deutsch, der ihn offenbar darauf hingewiesen hat, dass ich ein Flüchtling aus Ostdeutschland sei. Professor Ziebarth fragt mich, ob ich in einem seiner Seminare aus meiner persönlichen Erlebnisperspektive einen Vortrag über die aktuelle Situation des Kalten Krieges zwischen West- und Ostdeutschland halten könne, also über das mir angemessenste Thema. Ich sage zu und stehe wenig später vor amerikanischen Studenten, für die mein Bericht wie ein weit von ihrem Erfahrungshorizont entferntes Märchen klingen mag. Wie schon bei meinen früheren Vorträgen spüre ich, dass Amerikaner den persönlichen Mitteilungen von Augenzeugen besonders gern folgen.

Anschließend frage ich Prof. Ziebarth, wie er meine Chancen als Deutscher für eine mögliche spätere journalistische Laufbahn in Amerika einschätzt. Ein guter Startplatz, antwortet er, sei gleich gegenüber im Radiosender KUOM, dem zur Universität gehörenden Bildungssender des Staates. Vielleicht könne ich dort eine Beschäftigung finden, der Station Manager heiße Paul Dawson und sei ein netter Mann. Als ich dessen Büro betrete, begegne ich zuerst seinen auf dem Schreibtisch aufgerichteten Schuhsohlen, die sein Gesicht verdecken. Ein amüsiert wohliges Gefühl erfasst mich bei diesem so uramerikanischen Anblick, weil er mich an die Schuhsohlen des US-Offiziers in Westberlin erinnert, der mir innerhalb kürzester Zeit ein Militärflugzeug verschaffte, das mich über meine ostdeutsche Heimat in die Freiheit flog. Ob der Anblick der Chefschuhsohlen auch diesmal eine Vorankündigung von etwas Erfreulichem ist? Die Schuhe verschwinden vom Tisch und geben ein freundliches Lächeln frei. Mr. Dawson eröffnet mir, er habe eine deutsche Großmutter, was uns schnell ins Gespräch bringt und schließlich zum Lachen, als er ein paar ihrer deutschsprachigen Ausdrücke zitiert. Mein Gefühl sagt mir jetzt, dass ich bei ihm Chancen hätte, doch will er sich zuerst bei einigen meiner Professoren nach mir erkundigen, darunter dem ihm bekannten Prof. Deutsch. Wenige Tage später bin ich ein so genannter Administrative Fellow in der Funktion eines Produktionsassistenten. Das nimmt wöchentlich fünf halbe Tage in Anspruch, was heißt, dass jetzt für mein Studium weit weniger Zeit übrig bleibt, zumal ich, um es ausreichend finanzieren zu können, einige Stunden pro Woche in der Universitätsbibliothek eingehende Bücher auspacke, darunter einmal viele Goethe-Kompendien aus Deutschland, Grüße aus der fernen Heimat.

Meine erste Aufgabe am Sender ist es, Vorankündigungen unserer Rundfunkprogramme für die Presse zu verfassen, eine ungewöhnliche Aufgabe für einen Ausländer. Mr. Dawson, dem ich jedes Mal meine Elaborate zur Kontrolle und Korrektur vorlegen muss, sagt nach dem ersten Mal, er fände das von mir Geschriebene „wonderful", streicht aber fast die Hälfte meines Textes aus. Nichts mache ihm mehr Spaß als in den Texten anderer herumzufummeln, kommentiert er sarkastisch freundlich grinsend. Von Mal zu Mal werden seine Korrekturen geringer, bis er mir eines Tages sagt, ich bräuchte ihm nun nichts mehr vorzulegen – ein für viele Amerikaner offenbar typischer großzügiger Vertrauensvorschuss, der mir Mut und Selbstvertrauen gibt. Jede Woche begleite ich nun Sheldon Goldstein, den Producer eines so genannten Public Affairs Forum, das auf Tonband mitgeschnittene Vorträge, Lesungen oder Debatten führender Persönlichkeiten des öffentlichen Lebens sendet, für mich eine ideale und prägende Erfahrung. Noch ahne ich nicht, dass ich diese fünf Mal wöchentlich ausgestrahlte Sendereihe einst selbst leiten werde.

Die Verhaftung eines regierungskritischen Assistenten der Universität schlägt hohe Wellen. Der Vorsitzende des Senatsausschusses für „unamerikanische Umtriebe", der Senator McCarthy, hat ihn zusammen mit zahllosen anderen auf seine Abschussliste gesetzt. Er betreibt eine politische Hexenjagd, die manche Menschen hysterisch, andere wütend macht. Ist das Amerika? Wir verfolgen die Nachrichten darüber fast täglich im Fernsehen und im Rundfunk. Ich frage Sheldon, was er davon hält. Er ist ein scharfsinniger jüdischer Intellektueller, der den Mann verachtet, aber nicht fürchtet, denn er meint, die amerikanische Gesellschaft sei so diversifiziert und habe eine breite Mitte, dass einer, der so extreme Positionen vertritt, früher oder später scheitern müsse. Der Lauf der Ereignisse wird ihm bald Recht geben.

Ohne ein amerikanisches Fußballspiel gesehen zu haben, kennt man die USA noch nicht ausreichend. Als mich Freunde ermutigen, mir ein Spiel der University of Minnesota gegen die University of Michigan anzusehen, erlebe ich zum ersten Mal den Rasensport als dramatisches Theater. Auf dem Rasen bullige Kraftmaschinen mit Helmen und Schulterschutz, der sie aussehen lässt wie gefährliche Science-Fiction-Gestalten. Die cheer leaders feuern ihre Fans zu regelrechten Schlachtgesängen auf. Als die Unseren in Führung gehen, rast das Stadion. Die Erregung der Massen reißt mich mit, obwohl mir manche Spielregeln noch unbekannt sind. Ich erlebe, dass ich mich plötzlich mit den jungen Amerikanern identifiziere, die an meiner Universität studieren, und finde das bemerkenswert. In der Pause eine wirbelige Musikshow mit unzähligen bunt uniformierten Jugendlichen, die keinerlei lange Weile aufkommen lässt. Dann gelingt der hiesigen Mannschaft ein spektakulärer Sieg. Sie gewinnt 22 : 0 und hinterlässt – man könnte meinen, so etwas könne nur bei Südländern geschehen – in dem fiebernden Publikum drei an Herzversagen verstorbene Tote. So leidenschaftlich können Amerikaner ihren football erleben. Ihr größter Held wird wie ein Halbgott gefeiert. Vielleicht ist amerikanischer football den Spielen des römischen Imperiums näher als unser europäischer Fußball. Wieder habe ich eine Facette des Phänomens Amerika kennen gelernt.

Eine amerikanische Bekannte lädt mich zu einem Ball der National Convention of Young Democrats ein. Vorher eine Cocktail-Party. Dort treffe ich zu meiner Überraschung eine Ärztin aus Dresden. Sie weiß von mir und meinem politischen Fall mitsamt meiner Inhaftierung durch die Staatssicherheit. Trotz Tausender Kilometer, die zwischen dort und hier liegen, kann die Welt erstaunlich klein sein. Oder lässt mich gar der Geheimdienst FBI auf dem Umweg einer Person meines Bekanntenkreises überprüfen? Unwahrscheinlich, aber nicht unmöglich. Die Party wird so amerikanisch „informal", daß ich mich irgendwann, als viele von uns ungezwungen amerikanisch auf dem Teppichboden sitzend ihren Drink nippen, neben einem Senator des Staates Tennessee befinde, der sich für meine Geschichte interessiert, soweit das die Flüchtigkeit einer Cocktail-Party zulässt. Auch der Senator und spätere amerikanische Vizepräsident Hubert Humphrey ist dabei sowie ein Abgeordneter aus Washington, der im Kriege mit dem Fallschirm hinter den deutschen Linien abgesetzt wurde, um die Partisanen Titos zu unterstützen. Als ich durch jugoslawisches Partisanenland gefahren wurde, waren wir Todfeinde. Nun sitzen wir friedlich auf einem Teppich, trinken Cocktails und verstehen uns ausgezeichnet.

Die Eltern eines Studenten laden mich zu einer studentischen Bier-Party ein. Der Hausherr, deutscher Abstammung, prophezeit mir den baldigen Zusammenbruch der amerikanischen Wirtschaft, denn sie sei „nur auf Pump" gegründet. Muss ich ihm glauben? Mich stimmt dieses Land eher optimistisch. Im Laufe des Abends wird einer der blutjungen amerikanischen Studenten allmählich bleich und kippt plötzlich um. Man versucht, ihn munter zu machen, doch es misslingt. Ein Krankenwagen wird bestellt und bringt ihn in ein Hospital. Diagnose: Alkoholvergiftung. Er hat einige Dosen von dem nur schwach alkoholhaltigen amerikanischen Durchschnittsbier getrunken, das ich manchmal spöttisch „dish water", also Spülwasser, nenne, doch es war sein erster Alkoholkonsum. In seinem streng religiös geprägten Elternhaus ist, wie wir erfahren, Alkohol als „Instrument des Teufels" verpönt und strengstens verboten. Ich nehme mir daraufhin vor, meine Kinder, sollte ich einst welche haben, anders zu erziehen, sie allmählich an maßvollen Alkoholgenuss zu gewöhnen.

Mein Freund Gottfried, ein Mitbegründer der Freien Universität Berlin, die sich anfangs aus politischen Dissidenten der ostberliner Humboldt-Universität rekrutierte und ihr heutiges Dasein vor allem der Ford Foundation verdankt, studiert hier Economics. Er hat aus Berlin gehört, dass an der Freien Universität Berlin viele aus der DDR flüchtige Studenten dringend Kleider benötigen. Wir beschließen daraufhin, einen „clothing drive", eine Kleiderspendenaktion, zu starten und bekommen sofort Unterstützung von Gertrude Swanson. In wenigen Tagen haben wir die führende Tageszeitung der Stadt und ein paar Rundfunksender als Verbündete. Wir setzen einen Artikel in die Zeitung, man schreibt dort über uns und unser Anliegen. Vom Rundfunk und Fernsehen werden wir zu Interviews eingeladen. Einmal widmet man unserer Sache eine ganze Stunde, in der ich Schallplatten aus der DDR-Zeit vorspiele und kommentiere, sowie nach meinen Erlebnissen in der Sowjetunion und in Ostdeutschland gefragt werde. Gertrude Swanson ruft Freunde und Bekannte an und bittet sie, uns zu helfen. Die beträchtliche Publizität findet ein so starkes Echo, dass wir eine riesige Ladung Kleider nach Berlin schicken können und von mehreren Lesern, Zuschauern oder Hörern eingeladen werden. Das vom Kommunismus umlagerte Westberlin wird hier als ein Außenposten der westlichen Welt empfunden, den man halten und stärken muss. Von einem Feindbild Deutschland ist offenbar kaum noch etwas übrig in diesem vor allem von den Nachfahren skandinavischer und deutscher Einwanderer geprägten Landesteil.

26

Die Ankunft des neuen Amerikaners

Ein freudiges Ereignis eröffnet das Jahr 1954. Meine fast elterlichen Freunde und Gönner, die Swansons, fahren beim Sender vor und lassen mir ausrichten, in ihrem Auto sei ein Paket für mich. Als ich hinausgehe und die Autotür öffne, sitzt dort mein soeben aus Deutschland angekommener Bruder. Vor eineinhalb Jahren sah ich ihn zum letzten Mal im Ruhrgebiet. Damals bat er mich, ihm irgendwann nach der Einreise in die USA eine Khakihose nach Deutschland zu schicken oder – ein damals unrealistischer Wunsch – die Immigrationspapiere. Die Swansons hatten versprochen, sie würden ihm beides verschaffen, wenn er ihrem Vertrauensmann in Wiesbaden gefalle. Der war von ihm begeistert. Nun wird das Versprechen in die Tat umgesetzt. Sie fahren mit uns beiden in die Innenstadt und kaufen – fast ist es ein Ritual, das ihnen diebische Freude macht – die Hosen. Um die Immigrationspapiere haben sie sich bereits bemüht und haben den Gouverneur von Minnesota um Unterstützung gebeten. Sie mussten ihr Einkommen offen legen und für den Neuankömmling bürgen. Der ist überwältigt von dieser Fürsorge von Menschen, die ihn bisher gar nicht kannten. Bald meldet sich eine Reporterin zu einem Interview, und schon wird seine Story in einer Zeitung veröffentlicht. Amerika empfängt ihn, den einstigen deutschen Soldaten und aus sowjetischer Internierung ausgebrochenen Flüchtling, mit offenen Armen. Nun wohnen wir eine Zeit lang zusammen im Haus der Swansons.

Mein Bruder ist 24 Jahre alt und damit noch wehrpflichtig. Er will dem neuen Land gegenüber dankbar sein und sich freiwillig melden, auch um sich die Waffengattung auswählen zu können. Am liebsten würde er fliegen. Darum lädt Gertrud Swanson eines Tages zwei ihrer Bekannten zu sich ein: den Chef des örtlichen Wehrkommandos und den Personalchef einer Bank, die ihm nach eingehender Befragung und einem Persönlichkeitstest raten, sich freiwillig zum Helicopter Corps der US Army zu melden. Dort dürfe er auch als im Ausland Geborener Pilot werden. Und so wird es geschehen. Dass er dort einst Offizier werden und als Pilot in Deutschland Armeehubschrauber und danach für geologische Forschungsarbeiten rund um die Hudson Bay kanadische Helikopter fliegen wird, kann er sich zu diesem Zeitpunkt nicht vorstellen. Aber so wird es kommen, thanks to Mrs. Swanson.

Die über neunzig Jahre alte, weise Dame Dr. Anderson, Psychiaterin und Praktikerin einer unabhängigen Lebensphilosophie, lädt mich zu sich ein. Wir sprechen über den menschlichen Verstand, die Vernunft, den Glauben und die rechte Art zu denken und intelligent zu leben. Es sind bereichernde Stunden. Im Grunde, sagt sie, sei die Antwort einfach. Man solle die Gabe seines Verstandes benutzen und sich einhören und einstimmen in das, was sie „the music of the universe" nennt, des Universums, in dem wir objektiv nichts, aber subjektiv am wichtigsten sind. Das könne und solle jeder auf seine Weise tun, mit Religion und Kirche oder ohne. Integer solle man sein, nützlich, dankbar und lebensbejahend. Darauf komme es an. Ich schließe die alte, geradezu olympisch heitere Dame in mein Herz. Goethe hätte sie gemocht.

An der Universität führt Professor Deutsch die Studenten seines Kurses „History of World War II" in einen Saal und zeigt ihnen zwei Filme aus Deutschland: Leni Riefenstahls euphorisch-ästhetischen „Triumph des Willens" und „Nacht und Nebel", den erschreckenden Dokumentarfilm über die deutschen Konzentrationslager. Ursache und Wirkung, Verblendung und Verbrechen. Die beiden zusammen sind Dynamit, sind massive Anregung zum Nachdenken über Diktatur und Demokratie, Unterdrückung und Toleranz. Man sollte sie, zusammen, allen Deutschen zeigen. Nachdenklich schweigend verlassen wir den Saal, sie, deren Väter und ältere Brüder für die Freiheit kämpften, und ich, der zu den Bekämpften gehörte.

Mitten im Universitätscampus, nur wenige Schritte von meiner Arbeitsstelle entfernt, steht das Northrop Auditorium, das Konzertgebäude des Minneapolis Symphony Orchestra, das zu den führenden symphonischen Klangkörpern der USA gezählt wird. Hier waren mehrere international renommierte Dirigenten tätig. Zur Zeit hat Antal Dorati die Leitung. Unter den Musikern sind viele Europäer, darunter jüdische und andere deutsche Flüchtlinge. Ich lerne einige von ihnen kennen. Wie viele ihresgleichen anderswo in den Staaten und wie die unzähligen vor den Nazis geflohenen Professoren und Wissenschaftler haben sie das kulturelle und geistige Leben in den USA außerordentlich und nachhaltig bereichert. Das hatte unser großer Verführer, der verblendete Verblender, nicht vorhergesehen. Die Universität Minnesota hat über fünfzigtausend Studenten und es gibt andere Universitäten und Colleges rundum. Vor kaum hundert Jahren fand innerhalb der heutigen Grenzen Minnesotas der letzte Indianeraufstand statt – eine revolutionäre Entwicklung, wie sie kein europäisches Land in dieser Geschwindigkeit zustande gebracht hat.

Die Swansons bitten mich, ausländische Studenten meiner Wahl zu einem Diskussionsabend einzuladen. Keiner von uns ahnt, dass dies zu einer weit über ein Jahrzehnt dauernden Einrichtung werden wird, einer discussion group, die geradezu weltumspannend sein wird. Wir – das sind deutsche, französische, niederländische, griechische, skandinavische, ägyptische, indische und pakistanische Studenten – treffen mit amerikanischen Geschäftsleuten, Ärzten, Professoren, Studenten und den Familien und Freunden der jeweiligen Gastgeber zusammen, oft in sehr gediegenen Villen und Gärten. Manchmal verbinden wir unsere Zusammenkünfte mit einer Motorbootfahrt auf einem der vielen in der Stadt oder in ihrer Nähe liegenden Seen. Wir vergleichen die unterschiedlichen Kulturen, nationalen Gewohnheiten, sowie die politischen und die Bildungssysteme. Das führt zu neuen Einsichten bei allen und ist jedes Mal ein geistreiches und dazu noch angenehmes gesellschaftliches Ereignis. Mir fällt auf, dass unsere Europäer und Asiaten meistens die gleichen Vorbehalte gegenüber Amerika haben. Sie betreffen das andersartige Bildungssystem, die oft mangelnde Kenntnis anderer Länder und Standpunkte, die weniger ausgebildete staatliche Fürsorge und die schlechtere Absicherung der Arbeitskräfte. Für jeden dieser Einwände haben die Amerikaner plausible Gegenargumente. Hier ist traditionell alles auf Eigeninitiative und individuelle Hilfsbereitschaft minder Privilegierten gegenüber ausgerichtet. Der Staat soll sich nur um das Allernötigste kümmern. „The best government is the least government". Und: Die USA sind ein durch zwei Weltozeane von dem größten Teil der Welt getrennter Fast-Kontinent, der innerhalb seiner gewaltigen Grenzen so sehr mit sich beschäftigt ist, dass er den Rest der Welt weniger braucht als die meisten anderen Länder.

Gertrude Swanson drückt mir immer wieder ihren Dank dafür aus, dass ich es war, durch den sie anfing, sich für andere Länder und ihre Menschen zu interessieren und dadurch ihren Horizont zu erweitern und ihr Leben zu bereichern. Bald wird sie die Länder ihrer jungen Freunde bereisen, bei deren Familien wohnen und Druck auf amerikanische Botschaften und Konsulate ausüben, mehr für das gute Image der Vereinigten Staaten zu tun. Allmählich schafft sie sich so ein weltweites Netz von Freunden. Sie arbeitet freiwillig für eine von Präsident Eisenhower gegründete Organisation, die dem Frieden weltweit durch private Kontakte abseits der Regierungstätigkeiten dienen will. Gertrude wird, oft mit Hilfe ihres Mannes, Hilfsaktionen für notleidende Menschen in Iran, Chile, Portugal und der Türkei sowie in afrikanischen Ländern organisieren, wird Fluglinienchefs überreden, die Hilfsgüter kostenlos an ihre Zielorte zu befördern. Dazu ist sie noch eine Mutter von zwei jugendlichen Kindern und eine ausgezeichnete Köchin und Gastgeberin. Doch von Beruf ist sie Hausfrau. Eine Amerikanerin zum Vorzeigen.

27
Dinner mit dem Kaiser

Mich erreicht die Einladung zu einem Dinner „honoring His Imperial Majesty Haile Selassie I, Emperor of Ethiopia", einem Würdenträger, der einst ein Feind Italiens und damit des mit diesem verbündeten Deutschland war. Einen Kaiser hat diese Stadt noch nie erlebt, schon gar nicht einen schwarzen. Dass er aus einem der ärmsten Länder kommt und kaum noch über nennenswerte Macht verfügt, spielt keine Rolle. Im letzten Weltkrieg war er immerhin ein Verbündeter der Westmächte und ein Feind des faschistischen Italiens. Dort und bei uns in Deutschland hat man ihn damals lächerlich gemacht.

Die Staatsuniversität und die Stadt Minneapolis tun ihr Bestes, um den hohen Würdenträger gebührend zu empfangen. Der Saal ist festlich geschmückt, ein paar hundert Gäste, darunter viele Professoren und führende Geschäftsleute aus der Stadt und der Nachbarstadt St. Paul, erwarten feierlich gekleidet das Ereignis. Eine Heerschar von Studenten steht zur Bedienung bereit. Dann ruft jemand wie einst bei dynastischen Empfängen: „His Imperial Majesty, the Emperor of Ethiopia." Alle erheben sich und applaudieren. Da kommt er, der Negus, der „König der Könige", eine schmächtige Gestalt, in einem weißen Smoking gekleidet, mit einer Fliege unter dem dunklen Gesicht und einem Bart, der mir kürzer vorkommt, als ich ihn von Fotos aus der Kriegszeit in Erinnerung habe. Ihm folgt eine Riege tiefdunkler Offiziere mit bleckend weißen Zähnen und ausgesprochen aristokratischen Zügen. Sie tragen mit Kordeln und Tressen behängte, ihre Hautfarbe kräftig kontrastierende helle Khakiuniformen und machen einen theatralischen Eindruck. Als sich der Negus gesetzt hat, nehmen alle Kaiserlichen und Demokraten Platz. Eine Sängerin singt Gershwins „Summertime". Dann hält der Kaiser eine kurze, leider nicht englischsprachige, von einem äthiopischen Dolmetscher Satz für Satz übersetzte Rede. Darin fordert er (vermutlich die hier anwesenden Geschäftsleute) zum Investieren in sein armes Land auf. Während schließlich eine Kapelle einen Wiener Walzer intoniert (wieso einen Wiener Walzer? O felix Austria!), servieren die studentischen Kellner behende das $ 4,75 teure Dinner.

Ich war Zeuge eines im Grunde bedeutungslosen, aber doch irgendwie historischen Ereignisses, des Zusammentreffens einer untergegangenen Epoche mit der so ganz anderen Gegenwart, und eines leichten Nachbebens des großen Krieges. Und das mitten in einem Publikum, dessen größter Teil vor ein paar Jahren zu meinen Feinden gehörte, ein hier und heute absurd wirkender Gedanke.

28
Viertausend Kilometer kostenlos

Mit meinem frisch importierten Bruder möchte ich gern eine Reise machen, damit er das Land kennen lernt, auch als Gegengewicht zu den langen Trennungszeiten im Krieg. Wir wollen an die Ostküste, wo wir Bekannte haben, und es soll so wenig wie möglich kosten. Doch wie macht man das? Wir studieren Zeitungsannoncen und finden einen Geschäftsmann, der sein Auto in Charlotte, im Staate North Carolina, stehen lasssen musste und keine Zeit hat, es abzuholen. Er bietet dem, der es abholt, kostenlose Fahrt von dort nach Minneapolis. Als Zugabe bezahlt er Benzin und Öl, auch für einen größeren Umweg. Wir werden schnell handelseinig, beschließen, des Erfolges meiner letztjährigen Reise eingedenk, an die Ostküste per Anhalter zu fahren und malen ein Schild „European Students to Chicago". Gertrude fährt uns an den Stadtrand, und es dauert keine fünf Minuten, bis eine Lehrerin für uns anhält. Mit ihr, dann einem Deutschen, einem englischen Farmer und einer Geschäftsfrau schaffen wir es spät nachts bis in die Mitte von Chicago. In einem Park suchen wir im Dunkeln einen Fleck zum Übernachten und schlüpfen dort in unsere Schlafsäcke. Nachdem uns wenige Stunden später das frühe Tageslicht geweckt hat, besuchen wir eine Bekannte. Als diese hört, wo wir die Nacht verbracht haben, ist sie entsetzt. Dort seien schon Menschen umgebracht worden.

In Louisville, Kentucky, übernachten wir als einzige Weiße unter Schwarzen in einem YMCA-Gebäude, ein ungewohntes Gefühl. Nach einer weiteren Nacht im Auto eines Studenten erreichen wir unser Ziel Charlotte, North Carolina. Ein Verwandter der Swansons, das schwarze Schaf in der weiten Familie, weil er manchmal unberechenbar sein soll, zeigt uns die sympathisch wirkende Stadt. Er hat eine Pilotenlizenz und ist Mitglied eines Sportfliegerclubs. Auf dem Weg zu einem Flughafen fährt er in flottem Tempo gegen die vorgesehene Fahrtrichtung in eine Einbahnstraße. In einer Kurve ein Polizist. „Hi, Charly", ruft er ihm zu, genießt dessen freundlich verzeihendes Grinsen und fährt weiter an den Rand des Rollfelds. So unkompliziert geht das bei den richtigen Beziehungen. Wir steigen in einen Viersitzer, ich sitze neben ihm, mein Bruder hinter uns. Als wir reichlich Höhe gewonnen haben, kippt er den Knüppel auf meine Seite und sagt, als sei das die natürlichste Sache der Welt: „Now you fly." Ich habe noch nie in meinem Leben ein Flugzeug bewegt und frage ihn, was ich machen solle. Er erklärt es mir mit zwei Sätzen, lässt mich nach rechts kurven und nach links, dann Höhe verlieren und wieder gewinnen. „You see", meint er, „it's so simple." Wie auch immer, erlaubt ist das bestimmt nicht. Damit auch mein Bruder in den Genuss der Illusion des Fliegenkönnens kommt, machen wir eine Zwischenlandung, bei der ich zum Rücksitz wechsle. Für ein paar Minuten ist nun einer Flugschüler, der so gern Pilot wäre und noch nicht weiß, dass er bald wirklich einer sein wird. Bei einer weiteren Zwischenlandung steigt ein zweiter Pilot zu, wir beiden setzen uns hinter sie. Irgendwo während des nun folgenden Fluges fängt unser Flugzeug an zu zittern und erbebt schließlich beunruhigend stark, während unsere zwei Piloten lautstark irgendwelche Mitteilungen über Funk an die Bodenstation geben. Wir verlieren beängstigend an Höhe und sind einem immer extremeren Zittern des ganzen Flugzeugs ausgesetzt. Was, um Himmels willen, ist los? „Wenn das das Ende ist", sagt mein Bruder zu mir, „dann war es wenigstens ein schönes." – ein gefasster und weiser Satz. Nach einer Weile dem Schicksal ergebener Spannung wird es ruhiger, wir verlieren bei normal laufendem Motor an Höhe und landen bald darauf sicher. Nun erst erfahren wir, dass die beiden vorhin einen großen Waldbrand ausgemacht und gemeldet haben und dass sie lediglich zur besseren Beobachtung und Berichterstattung tiefer flogen. Die Erschütterung kam von der aufsteigenden Hitze des Feuers. Ein kleines Abenteuer mehr und unser Leben geht weiter.

Am nächsten Tag fliegen uns unser Gastgeber und sein Freund nach Charleston, South Carolina. Ein kurzer Besuch am alten Sklavenmarkt, Denkmal einer schlimmeren Zeit, dann gleiten wir am Strand entlang nach Myrtle Beach. Dort lernen wir ein paar nette Mädchen kennen, denen wir erzählen, wir seien aus Deutschland und hätten ein Flugzeug. Als wir auf deutlichen Unglauben stoßen, sagen wir ihnen, zum Beweis würden wir bald mit wackelnden Flügeln über ihre Köpfe hinweg fliegen. Diese Idee ist ganz nach dem Geschmack unserer zwei wilden Piloten. Wie angekündigt brausen wir kurz darauf an der von uns angezeigten Stelle, Flügel wackelnd und gewiss in Missachtung der Vorschriften knapp über die Köpfe der Mädchen hinweg. Das dürfte den erwünschten Eindruck machen. Es ist schön, sein Wort halten zu können. Ob es Werbung für Deutschland war, ist schwer zu sagen.

Noch in Charlotte warten wir im Regen mit aufgespannten Schirmen auf einen Bus. Als wir eingestiegen sind, merken wir, dass wir die einzigen Weißen sind. Alle starren uns an. Ich setze mich neben einen schwarzen Mann mittleren Alters und lege meinen Schirm neben mich. Als wir aussteigen wollen, ist der Schirm plötzlich verschwunden. Ich frage den Herrn neben mir. Er weiß von nichts, doch hinter ihm erkenne ich den Knauf meines Schirms, packe ihn, sehe den angeblich Unschuldigen wortlos vorwurfsvoll an und steige eine Haltestelle später mit meinem Bruder aus. Das war es wohl, was unseren rassistisch gesinnten Gastgeber alle Schwarzen so herablassend und undifferenziert „those damn niggers" nennen lässt.

Wir holen das für uns bereit stehende Auto ab, einen hübschen Ford, und überdecken das Heck mit einem breiten Leinentuch, auf das wir, in Anlehnung an die amerikanische Sitte der „Just married"- Beschriftung geschrieben haben: „EUROPEAN STUDENTS – STILL SINGLE." Noch ahnen wir nicht, welches Aufsehen wir damit erregen werden. Auf dem Weg in den Norden ruft uns, während wir an einer Verkehrsampel warten, ein LKW-Fahrer zu: „Stay single!" – Bleibt single! Viele lächeln uns zu, manche Mädchen schicken uns Kusshändchen von Auto zu Auto. Als wir an der Küste einen Strand zum Schwimmen suchen und vor lauter Privatgrundstücken keinen finden, entdecken zwei blutjunge, bildhübsche Mädchen unsere Beschriftung und verwickeln uns in ein heiteres Gespräch, bis wir schließlich von ihren überraschten Eltern zum Schwimmen an ihrem Strand eingeladen werden. Als ihr deutschstämmiger Nachbar von unserer Anwesenheit erfährt, lädt er uns zu Kaffee und Streuselkuchen ein. So macht das Reisen Spaß.

Auf dem Weg in die Hauptstadt lernen wir einen aus Deutschland stammenden Restaurantbesitzer kennen, der uns einen Gutschein für je ein Essen in seinem Restaurant in Hartford, Connecticut, schenkt. In Washington/ D.C. besuchen wir Freunde und mit ihnen das Pentagon, den Senat, wo der demokratische Senator Hubert Humphrey, den ich von Minneapolis her kenne, gerade eine Rede zu einem geplanten Landwirtschaftsgesetz hält, und lernen einen Filou von einem amerikanischen Geistlichen kennen, einen lustigen Pykniker mit Schmerbauch, von dem man gern eine Predigt hören möchte, ohne sie unbedingt glauben zu müssen. Er erzählt uns, er habe fünf

Monate in einem ostdeutschen Stasigefängnis gesessen. Er hat mit dem deutschen Bischof Dibelius zu tun. Dann müsste man ihm eigentlich glauben.

In New York besuchen wir eine Show in der Radio City Music Hall und eine aus Schlesien stammende Freundin, mit der wir ein paar sonnige Stunden am Jones Beach auf Long Island verbringen. In Hartford, Connecticut, besuchen wir das Restaurant, für das wir einen Gutschein bekommen haben. Der Schein wird akzeptiert und bringt uns ein kostenloses Abendessen ein. Dann müssen wir allmählich die Fahrt westwärts nach Minneapolis antreten. An den Niagarafällen, die wir zum ersten Mal zu Gesicht bekommen, lernen wir einen per Anhalter reisenden Kanadier kennen und lassen ihn nach so viel Güte, die uns zuteil wurde, kostenlos in unserem Hotelzimmer übernachten. Am Lake Erie angekommen nehmen wir in der nächtlichen Geisterstunde bei Vollmondschein ein Nacktbad im See. Eine Übernachtung im Auto, dann erleben wir auf der Weiterfahrt in einer Entfernung von wenigen Kilometern vor uns ein dramatisches Naturphänomen. Vor einer dunklen Wolkenwand wandert in rasender Geschwindigkeit ein hoch aufgetürmter Wirbelsturm nach rechts und reißt mit sich, was in seinem Wege steht. Es ist unser erster Tornado. Wir wissen, dass er unberechenbar und lebensgefährlich ist und halten unter einem Baum an. Wir können noch beobachten, wie er Erdreich und irgendwelche Trümmer hoch in die Luft saugt und mit sich schleudert, dann entweicht er unserem Blickfeld. Später, auf der Weiterfahrt, hören wir im Radio, ein Mann, der – wie wir – sein Auto unter einem Baum geparkt hatte, sei von diesem erschlagen worden. Ihn hat es das Leben gekostet, wir haben daraus gelernt. Auch das eine amerikanische Erfahrung. Noch eine Nacht im Auto, dann fahren wir in den Staat Wisconsin und sind lange Zeit die einzigen Verkehrsteilnehmer auf einer hügelauf und hügelab schnurgeraden Straße, wie ich sie oft im Westen erlebt habe. Abends, als es Zeit zum Schlafen wird, übernachten wir in der breiten Einfahrt zu einer Farm. Am nächsten Morgen entdeckt uns der Farmer, geht auf unseren Wagen zu und fragt uns, was wir hier vorhätten. Als dies sein auf der gegenüber liegenden Straßenseite laufender Hund, ein Irischer Setter bemerkt, setzt er zum Spurt über die Straße an und gerät unter einen vorbeirasenden LKW. Wir können nur noch seinen Tod feststellen. Der Farmer ist gefasst und bleibt zu unserer

Beruhigung freundlich, obwohl wir der Anlass zu diesem Unglück waren. Es sei nicht das erste Mal, dass ihm dies passiere. So wird ein unbeteiligtes Tier Opfer unserer Reiselust. Am Tag nach unserer Ankunft in Minneapolis arbeite ich wieder am Sender. Mein Bruder, einst blutjunges Mitglied der deutschen Wehrmacht, wird amerikanischer Soldat.

29
Ein Engel zum Anbeten

Mein Antrag auf eine Stelle als Teaching Fellow im German Department der Universität ist genehmigt. Als Erstes unterrichte ich einen Anfängerkurs in deutscher Konversation. Meine Lehrerfahrung in der DDR kommt mir dabei zugute. Ich lege großen Wert darauf, dass die Studenten möglichst viel zum Deutschsprechen kommen, einzeln und in Gruppen, und dass sie Spaß beim Lernen haben. Und, wie einst in Dresden als Wissensvermittler für Elfjährige, erlebe ich beim Unterrichten amerikanischer Studenten wieder, wie viel Freude ich selber am Lehren habe. Nun reicht zwar mein Einkommen, aber bei zwei Halbtagsjobs wird die Zeit für das Studium gefährlich knapp, zumal nach zwei Jahren der Kreis von Freunden und Bekannten so groß geworden ist, dass ich viele Einladungen nicht wahrnehmen kann. Doch es gibt Ausnahmen. Eine Einladung zu einer Party mit Studentinnen, die den „European point of view" haben sollen, reizt mich doch. Was ist das für ein Gesichts- oder Standpunkt und was für junge Damen sind das? Die Überraschung ist groß. Es sind allesamt ausgesprochen sympathische und intelligente Erscheinungen, Amerikanerinnen und Britinnen. Eine aber sticht mir vom ersten Augenblick an als die absolute Favoritin ins Auge. Schlank, ein ungewöhnlich feines Gesicht, halblanges blondes Haar und eine angenehm weibliche Art und Stimme. Sie studiert und spricht schon ein wenig Deutsch. Ihr Name ist Rosemary. Wenige Tage später werde ich von ihrer Familie eingeladen. Eine besonders sympathische Mutter, im wohnlich eingerichteten Haus ein gepflegt kultiviertes Milieu und eine erwärmende Herzlichkeit.

Die 21 Jahre junge bildhübsche Schwester tritt schon als Sopransolistin mit dem Boston Symphony Orchestra auf. Nach einem heiteren Gespräch zu dritt sagt sie mir plötzlich unverblümt: „Ich liebe Ihnen." Wie reizend falsche Grammatik klingen kann. Manchmal liebt einen keine und nun sind es gleich zwei, dazu noch in derselben Familie. Aber die hübsche Sängerin meine ich ja gar nicht. Ich fühle mich zu der reiferen Rosemary hingezogen, deren feine Weiblichkeit und Güte es mir angetan haben. Immer mehr verehre ich diese junge Frau, empfinde sie als die Anbetungswürdigste von allen, die mir je nahe standen. Manchmal erinnert sie mich an eine Renaissance-Madonna. Doch ein Hindernis kündigt sich an: Alle in dieser Familie sind von einem tiefen Katholizismus erfüllt, der ihre Ansichten zu fast allen Lebensfragen prägt. Rosemary will sich bald binden, ich fühle mich dafür noch unfertig, will erst mein Studium zu Ende bringen. Sie will eine Familie gründen, eine katholische mit bis zu sieben Kindern. Du lieber Himmel – sieben Kinder! Da bin ich ja nach der Geburt des siebenten im Opaalter. Damit bin ich eindeutig überfordert. Auch ein klösterliches Leben könnte sie sich vorstellen – wieder ein Extrem. Weniger Gebärfreude und Heiligkeit, etwa ein liberaler Protestantismus mit, sagen wir, zwei Kindern wären mir angemessener. Aber Rosemarys Bedürfnisse sind eben so. Nun verbringe ich das bisschen Freizeit, das mir noch bleibt, einige selige Wochen lang mit ihr. Ein aus tiefstem Herzen kommendes Liebesgedicht, das sie gerührt in Empfang nimmt, dann ein schmerzlicher Abschied, ihr plötzliches Wiederauftauchen, nostalgisches Glück bis zu der endgültigen Einsicht, dass es ja doch nichts werden kann. Dann ist ein Traum zerplatzt. Ein Engel zum Anbeten und doch nicht die Richtige. Das mit dem Zueinanderpassen ist ein Kreuz.

Ich erlebe auch Profaneres. Ab und zu halte ich Vorträge vor Vereinen, Kirchengruppen oder Studenten, um mich laufend in freier englischsprachiger Rede zu üben. Einmal sprechen mein Freund Gottfried und ich vor über hundert Geschäftsleuten eines renommierten Clubs über den Nutzen von Austauschprogrammen als Instrument des Kennenlernens anderer Kulturen und dadurch, langfristig gesehen, auch für das internationale Geschäft. Zu Beginn der Veranstaltung erheben sich alle, ein Ventilator bläst Wind in die Nationalflagge, und mit Hand auf der Brust singen die Herren die

Nationalhymne. Das mag auf einen Europäer naiv, kitschig oder übertrieben patriotisch wirken, aber es gehört zu den Ritualen, die dieses aus Menschen vieler Nationen, Rassen und Glaubensrichtungen bestehende Volk zusammenhalten. Tage später erhalten wir einen freundlichen Dankesbrief mit der Versicherung, unsere Vorschläge seien auf fruchtbaren Boden gefallen. An Höflichkeit fehlt es nie.

Zur Abwechslung wieder ein football-Spiel: Minnesota gegen Nebraska. Wieder siegt Minnesota, aber Tote gibt es diesmal keine. Was mich am meisten beeindruckt, ist das Talent dieser Menschen, aus einer gewöhnlichen Sportveranstaltung eine Riesenshow zu machen. Dreitausend Musikanten, die sich aus verschiedenen Highschool- und Universitätskapellen beider Parteien zusammensetzen, produzieren reichlich bunt uniformiert bei eindrucksvoller Choreographie ein Blaskonzert, wie ich es in dieser Massierung noch nie erlebt habe. Das konkurriert mit den propagandistischen Großveranstaltungen diktatorischer Regime, ist aber bei allem jugendlichen Überschwang ideologiefrei und daher harmlos und sympathisch. Theatralik kann auch wahnfrei sein. Amerikaner sind darin Meister.

Nach kaum einem Jahr in den USA, in das er mittellos einreiste, und noch vor seinem späten Studium schafft es mein Bruder aus eigener Kraft, sich als Weihnachtsgeschenk an ihn selber einen vier Jahre alten Ford zu kaufen. So etwas ist hier möglich. Wieder wird einer seiner amerikanischen Träume wahr.

30
Der gesellige Freimaurer

„Cully", Gertrude Swansons Mann, ist ein liebenswerter, geselliger und gütiger Mensch, der bei einem Bourbon Whiskey gern Witze erzählt, auch und besonders gern erotische. Mit seinem Christsein kollidiert das keineswegs. Das besteht, vom Kirchenbesuch abgesehen, vor allem aus hilfreichen Zuwendungen Mitmenschen gegenüber. Anderen Freude zu machen, macht ihm Spaß. Es ist für ihn eines der Gegengewichte zu der psychischen Belastung, die ihm als Begräbnisunternehmer beim täglichen Umgang mit den Körpern Verstorbener helfen, sein emotionales Gleichgewicht zu erhalten. Eines seiner Amüsements ist der Golfsport. Im Golfclub trifft er andere Geschäftsmänner, mit denen er die neuesten Witze austauscht, aber ab und zu auch Geschäfte macht. Mit einem Versicherungsagenten schließt er irgendwelche Versicherungen für sich oder seine Familie ab und lässt sich von ihm im Austausch das Exklusivrecht für dessen Beerdigung geben, ein legitimes Tauschgeschäft unter businessmen. Oder er kauft von einem car dealer für die gleiche Gegenleistung ein neues Auto. Wenn ihm solche Abschlüsse gelungen sind, freut es ihn diebisch, das im kleinen Kreis zu berichten. Von der psychiatrischen Lebensberaterin und Familienfreundin Dr. Anderson hat er sich überzeugen lassen, dass all das „absolutely normal business" sei, ein Geschäft wie jedes andere.

Wie viele der führenden Geschäftsleute der Stadt ist Cully Mitglied der „Shriners", einem Zweig der amerikanischen Freimaurer, und hat in dieser Vereinigung auch schon besondere Würden errungen. Shriners müssen sich verpflichten, sowohl durch Geldspenden als auch mittels freiwilliger Tätigkeiten karitative Leistungen zu erbringen. Das trägt wesentlich zu ihrem guten Ansehen in der Bevölkerung bei. Die minneapolitanischen Shriners betreiben ein von ihnen finanziertes modernes Kinderhospital und müssen zu dessen ständigem Unterhalt immer wieder Geldquellen finden. Eine von ihnen ist eine gelegentlich stattfindende große Zirkusveranstaltung, deren Organisation sie selber übernehmen, eine Beschäftigung, der Cully einen beträchtlichen Teil seiner Freizeit widmet. Einmal besuche ich eine solche Veranstaltung und bin beeindruckt vom Umfang und der Qualität der Darbietungen. Viele der Artisten gehören zur Weltelite und verlangen des guten Zweckes wegen keine Gage. Den ganzen Abend lang sind in dem rechteckigen Zirkusbau gleichzeitig stets zwei Attraktionen zu bewundern, so dass man sich entweder für eine entscheiden oder, wie bei einem Tennisspiel, den Kopf abwechselnd von einer zur anderen wenden muss. Schon zu Anfang hat der Potentat die Zuschauer gebeten, sich jeweils nach dem Aufruf ihrer Nationalität von den Sitzen zu erheben. Es erheben sich Europäer, Kanadier,

Lateinamerikaner, Afrikaner und Asiaten. Fast der ganze Erdball ist vertreten. Alles für eine gute Sache. – Wenig später wird Cully Potentat der minneapolitanischen Loge, womit ihm eine ganz besondere Ehre, auch außerhalb der Loge, widerfährt. Zusammen mit seiner international interessierten und äußerst rührigen Frau wird er Behinderteninstitutionen in Afrika und Europa mit von beiden gesammelten Geld- und Sachspenden aus Minneapolis unterstützen. Dass am Ende für ihn und seine Frau nur geringe Mittel übrig bleiben könnten, daran denkt er kaum.

31
T. S. Eliot – der Dichter im Boxring

Meine Tätigkeit im Sender hat inzwischen an Bedeutung gewonnen, da ich vom Assistenten der Sendereihe Public Affairs Forum zum selbstständigen Producer avanciert und nun dafür verantwortlich bin, wöchentlich fünf Programmstunden mit Auszügen aus aktuellen Vorträgen renommierter Professoren, Wissenschaftler und Schriftsteller sowie aus Debatten oder Interviews zu füllen. Es ist ein amerikanisches Phänomen, dass ein führender Bildungs- und Kultursender einem jungen Ausländer und Angehörigen eines vor kurzem noch militärisch bekämpften Staates die Verantwortung für eine fast tägliche gesellschaftspolitische Sendung überträgt, ein Vertrauensvorschuss, wie man sich ihn in der Alten Welt kaum vorstellen kann. Ich fühle mich geehrt und verrichte meine Arbeit mit entsprechender Leidenschaft, was freilich aus dem sogenannten Halbtagsjob neben meiner Assistentenstelle im German Department und meinem Studium eine gefährlich zeitraubende Beschäftigung macht. Doch manchmal bringt sie besonderen Gewinn. Über mehrere Wochen hinweg weist die hier führende Tageszeitung Minneapolis Star and Tribune in großflächigen Annoncen auf einen Besuch und einen Vortrag des weltberühmten britischen, ursprünglich amerikanischen Dichters T. S. Eliot hin. Ich melde mich bei dem für den Vortrag zuständigen

Agenten und bitte um das Recht des Mitschnitts und der Ausstrahlung der wichtigsten Passagen. Mein Mikrophon muss vor ihm postiert sein, ich mit meinem Tonbandgerät in unmittelbarer Nähe. Der Vortrag soll im Northrop Auditorium, dem Sitz des Symphonieorchesters, stattfinden, das eine Kapazität von zweitausend Plätzen bietet, also eher viel zu groß ist für einen gelehrten Vortrag, denn das von Herrn Eliot vorgesehene Thema heißt: „Die Grenzen der Literaturkritik."

Am Tag des Ereignisses erfahre ich, der Andrang der Interessierten sei so groß, dass man die Veranstaltung sicherheitshalber in die viel größere überdachte Eissport- und Boxkampfarena der Universität verlegt habe. Ich betrete diese, als noch keine Zuhörer eingelassen werden, zu meinem Erstaunen aber schon viele vor den Eingangstoren warten und will mein Gerät aufbauen. Eine leere Halle mit einem Boxring in der Mitte. Ich frage einen Verantwortlichen, wo der Dichter denn sprechen solle. Oben im Boxring natürlich, da können ihn alle sehen. Kaum habe ich mein Mikrophon auf diesem und mein Tonbandgerät an dessen unterem Rand installiert und mit einem Stromanschluss verbunden, da öffnen sich die Tore und unzählige Menschen strömen herein. Ich traue meinen Augen nicht, doch das Auditorium wird voll. Ein Vertreter der Universität steigt in den Boxring und verkündet, die Halle sei überfüllt, weswegen der Vortrag über Leitung in das Northrop Auditorium übertragen werde. Auch dort gebe es eine Menschenmenge, die man jetzt einlassen wolle, der Beginn werde sich daher ein wenig verzögern.

Nach einer Wartezeit rauscht Applaus auf. Der Dichter besteigt den Boxring, entfaltet sein Manuskript und blickt amüsiert in die Menge. Er freue sich, hier zu sein, sagt er, müsse sich aber entschuldigen, wenn er verschämt und verwundert sei, denn vor so vielen Menschen habe er noch nie gesprochen. Sein Thema sei schließlich ein literaturwissenschaftliches und er frage sich, ob Minneapolis und St. Paul so viele literaturwissenschaftlich Beschlagene habe, dass sie eine Boxarena füllen und ihm folgen können. Er werde sich jedenfalls an sein Manuskript halten. Dann beginnt sein Vortrag. Die Menschen starren ihn an, folgen seinen Worten, doch wie viele werden ihn verstehen? Immer wenigere, glaube ich, je länger seine Ausführungen dauern. Doch ich kann niemanden bemerken, der vorzeitig geht.

Minneapolis und seine Nachbarstadt St. Paul, die Hauptstadt des Staates Minnesota, sind Großstädte mit mehreren Universitäten und Hochschulen und teils deswegen einem respektablen Bildungsniveau. Erklärt das den ungeheuren Besucheransturm? Am folgenden Tag wird gemeldet, beide Säle seien bis zum letzten Platz gefüllt gewesen, die Gesamtzahl der Zuhörer habe über zwölftausend betragen. Zwölftausend an einem Dichter und den Grenzen der Literaturkritik Interessierte an einem Ort, an dem vor wenig mehr als einem Jahrhundert noch Indianerzelte standen?! Das Phänomen beschäftigt mich noch lange Zeit. Es gehört zu den für mich erstaunlichsten Erlebnissen meines Amerikaaufenthaltes. Dies ist ein Land, das im Vergleich zu Europa generell und in manchen Landstrichen besonders eine weit rasantere kulturelle Entwicklung durchgemacht hat.

32
Die Immigration

Die an amerikanischen Universitäten üblichen oft wöchentlichen Wissensüberprüfungen waren am Anfang eine lästige Erschwernis, die einen europäischen Studenten an seine Oberschulzeit erinnern und Kritik an der Verschulung des hiesigen akademischen Studiums herausfordern, doch inzwischen habe ich mich daran gewöhnt und erkenne auch ihren Vorteil. Wenn nach all den papers und tests im Juni endlich das akademische Jahr zu Ende geht, atmet man um so erlöster auf und freut sich auf einen erholsamen Sommer.

Ein in Deutschland geborener Fabrikant und seine Frau laden Gottfried und mich für ein Wochenende auf ihr house boat ein. Es ankert in einem von wildem Wald umgebenen Seitenarm des Mississippi und ist ein ausrangierter Mississippidampfer, der an vergangene Zeiten erinnert und nostalgische Gefühle heraufbeschwört. Sie haben ihn vor Jahren gekauft und als Ferienhaus eingerichtet. Er ist nicht mehr fahrtüchtig, birgt aber zu unserer Freude ein Kanu und ein Ruderboot, mit denen wir an einem Wochenende diesen entlegenen, fast menschenleeren Winkel der Mississippilandschaft erkunden können. Als ich vor dem Krieg „Huckleberry Finn" las und im Geographieunterricht meiner Dresdner Oberschule auf einer Karte des nordamerikanischen Kontinents die dort ohne Namensnennung eingetragenen Flussläufe identifizieren musste, darunter den Mississippi, war der Gedanke, dass ich dort eines Tages ein Kanu steuern würde, schlichtweg undenkbar. Nun aber ist das einst Undenkbare Wahrheit geworden. Wie sagen doch die Amerikaner?: Think big.

Da mein Besuchervisum abgelaufen ist und ich mich mit dem Gedanken eines längeren Aufenthalts in diesem immer interessanter werdenden Land trage, will ich mich um ein Immigrationsvisum bemühen. Das kann ich aber nur von außerhalb der Landesgrenzen tun. Die nächste Grenze ist die zu Kanada, und dort ist Winnipeg die nächste Stadt mit einem amerikanischen Konsulat. Cully Swanson erklärt sich bereit, mich bis an die Grenze zu fahren und nutzt die Gelegenheit zu einem Angelaufenthalt mit einem Freund im äußersten Norden des seenreichen Staates Minnesota. In Winnipeg stelle ich schon am ersten Tag meinen Antrag. Danach muss ich dort mehrere Wochen auf die Genehmigung in Washington warten. Ich weiß, dass die Swansons ihre Beziehungen in meinem Interesse spielen lassen. Sie haben einen Senator und einen Abgeordneten des Repräsentantenhauses um Unterstützung gebeten, die beide zugesagt haben. Seltsam, zu Hause in Deutschland hat es keinen einzigen Politiker gegeben, der sich jemals für mich eingesetzt hätte. In meinem Gastland USA, in dem ich erst seit drei Jahren und als einfacher Student lebe, helfen mir gleich zwei Angehörige der obersten Volksvertretung.

In der langen Wartezeit melde ich mich bei einem kanadischen Fernsehregisseur, den ich vor Wochen in Minneapolis kennen gelernt habe. Mit seinem Auto fährt er mich durch die Stadt und lässt mich seine Regietätigkeit im staatlichen Fernsehen beobachten. Bob ist etwa meines Alters und entstammt einer jüdischen Familie. Da er politisch und zeitgeschichtlich schon von seinem Beruf her interessiert und beschlagen ist, hat er unzählige Fragen, die er eines Abends nach seiner Arbeit bei einer nicht enden wollenden Autofahrt rund um die Stadt auf mir ablädt. Wie war es möglich, dass einer wie ich Mitglied der Hitlerjugend war? Fast alle Jugendlichen waren es, gebe ich zur Antwort. Selbst Hans Scholl von der Widerstandsgruppe „Die weiße Rose" war anfangs Hitlerjunge. Was haben wir in der Hitlerjugend gelernt? Disziplin, Unterordnung, Mut, einfaches, hartes Leben, Kameradschaftlichkeit und dass wir einer großen Zeit entgegen gehen. Wie habe ich damals gedacht? So wie die meisten anderen: Für das Vaterland muss man seine Pflicht tun. Waren wir alle Nazis? Wir waren politische Grünschnäbel. Die meisten von uns empfanden sich als pflichtbewusste Deutsche. Hitler war unser Führer, dem wir ahnungslos und naiv vertrauten. War mein Vater ein Nazi? Er und alle meine Onkel waren Parteimitglieder in dem Glauben, Hitler würde nach dem Diktat von Versailles Deutschlands Ehre wieder herstellen. Was wusste ich von den deutschen Konzentrationslagern? Nur dass es welche für Staatsfeinde gab. Erst in der Kriegsgefangenschaft erfuhr ich, dass sie Vernichtungslager für Millionen Unschuldiger waren. Kannte ich Juden? Ja, zwei meiner Ärzte. Was ist mit ihnen geschehen? Einer beging Selbstmord, der andere hat möglicherweise den Krieg überlebt. Wo war ich im Krieg? In Frankreich, Griechenland und an der Ostfront. Wie haben wir die besetzten Völker behandelt? In meiner Kompanie anständig. Unser Chef war ein strenger Humanist. Wo bin ich gefangen genommen worden? An der Oder. Wie wurde ich von den Russen behandelt? Erst schlecht, dann gut, dann miserabel. Bei der Gefangennahme hielten sie mich nicht für einen Deutschen, sonst hätten sie mich erschossen. Wie sowjetische Kriegsgefangene von den Unseren behandelt wurden, habe ich erst nach der Gefangenschaft erfahren. Warum wurde ich aus der Gefangenschaft entlassen? Ich war als Unterernährter arbeitsunfähig geworden und daher nicht mehr nützlich. Wie ging es mir im sowjetisch dominierten Teil Deutschlands? Ich litt unter der Unfreiheit und der nervtötenden ideologischen Indoktrination. Nachdem ich dem Gefängnis der Staatssicherheit entronnen war, konnte ich es in diesem Staat nicht mehr aushalten.

Es sind mehr als zwei Stunden vergangen, als diese massive Befragung zu Ende ist. Nun sind wir beide müde und verabschieden uns vor meiner vorübergehenden Unterkunft. Was das Gespräch in Bob ausgelöst hat, weiß ich nicht. Ich habe offen und ehrlich geantwortet. Es muss schwer für ihn sein, mit einem Bürger der Nation, die Unzählige wie ihn grausam misshandelt und ausgelöscht hat, ein beherrschtes Gespräch zu führen oder gar so etwas wie eine, wenn auch nur flüchtige Freundschaft zu dulden. Ich hoffe, er hat verstanden, dass nicht alle Deutschen Monster waren und habe den Eindruck, er empfindet Sympathie für mich, kommt aber nicht damit zurecht, diese mit der Realität der schrecklichen historischen Ereignisse in Einklang zu bringen. Er schreibt mir später noch einen kurzen Brief, doch sehen wir uns nie wieder. Andere werden seine Rolle übernehmen.

Wenige Tage später wird mir mein Immigrationsvisum überreicht. Der amerikanische Konsul beglückwünscht mich und zeigt mir das Schreiben eines Abgeordneten des House of Representatives in Washington und das eines Senators, beide Bekannte der Swansons, die meinen Antrag befördert haben. Bei meiner Rückkehr nach Minneapolis als frisch gebackener Immigrant finde ich persönliche Glückwunschschreiben von ihnen, eines an die Swansons gerichtet, das andere an mich. Da fühlt man sich geradezu erwünscht. Amerikanische Politiker pflegen zur Erhaltung ihres Wahlvolks möglichst viele und gute persönliche Kontakte.

Nun stehe ich gewissermaßen auf dem Sprungbrett zur amerikanischen Staatsbürgerschaft. Aber will ich, muss ich die haben? Noch fühle ich mich als Europäer und erfreue mich dabei der Gastfreundschaft dieses Landes. Ich darf hier arbeiten, Geld verdienen und zahle Steuern. Was will ich mehr?

33
Studentische Liberalität im Bible Belt

Die Stadt Minneapolis liegt zusammen mit ihrer „Zwillingsstadt" St. Paul, der Hauptstadt des Staates Minnesota, im sogenannten „Bible Belt", einem sich über weite Teile des Mittleren Westens erstreckenden, mehrere Staaten umfassenden Landesteil, in dem die Kirchen einen beträchtlichen Einfluss auf die Verhaltensweisen ihrer Bürger haben. Christliche Tugenden stehen hier besonders hoch im Kurs. Das hat auch Auswirkungen auf das Leben der Studenten. In den Kirchen rund um die Universität wird ihnen wie zu Hause im Heimatort immer wieder eingebläut, dass voreheliche Erotik Teufelswerk sei. Wer aber den dormitories, den studentischen Wohnstätten der Universität entrinnt und es schafft, allein zu wohnen, hat Freiheiten fast wie die Studenten in Westeuropa.

Seit einiger Zeit wohne ich zusammen mit Gottfried und Micky M. in einer alten zweistöckigen Haushälfte, die wir mit Gertrude Swansons Hilfe mit gebrauchten Möbeln studentisch einfach eingerichtet haben. Micky ist der Sohn eines deutschen Juden, der einen Nazi-Gauleiter angeschossen hatte, woraufhin seine Familie nach Frankreich floh und später nach Amerika auswanderte. Er ist kein angepasster Neuamerikaner, er ist anders. Manchmal schockiert er unsere Gäste, indem er seine dunklen Haare nach Hitlerart ins Gesicht frisiert, einen schwarzen Taschenkamm unter die Nase hält und, den großen Verführer imitierend, deklamiert: „Gebt mir vier Jahre Zeit und ihr werdet Deutschland nicht wiedererkennen." Nach seiner Rückkehr aus dem Koreakrieg, wo er für seine Tapferkeit hoch dekoriert wurde, gab sein von ihm gar nicht geschätzter, weil für sein Empfinden zu konservativer Stiefvater, ein Professor ihm zu Ehren in San Francisco eine Party. Auf dem Tisch eine bunt dekorierte Torte mit einem aus farbigem Zuckerguss bestehenden amerikanischen Soldaten. Als jemand die Torte anschnitt und dabei den Soldaten zersägte, stand Micky abrupt auf, verließ die ihn feiern wollende Gesellschaft, das Gebäude und die Stadt. Vielleicht auch um seinen Stiefvater zu schockieren wird er bald eine schwarzhäutige Schönheit aus unserem Bekanntenkreis heiraten, eine intelligente Studentin, die manchmal in Bars als Sängerin auftritt.

Unser Studium beschäftigt uns reichlich, doch willkommene Abwechslung schaffen wir uns häufig durch die Einladungen bunt gemischter Freunde. Einer von ihnen ist Peter L., ein brillanter deutscher Student reiferen Semesters, der viel später eine Prinzessin von Preußen heiraten und noch später ein böses Ende nehmen wird. Peter spricht Oxford-Englisch, was manche hier sehr mögen, von anderen Amerikanern dagegen eher als arrogant empfunden wird. Er ist ausgesprochen amerikakritisch und schätzt Neger und Indianer, so sagt er jedenfalls, mehr als die Weißen. Alles Spießbürgerliche ist ihm verhasst, und er liebt es, Menschen zu schockieren, die er dieser Kategorie zuordnet. Als ich ihn einmal zu einem Abendessen zu den Swansons mitnehme und wir in erlauchtem Kreise Bier trinken, berichtet er von Mäusen in den Bierbottichen der deutschstämmigen Brauerei, deren Erzeugnis wir gerade zu uns nehmen. Die Swansons laden ihn daraufhin nie wieder ein.

Durch Peter lernen wir einen aus Berlin stammenden katholischen Geistlichen kennen. Father M. ist ein Unikum. Jüdischer Herkunft und protestantisch erzogen, ging er in den Dreißigerjahren, ehe es zu spät war, nach Frankreich, trat dort, wohl auch aus praktischen Erwägungen zum katholischen Glauben über und mutierte in Algerien zum Militärgeistlichen in der Fremdenlegion. Um vor den Panzern des deutschen Afrikakorps sicher zu sein, setzte er sich schließlich über Portugal nach Amerika ab. Nun ist er Pfarrer in einer hiesigen katholischen Kirche. Father M. ist ein pfiffiger Mann und Christ. Wenn wir ihn zu einer Party einladen, macht er sich eine Freude daraus, unsere jungen Besucherinnen zu umarmen und wenn es geht zu küssen. Auf die Frage, wie sich das mit seiner christlichen Würde vertrage, antwortet er, es sei das Privileg eines Dieners des Herrn, ein schönes Gottesgeschöpf zu küssen. So wird er schnell zum Liebling unseres fröhlichen Völkchens. Einmal lädt er Gottfried und mich zu seinem Ostergottesdienst ein. Er predigt in der Kirche eines der ärmeren Wohnviertel der Stadt. Der mit einem kräftigen deutschen Akzent behafteten Rhetorik des phantasiereichen Geschichtenerzählers lauschen die einfachen Gemüter unter ihm mit inniger Andacht, wenn nicht mit Erschütterung. Als wir nach dem Gottesdienst von der Empore herabsteigen und auf ihn zugehen, lüftet er seine Soutane und fragt mit dem Ausdruck voller Zufriedenheit: „Na, wie hab ich das gemacht?" Dann zeigt er uns seinen komfortabel ausgestatteten Wohnraum und meint: „Seht, ich habe alles, doch ich besitze nichts. Alles gehört der Kirche. Ich bin ein armer Mann." Ich frage ihn, ob er auch wirklich alles glaube, was er da in seiner fulminanten Predigt gesagt hat. Er habe mich bisher als einen intelligenten Menschen kennen gelernt, kontert er, aber dies sei eine höchst unintelligente Frage, es sei doch völlig unwichtig, ob er daran glaube, wichtig sei einzig, dass seine Gemeinde glaube, was er sagt und dass er sie dadurch glücklich mache. Über diese Antwort denke ich lange nach.

Zu unserem Kreis gehört Dr. W., ein englischer Arzt, der liebend gern

Witze erzählt, besonders gern schmuddelige. Wenn er und Gottfried ihr jeweiliges Witzrepertoire austauschen, geht es heiter zu. Dr. W. ist auch Erfinder und ein besonders begabter dazu. Er arbeitet für die U.S. Navy an der Entwicklung eines medizinischen Ultraschallgeräts. Davon verspricht er sich und der Menschheit beträchtlichen Nutzen. Ansonsten wäre er wohl lieber nicht in diesem Land oder diesem Landstrich. Später wird er lange Zeit um seinen Anspruch auf angemessene Honorierung seiner wichtigen Erfindung kämpfen – am Ende mit großem Erfolg.

Manchmal haben wir einen begabten schwarzen Studenten zu Gast, der sich einen Namen als Boxchampion gemacht hat. Bill würde sich im Notfall als Rausschmeißer anbieten. Einmal zerreißt er, um seine Kraft zu demonstrieren, vor aller Augen innerhalb von Sekunden das dicke Telefonbuch der Stadt. Als wir in der Tageszeitung *Star & Tribune* von einem deutschen Konsul erfahren, der aus Südafrika gekommen ist, wo er angeblich Anhänger der Apartheid war, laden wir den Herrn ein und postieren zu seiner Begrüßung den dunkelhäutigen Bill vor unsere Haustür. Der Gast ist verdutzt und tritt erst ein, nachdem er sich vergewissert hat, dass dies auch wirklich das Haus der drei deutschen Studenten ist. Mit Hilfe unserer Getränke und der fröhlichen internationalen Atmosphäre unserer jungen Gesellschaft werden solche Vorurteile schnell heruntergespült.

Es geht liberal bei uns zu, bewegt sich aber stets im Rahmen des Anstands. Eine uns unbekannte, uneingeladene Dame wird beim Vorbeifahren von der Atmosphäre einer bei uns fröhlich versammelten Gesellschaft angezogen und möchte teilnehmen. Als sie ihrem Wagen entsteigt, bemerken wir, dass sie außer ihrem Pelzmantel kein einziges Kleidungsstück trägt und bitten sie, ihr Glück an anderer Stelle zu versuchen.

Das einzige weibliche Wesen, das ständig in unserem Anwesen wohnt, ist eine recht attraktive Schaufensterpuppe, die uns der Hausbesitzer, ein lettischer Schneider, überlassen hat, weil er meinte, sie würde uns dienlicher sein. Eines Abends, als wir Father M. erwarten, stellen wir sie in ihrer nackten Schönheit, ein Handtuch über einen angewinkelten Arm gehängt, in die Badewanne und warten, bis unser frommer Gast die Toilette im Badezimmer benötigt. Als er dessen Tür öffnet und das nackte Wesen erblickt, schrickt er peinlich berührt zurück, sagt erschrocken: „Oh, excuse me, please", und schließt schnell die Tür, während wir unseren Erfolg mit diebischer Freude bejubeln. – Auch mitten im Bible Belt bleibt Raum für fröhliche Liberalität.

Neben unserem Wohnhaus befindet sich eine langweilig wirkende Rasenfläche, in die ich gern ein paar bunte Blumen pflanzen möchte. Nun war Botanik niemals ein Gebiet, auf dessen Kenntnis ich hätte stolz sein können, hier aber soll dieser Mangel peinliche Früchte tragen. Ich kaufe Saatkörner für verschiedene Blumen, arbeite diese in den Rasen ein und warte wochenlang auf das allmähliche Hervorsprießen farbiger Resultate, doch es tut sich nichts dergleichen. Vielleicht liegt es an dem im Rasen weit verbreiteten Unkraut, das meine zarten Triebe ihrer Nahrung beraubt. Darum mache ich mir die Mühe, das viele Unkraut zu jäten, während meine beiden Hausfreunde mir mitleidig zusehen. Nach Wochen des weiteren Wartens lässt sich noch immer keine Spur des Ansatzes einer Blume erblicken. Doch eines Tages fordert mich Gottfried auf, aus dem Küchenfenster auf die Wiese zu blicken, und dort sehe ich doch wahrhaftig eine kleine rote Blüte. Als ich mich ihr hoffnungsvoll nähere und sie betaste, spüre ich betroffen, dass es sich um eine Imitation aus Kunststoff handelt. Beschämt erkenne ich, dass meine beiden nun grinsenden Freunde mir offenbar einen Streich gespielt haben, möglicherweise aus einer Mischung von Mitleid und Schadenfreude. Die Erkenntnis ist bitter: Beim Jäten habe ich offenbar die Blumentriebe für Unkraut gehalten und ausgerupft. Nun nehme ich mir vor, für lange Zeit von botanischen Experimenten Abstand zu nehmen.

Auf der spätabendlichen Heimfahrt von einer Museumsparty sitzt zwischen uns ein befreundeter schottischer Student. Er bittet uns, deutsche Lieder aus der Kriegszeit zu singen. Beflügelt von den geistigen Partygetränken kommen wir diesem Wunsche gerne nach und singen, offenbar weit unmusikalischer als vor dem Kriegsende, „O du schöner Westerwald" und „Wir lagen vor Madagaskar". Als wir fertig sind, kommentiert er sarkastisch: „Kein Wunder, dass Ihr den Krieg verloren habt." Britisch bissiger Humor ist manchmal erfrischend sympathisch.

34
George Grosz und sein Sandkasten

Als Vertreter des minneapolitanischen Rundfunksenders KUOM nehme ich an einer Pressekonferenz in der Innenstadt teil. Der Star der Veranstaltung ist die legendäre Eleanor Roosevelt, die Witwe des Präsidenten, der die USA in den 2. Weltkrieg gegen Deutschland und Japan führte. Die alte Dame genießt hier große Achtung und Popularität, offenbar auch bei ihren politischen Gegnern aus der republikanischen Partei. Sie ist ein Beispiel dafür, dass es nicht auf Schönheit ankommt sondern auf Persönlichkeit, wenn man Menschen in seinen Bann ziehen will. Was würde sie wohl empfinden, wenn sie wüsste, dass unter ihren Zuhörern ein ehemaliger Soldat der deutschen Wehrmacht ist, vor einem Jahrzehnt also noch ein Feind. Als sie geht, erhält sie eine standing ovation, auch von mir.

Nachdem ich an der University of Minnesota meinen Master of Arts geschafft habe, möchte ich zur Abwechslung ein Jahr Westdeutschland einschalten, wo ich noch nie gelebt habe und meine aus dem kommunistischen Machtbereich nach München geflohenen Eltern besuchen. Ich beende, zumindest fürs Erste, mein Studium an der Universität Minnesota und stelle auch keinen Antrag auf Verlängerung meiner Anstellung am Rundfunksender. Statt dessen vereinbare ich, dass ich für die Ausstrahlung hier im Staat Viertelstundensendungen über das neue Deutschland herstellen werde. Dann verabschiede ich mich von den Swansons und meinen Freunden und mache mich, einen amerikanischen Presseausweis in der Tasche, auf den Weg nach New York City.

Dort will ich einer Einladung meines Freundes Justus nachkommen, der mich nach Long Island in das Haus seines Onkels George Grosz eingeladen hat. Der berühmte, im Nazireich als „entarteter" Künstler verfemte und ausgebürgerte Maler und Grafiker wohnt mit seiner Frau in einer geräumigen Villa im Osten der Insel. Es ist ein sehr warmer Sommertag und man hat Gäste zu einem rustikalen Dinner im Hof des Anwesens eingeladen. Einer von ihnen ist ein ebenfalls nach Amerika geflohener deutscher Geschäftsmann, der Seife herstellt. Nach lebhafter politischer Diskussion bei beträchtlichem Weinkonsum zieht George Grosz über seinen verdutzten Freund her: „Ich mache hier Kunst, und du? Du schämst dich nicht, als gebildeter Mensch so etwas Lächerliches und Erbärmliches herzustellen wie Seife. Seife! Pfui Teufel!" Seine Frau ist empört über diesen rüden Ton einem Gast gegenüber und ermahnt ihn mit einem kräftigen „George, shut up!" zu höflicherer Umgangsform, was ihn erst recht in Fahrt bringt. „Mein ganzes Leben lang habe ich gelogen", faucht er sie vor allen anderen an, „und wenn ich einmal die Wahrheit sage, sagt meine Frau: ‚George, shut up!'" Dann spricht er von seiner Wut gegen die deutsche diplomatische Vertretung in Washington, die ihm angeblich nicht hilft, die „One man show" zu bekommen, nach der er sich sehnt. Er schimpft über die deutsche „Scheißrepublik", die ihm die gebührende Anerkennung verwehrt, und sagt, er werde sich notfalls „an die andere Republik verkaufen". „Mein Freund Bertolt Brecht hat mir vor Jahren auch gesagt: ‚Einmal werde ich mich verkaufen, um mein Theater zu bekommen'." Dann, noch immer deutlich alkoholisiert, bringt er mich in sein Studio, denn es ist vereinbart, dass ich dort übernachten soll. An die Wände und einen Tisch gelehnt ein paar Bilder. Seitlich ein Klappbett und nicht weit davon eine Art Kaspertheater mit einem geschlossenen Vorhang. „Ich hoffe, Sie sind sich darüber im Klaren, dass es eine Ehre ist, in meinem Studio zu schlafen." Ja, sage ich, das wisse ich zu schätzen. Nun führt er mich zu dem kleinen Vorhang, hält inne und spricht mit bedeutungsvoller Emphase: „Ich lasse Sie in meinem Studio nicht übernachten, solange Sie nicht hier hinein gesehen haben. Hinter diesem Vorhang steckt das Geheimnis meines Lebens und der Sinn des Lebens überhaupt. Sind Sie bereit?" Ich nicke amüsiert und er öffnet den Vorhang zu beiden Seiten. In einer Art Sandkasten sehe ich auf schmutzig aschigem Grund einen Totenschädel, ein paar Knochen und Granatsplitter, einen Damenstrumpf, eine Packung Präservative, ein paar Zigarettenstummel und noch zwei oder drei unschöne Objekte. „Haben Sie verstanden?" fragt er mich. Ich glaube, ja, antworte ich, woraufhin er mir eine gute Nacht wünscht und verschwindet. Zwei Tage später verlasse ich mein Studiobett, den bedeutungsreichen Sandkasten des bissigen Nihilisten und das Ehepaar Grosz, um mein Schiff nach Deutschland aufzusuchen. Drei Jahre später stirbt George Grosz alkoholisiert in Berlin.

35
Eine Reise in die unbekannte Heimat

Oben auf dem Deck der S. S. Ryndam, in Fahrtwind und Sonnenschein, habe ich Zeit, diese vier amerikanischen Jahre Revue passieren zu lassen. Ich habe, wenn auch meist nur flüchtig, vierundzwanzig Staaten dieses gewaltigen Landes besucht, habe Aberhunderte von Menschen kennen gelernt, viele geschätzt, manche geliebt, habe Freundschaften geschlossen, einen Einblick in die Mentalität dieses Volkes bekommen und dadurch mein Leben um etwas Wesentliches bereichert. Dazu gehört auch die Erfahrung, mein eigenes Land, Deutschland, aus großer Distanz und aus dem Blickwinkel seiner einstigen Feinde kritisch zu sehen. Nach den Schrecknissen des Weltkrieges war das oft eine schmerzliche Erfahrung. Mit ihr gewappnet werde ich nun meine Heimat wiedersehen. Doch ist Westdeutschland wirklich meine Heimat? Ich kenne es noch nicht, aber es ist das freiere Deutschland, das Land meiner Sprache, der Kultur, aus der ich stamme. Werde ich dort bleiben oder werde ich wieder in die Staaten zurückkehren? Ich weiß es nicht. Ich bin ein Mensch zwischen zwei Ländern, zwei Kontinenten, zwei Sprachen geworden, ein Mensch im permanenten Spagat, mit dem Ozean wie jetzt gerade unter mir. Manchmal schmerzt das. Ein Dauerzustand kann es nicht bleiben. Irgendwann muss ich mich entscheiden.

An Bord mache ich die Bekanntschaft eines Menschen, dem es ähnlich zu gehen scheint. Es ist der Dirigent Frieder Weissman, der als Jude einst Deutschland verlassen hat, seitdem in Lateinamerika lebt, wo er mehrere große Orchester geleitet hat und doch die Bindung an seine kulturelle Heimat immer wieder spürt. Ich schätze die Gesellschaft intelligenter Menschen mit einem weiten internationalen Horizont und einer bedeutungsreichen Vita und höre ihm darum gern zu. Zu unserer Unterhaltung trägt auch eine gut aussehende, gebildete, aber leider auch eingebildete junge Niederländerin aus einer Familie der Oberschicht bei. Doch ihre etwas arrogante Art, andere, besonders Amerikaner abzuwerten, ist nicht nach meinem Geschmack.

In der als seriös bekannten Zeitung *The Christian Science Monitor* lese ich vom Untergang eines amerikanischen Transportschiffes, das im Februar 1943 nahe Grönland von einem deutschen U-Boot versenkt wurde. Von 904 Menschen gingen 678 in den eisigen Fluten unter. Darunter vier Geistliche – zwei Protestanten, ein Katholik und ein Rabbi –, die ihre Schwimmwesten anderen gaben, die keine hatten. Sie verschränkten miteinander die Arme und gingen betend mit dem Schiff unter. Eine eindrucksvolle Geschichte von geradezu biblischer Dimension, ein tragischer Weltkriegsepilog zu Lessings „Nathan der Weise".

Vor elf Jahren ging der verheerende Krieg zu Ende. Noch heute erinnern in den meisten deutschen Städten Trümmerlandschaften an die schrecklichen Luftangriffe der Alliierten. Als ich nach der Rückkehr aus der Kriegsgefangenschaft die Reste meiner Heimatstadt Dresden wiedersah, dachte ich: Das Herz dieser Stadt ist so total vernichtet, dass sie nie wird wiederauferstehen können. Und nun München. Ich sehe es zum ersten Mal. Auch diese Stadt wurde schwer getroffen, doch nicht so, dass ein Wiederaufbau unmöglich erscheint. Es gibt noch unzählige Trümmerhaufen und Häusergerippe, doch außer vielen wegen Aufbauarbeiten gesperrten Straßenzügen kann der Verkehr frei fließen. An unzähligen Gebäuden arbeiten Menschen wie die Bienen. Das ist Arbeit für Generationen und die jetzige hat die größte Last des Wiederaufbaus zu tragen.

Während das prosowjetisch orientierte und russisch dominierte Ostdeutschland an den negativen Folgen der sozialistischen Planwirtschaft und der Abhängigkeit von der kriegsbeschädigten, Reparationen eintreibenden Sowjetunion zu leiden hat, hat sich die neue, westdeutsche Bundesrepublik auf die Seite der demokratischen Westmächte geschlagen, hat auf eine freie Marktwirtschaft gesetzt und ist damit bisher gut gefahren. Eine der klügsten Entscheidungen in der Politikgeschichte der letzten Jahrzehnte nach Versailles und seinen desaströsen Folgen, der amerikanische Marshallplan, hat einen ehemaligen Feind zum Verbündeten gemacht und damit die Position des Westens gegenüber dem kommunistischen Machtblock gestärkt. Dieser Hilfsplan hat dem Westen Deutschlands neuen wirtschaftlichen und damit auch psychologischen Auftrieb gegeben. Nun herrscht hier ein so genanntes Wirtschaftswunder. Die Läden sind voller Waren, man muss sie sich nur leisten können. Darum – und gewiss auch, um die Frustration über den verlorenen Krieg und das Trauma der moralischen Schuld an den Verbrechen der Nazizeit zu unterdrücken und zu kompensieren – arbeiten die Menschen geradezu fieberhaft. Alle wollen, müssen Geld verdienen, um wieder ein lebenswertes Leben fristen zu können. Bagger, Kräne, Baugerüste überall und Lärm und Staub von Ziegeln und Mörtel. Die Straßenbahnen sind übervoll. Nach der Arbeit sind viele müde und reizbar. Im Gedränge erlebe ich manchmal Erregtheit und Aggressivität. In den Vereinigten Staaten ist mir dergleichen kaum begegnet, aber dort wurde auch keine Stadt von Bomben zerstört, kein Krieg verloren.

Das Mietshaus, in dem meine Eltern und meine Schwester nach Wochen in einem Flüchtlingslager ihr Münchner Zuhause gefunden haben, bietet einen traurigen Anblick. Grau die Fassade, freudlos das Treppenhaus. Gegenüber die letzten Ziegelsteine eines ausgebombten Gebäudes. Und in der Eineinhalbzimmerwohnung meiner Eltern hat sich vor deren Einzug die Vormieterin umgebracht, weil sie ihr Unglück nicht mehr ertragen konnte. Mein Vater, einst stolzer Besitzer eines großen Dresdner Herrenartikelgeschäfts, verkauft jetzt an einer Straßenkreuzung Obst. Jeden Morgen zu noch nachtschlafender Zeit muss er zur Großmarkthalle fahren und einkaufen, dann auch bei Regen, Sturm oder Schnee seinen voll beladenen Obstkarren zu seiner Kreuzung fahren und dort stundenlang stehen. Ein Sklavenleben. Er weiß, er hat den Krieg verloren, hatte auf die falsche Partei gesetzt, weil sie ihm – wie Millionen Deutschen – die hoffnungsvollste schien, und muss nun dafür büßen. Und mit ihm meine Mutter, einst die Tochter eines reichen Fabrikanten. Meine siebzehnjährige Schwester, die als Kind die Zerstörung Dresdens miterlebte, arbeitet für kärglichen Lohn als Bürohilfe und sehnt sich nach einem schöneren, ihrem jugendlichen Alter angemessenen Leben. Während die anderen im Wohnzimmer übernachten, beziehe ich ein winziges, enges Zimmer und versuche, Vergleiche mit meinem amerikanischen Dasein lieber nicht anzustellen. Man gewöhnt sich an alles und es gibt jetzt viele schöne Sommertage, gelegentlich auch Besuche von Freunden. Das Einkommen meines Vaters zusammen mit meinem in Minneapolis Ersparten reicht für die nötigsten Bedürfnisse der Familie. Wir alle sind Flüchtlinge und versuchen, das Beste daraus zu machen.

Mein Geschichtsstudium und die gelegentlichen Zusammenkünfte und Gespräche mit jüdischen Amerikanern und Verwandten von KZ-Opfern haben meine Sinne für den Geist geschärft, der Deutschland in die Katastrophe von 1945 gestürzt hat. Nun lebe ich wieder mit meinem Vater zusammen, der schon früh Mitglied der Nazipartei war und nun an dem Stigma der Mitschuld leidet. Er dürfte damals als Erwachsener mit größerer Lebens- und politischer Erfahrung mehr gewusst haben als ich, der Schüler und Soldat. Ich kann mich erinnern, dass er einmal sagte: „Wenn wir diesen Krieg verlieren, geht es uns schlecht." Wie viel er damals über deutsche Verbrechen wusste, kann ich nicht sagen. Soll ich ihm nun, mit meinem heutigen Wissen Vorwürfe machen, dass er das damals herrschende diktatorische Regime nicht angeklagt, damit seine Freiheit und wirtschaftliche Existenz und das Wohl seiner Familie nicht aufs Spiel gesetzt hat? Ich kann das nicht. Er war mir stets ein guter, wenn auch manchmal ein sehr strenger Vater. Ich bin dazu erzogen worden, meine Eltern zu ehren. Das fiel mir nicht schwer, weil ich das Verhalten meines Vaters anderen gegenüber und sein Mühen um das Wohl der Familie stets als achtbar empfand. Er war ein Produkt des Zeitgeistes der Dreißigerjahre, in denen die überwiegende Mehrheit der Deutschen eine Bewegung unterstützte, die versprach, Deutschland nach dem verlorenen Ersten Weltkrieg wieder zu Wohlstand, Stärke und internationalem Ansehen zu bringen. Zu erleben, dass das Gegenteil erreicht wurde, war für ihn wie für uns alle ein zutiefst schmerzlicher Prozess. Mit dem Verlust seines Besitzes, seines Berufes und den gesundheitlichen Folgen hat er jedenfalls einen hohen Preis für seinen Anteil an der kollektiven Schuld der Deutschen bezahlt. Ich wünsche nun ihm und meiner Mutter einen friedlichen Lebensabend und verschone ihn vor Anklagen, die ihn verletzen müssten und mir weder nützen würden noch zustehen. Aus der Sicherheit und dem Erkenntnisstand einer freien Gesellschaft heraus einen in der Diktatur lebenden Menschen zu verurteilen, der nicht deren Übel erkannt oder nicht den Heroismus aufgebracht hat, sein Wohl und Leben und das der Seinen um der Gerechtigkeit willen zu opfern, ist allzu leicht.

36
Rebellion in Ungarn (Herbst 1956)

Im Oktober werden meine Pläne plötzlich von einem politischen Ereignis bestimmt. In Ungarn ist ein Aufstand gegen das kommunistische Regime ausgebrochen. Es gibt Straßenkämpfe. Die Regierung wird gestürzt. Sowjetische Panzer erscheinen in der Budapester Innenstadt und werden bekämpft. Ungarisches Militär schlägt sich auf die Seite der Aufständischen. Es gibt Tote und viele Verwundete. Der amerikanische Rundfunksender Radio Free Europe, dessen europäische Zentrale sich hier in München befindet, berichtet über die Ereignisse und dient den Aufständischen als wichtige Informationsquelle. Wir alle verfolgen gespannt die aktuellen Meldungen.

Jetzt muss ich meine journalistischen Pläne den neuen Realitäten anpassen. Auf einem Fahrrad radle ich zu Radio Free Europe am Ostende des Englischen Gartens, zeige meinen amerikanischen Presseausweis und werde vom Public Relations Officer empfangen, einem freundlichen Amerikaner, der sich mein Anliegen anhört. Er bringt mich zum Hungarian Desk, der Abteilung des Hauses, die sämtliche aus Ungarn kommende Rundfunksendungen mitschneidet und auswertet. Zwischen den Mitschnittgeräten und den emsig arbeitenden ungarischen Mitarbeitern der Redaktion bekomme ich Gelegenheit zum Mithören. Erregende Berichte, Siegesmeldungen und patriotische Lieder wechseln sich ab. Der neue Ministerpräsident Imre Nagy hält eine leidenschaftliche Ansprache, verspricht die Demokratisierung des Landes und erntet den Jubel der Massen. Die rufen „Russen raus! Russen raus!" und ich kann es kaum fassen, dass so etwas in einer kommunistischen Diktatur gewagt wird. Die Sowjetunion scheint mir zu mächtig, um einen solchen Volksaufstand zu tolerieren. So sehr ich als Geschädigter des Sowjetsystems diesen mutigen Menschen Erfolg wünsche, fürchte ich doch, dass ihr Aufbegehren böse enden wird. Zum Unglück überfallen gerade jetzt England und Frankreich die Stadt Kairo und den von der neuen ägyptischen Regierung enteigneten Suezkanal und lenken damit die Aufmerksamkeit der Welt auf einen aggressiven Akt des Westens.

Ich bin Zeuge eines neuen Kapitels der aufregenden Weltgeschichte meiner Zeit und beschließe, die Ereignisse journalistisch zu begleiten. Nach Ungarn will ich nicht gehen, weil mir das Risiko, noch einmal in die Hände der Sowjets zu fallen, zu groß erscheint. Statt dessen interviewe ich einen amerikanischen Korrespondenten, der gerade aus Ungarn zurückgekommen ist, und schicke das fertige Tonband an meinen bisherigen Sender KUOM in Minneapolis. Dann lasse ich mir von den Kollegen vom Hungarian Desk die schriftlichen englischen Übersetzungen aktueller ungarischer Sendungen geben, suche die interessantesten Meldungen und Passagen aus und lasse sie mir auf ein Band überspielen. An Hand dieser Sendungsexzerpte will ich eine akustische Chronologie des Aufstands zusammenstellen. Ich bin darum täglich bei RFE und das bis zum bitteren Ende des Aufstands. Schließlich habe ich eine Zusammenstellung von über fünfzig dramatischen Mitschnitten von den hoffnungsvollen Anfängen über die Kämpfe mit den übermächtigen sowjetischen Truppen, die immer verzweifelter werdenden Hilferufe der Rebellen in Englisch, Französisch und Deutsch bis zu den Stimmen der am Ende siegreichen kommunistischen Ungarn und Russen. Es ist das Dokument einer politischen und menschlichen Tragödie, eines fehlgeschlagenen Freiheitskampfes. Ich schicke es unentgeltlich den Vereinten Nationen und verkaufe es für ein geringes Entgelt an den norwegischen und den australischen Rundfunk sowie an die Stimme Amerikas, deren Büro auf der anderen Seite des Englischen Gartens liegt. So habe ich an einem Aufstand und einem Stück Weltgeschichte intensiv und vielleicht nützlich teilgenommen, ohne dabei gewesen zu sein. Imre Nagy, der Ministerpräsident der Aufständischen, wird von den Russen verhaftet, verschleppt und hingerichtet. Zwei junge ungarische Flüchtlinge, die ich viel später kennen lerne, haben beim Anhören meiner Tondokumente Tränen in den Augen.

37
Von Hitler zur Demokratie: Rundfunksendungen für Amerikaner

Die aufregenden Geschehnisse in Ungarn haben mein zeitgeschichtliches Interesse und mein Mitteilungsbedürfnis Amerikanern gegenüber stimuliert. Das führt mich folgerichtig zu der Absicht, die in Minneapolis vereinbarte Herstellung der Deutschlandserie für meinen früheren Rundfunksender KUOM jetzt vorzubereiten. Vereinbart sind zehn Viertelstundensendungen. Ich will die Situation im geteilten Deutschland nach dem Untergang des Hitlerreiches so objektiv wie möglich darstellen, über Veränderungen, Erreichtes und Hindernisse berichten und Prognosen wagen. Wie aber soll ich das am besten bewerkstelligen? Mir steht kein Rundfunksender zur Verfügung, Radio Freies Europa hat ganz andere Aufgaben und meine finanziellen Mittel sind äußerst beschränkt. Damit ich meine Zuhörer nicht langweile und um den Sendungen Glaubwürdigkeit, Authentizität und eine sinnliche Qualität zu geben, nehme ich mir vor, meine Kommentare durch viele dokumentarische Tonbilder anschaulich und miterlebbar zu machen. Diese aber muss ich mir erst beschaffen. Dazu brauche ich Rundfunkmitschnitte von Ereignissen in West- und Ostdeutschland, die ich selber herstellen muss, sofern ich sie nicht aus anderen Quellen besorgen kann. Darum kaufe ich mir als Erstes ein Mikrophon, ein Tonbandgerät und die nötigen Tonbänder, verfolge täglich die Presse und die Rundfunkprogramme beider deutscher Länder, beschaffe mir Informationen und Material beim Bayerischen Rundfunk, dessen Zentrale sich in meiner Nähe befindet, höre in ein paar aus Ostdeutschland stammende Schallplatten hinein und recherchiere in Bibliotheken. Allmählich entstehen eine Konzeption, ein Arbeitsplan und der Titel: „Germany 1957 – From Hitler to Democracy". Zu den ersten beschafften Tonbildern gehören Ausschnitte aus Hitler-Reden und ein Tumult und Heiterkeit auslösender Auftritt Konrad Adenauers im Bundestag. Seit 1949 ist Adenauer der erste Kanzler der jungen Bundesrepublik Deutschland, die aus den Besatzungszonen der Amerikaner, der Briten und der Franzosen hervorgegangen ist. Er hat das Land in die neue Westeuropäische Union und in die NATO geführt, während im Osten Deutschlands das sowjetisch kontrollierte und orientierte Regime der DDR die Gründung einer eigenen Armee beschlossen hat. Nun stehen sich nicht nur die in West- und Ostdeutschland stationierten ehemaligen Besatzungstruppen des Westens und des Ostens, sondern auch zwei deutsche Armeen argwöhnisch und feindselig gegenüber, zu Hitlers Zeiten ein undenkbarer Gedanke und nun ein schmerzlicher und bedenklicher. Zentraleuropa ist voller Zündstoff.

Nach ein paar Wochen habe ich eine Menge zum Teil emotional geladener Tonbilder zur Verfügung: das für den blinden Unterwerfungsgeist der Neumarxisten charakteristische ostdeutsche Agitprop-Lied „Die Partei, die Partei, die hat immer Recht", eine amerikanische Militärparade in Westberlin, sowjetische Militärchöre, englischsprachige Interviews mit Deutschen und Amerikanern in Deutschland, sowie Rundfunkmitschnitte von Konzerten und Opernaufführungen, die ich für eine Sendung über das kulturelle Leben in der Bundesrepublik verwende. Eine Sendung ist den Zuständen in der DDR und der Frage einer Wiedervereinigung der beiden Deutschländer gewidmet, eine andere dem geteilten, an der Front des Kalten Krieges gelegenen Berlin, eine weitere der hektisch um den Wiederaufbau und eine Rückkehr zu einem normalen, freudvollen Leben ringenden Stadt München sowie eine Sendung über Amerikaner in Deutschland, ihre Erfahrungen und Meinungen. Durch das Ganze weht der Wind des Kalten Krieges, der in diesem Land durch die dicht aufeinander prallenden ideologischen, politischen und militärischen Blöcke ausgehenden Kriegsgefahr. Nicht umsonst nenne ich eine der Sendungen „Pulverfass Berlin".

Ein Kontrastprogramm dazu stellt eine Reportage dar, die ich ebenfalls für die Ausstrahlung in den USA bei einem populären Münchner Bierfest mache. Auf der Bühne Kabarettisten, die sich mit scharfer Zunge über zum Teil anwesende Politiker lustig machen. Und immer wieder die anfeuernde Blasmusik einer bayerischen Lederhosenkapelle, die – undenkbar in den Vereinigten Staaten – mehrfach von einem Mönch in Franziskanerkutte dirigiert wird und auf Bänken fröhlich und laut mitsingende, schunkelnde Menschen, deren Nüchternheit sich zusehends verflüchtigt. Im lärmenden Trubel interviewe ich einige amerikanische Gäste, darunter eine bereits angeheiterte Frau aus Oklahoma, die bei ihrer Begeisterung über dieses so freie kulturelle Ereignis und ihrer Klage über ihre so andere, „trockene" Heimat das Gleichgewicht verliert und von der Bank fällt. Die Sendung dürfte bei ihrer Ausstrahlung auf der anderen Seite des Atlantiks Erstaunen auslösen.

Ich habe mich an der Universität München eingeschrieben und besuche Kurse in Germanistik und Geschichte. Abends schalte ich um von Lessing, Kleist und Heine auf das heutige, teils noch zerstörte, geteilte Deutschland und seine emsig um neuen Wohlstand kämpfenden, Demokratie versuchenden Menschen. Abends sitze ich meistens in meinem engen Zimmer am Schreibtisch zwischen einem Radio und meinem Tonbandgerät, nehme auf, schneide, schreibe und spreche durch die offene Tür des Kleiderschranks meiner Mutter in das dort angebrachte Mikrophon. Auf diese Weise bringe ich die beste Akustik zustande. Es ist alles ein Notbehelf, doch es funktioniert. Von meinen vielen Vorträgen in Amerika abgesehen ist diese Arbeit die größte Herausforderung an meine englischen Sprachkenntnisse. Als die Bänder fertig besprochen, geschnitten und bespielt sind, schicke ich sie nach Minneapolis, wo sie im Laufe der Zeit von dem Bildungssender KUOM, dem lokalen CBS-Sender und einer dritten Anstalt ausgestrahlt werden und damit mehrere Staaten im mittleren Westen der USA erreichen. Der Kleiderschrank meiner Mutter war offenbar ein brauchbarer Ersatz für ein professionelles Tonstudio.

38
Ein mysteriöser Anruf

Manchmal geschieht Unerwartetes. Harold Deutsch, mein Geschichtsprofessor an der University of Minnesota, ruft plötzlich an und besucht mich in der ärmlichen Flüchtlingswohnung meiner Eltern. Er, der bei den Nürnberger Kriegsverbrecherprozessen als Berater tätig war und mehrere Persönlichkeiten des deutschen Widerstands kennen gelernt hatte, begegnet meinem Vater, der heute ein Verehrer Amerikas ist, aber damals auf Seiten der Angeklagten stand und nun bitter an den Folgen leidet. Geschichte ist eine Geschichte menschlicher Verirrungen.

Und manchmal geschieht Mysteriöses. Eines Tages erreicht mich ein eigenartiger Anruf. Die schüttere Stimme eines offenbar älteren, mir völlig unbekannten Mannes, der seinen Namen nicht nennen will, aber über mich einiges zu wissen scheint, bittet mich um ein Treffen in der Stadt. Auf meine Frage nach dem Zweck erwidert der Unbekannte, das würde ich bei unserem Treffen erfahren. Früher, im anderen Deutschland, hätte mich ein solches Telefonat alarmiert und mit Angst erfüllt. Doch hier in diesem freien Land empfinde ich nur Neugier und einen Anflug von Abenteuerlust. Wir treffen uns in einem Café in der Nähe des Münchner Doms. Dort sitzt, unauffällig und ganz ungefährlich wirkend, ein greiser Herr, der mich mit zitternder Hand empfängt. Er weiß, dass ich in den USA studiere, doch woher er das weiß, will er nicht sagen. Warum er um diese Zusammenkunft gebeten habe, frage ich, und er scheint sich mit der Antwort fast zu quälen. Ich werde doch weiter studieren und könne mir die Kosten des Studiums ersparen, man werde sie mir ersetzen, wenn ich zu einer Gegenleistung bereit bin. Doch wer ist „man" und welche Leistung wird von mir erwartet? Das könne er mir nicht sagen, ich würde es „von Jüngeren" erfahren, wenn ich noch diese Woche zu einem Abendessen mit ihnen bereit sei. Wenige Tage, dann treffe ich in einem Schwabinger Restaurant mehrere angenehm wirkende junge Männer. Nach einer belanglosen Plauderei kommen sie zur Sache. Ich solle während meines weiteren Studiums in den USA, mit einem Journalistenausweis ausgestattet, Verbindung zu Persönlichkeiten der dortigen Wirtschaft aufnehmen und dabei gewonnene Erkenntnisse mitteilen. Was zu erwarten war, wird nun deutlich: Es geht um eine bezahlte Agententätigkeit. Das sei mit mir nicht zu machen, antworte ich, man habe mich in den Staaten stets fair, freundlich und oft genug großzügig behandelt, das könne ich unmöglich mit Spitzelei entgelten. Außerdem sei ich für eine solche Tätigkeit völlig ungeeignet. Es handele sich nicht um Spitzelei, wird mir bedeutet, sondern lediglich um Informationsbeschaffung. Und gerade weil ich nicht so wirke, sei ich besonders für diese Aufgabe geeignet. Von Wirtschaft habe ich viel zu wenig Ahnung, werfe ich ein. Das aber, so die Herren, könne ich als Akademiker schnell genug lernen. Ich frage sie, für welchen Dienst sie arbeiten, doch hoffentlich nicht für den, der mich ein Vierteljahr hinter Gitter brachte. Nein, nein, sie fühlten sich der NATO verpflichtet, mehr könne man mir nicht sagen. Um sie unbehelligt loszuwerden, verspreche ich eine telefonische Antwort in wenigen Tagen, und sie ist ein kategorisches Nein danke, ich wolle mich selber um meinen Unterhalt kümmern. – Waren das nun Mitarbeiter eines westlichen oder eines östlichen Geheimdienstes? Oder wollen die Dienste der USA meine Zuverlässigkeit und Standfestigkeit überprüfen? Ich weiß es nicht und werde es wohl nie erfahren.

39
Das Mädchen mit den Schnupftüchern im Hosenumschlag

Im Frühsommer 1957 wird mein inzwischen zum Offizier und Hubschrauberpiloten avancierter Bruder auf einen Stützpunkt der US Army am nördlichen Stadtrand von München verlegt. Nach Jahren können wir uns auch zusammen mit dem Rest der Familie auf deutschem Boden wiedersehen. Harro hat sich ein stattliches Auto angeschafft, mit dem er im Ruhrgebiet alte Bekannte und seinen früheren Chef besucht und beeindruckt hat. Der hat sich über den Aufstieg seines früheren Lehrlings gefreut.

An einem Sonntag lädt mich mein Bruder zu einer Open House Party am Rande seines Flugplatzes in Oberschleißheim bei München ein. Sie findet in einer leer geräumten Flugzeughalle statt. Die meisten der deutschen Gäste erscheinen sonntäglich herausgeputzt und werden von legeren Amerikanern in Freizeitkleidung freundlich empfangen. Unter diesen befinden sich auch ein paar junge Frauen, offenbar Angehörige der Piloten. Gruppen bilden sich und die Gespräche beleben zusehends die ansonsten eher nüchterne Atmosphäre des kahlen Metallschuppens. Ich lerne einige der Offiziere kennen und werde einer hübschen kleinen Dame vorgestellt, einer Opernsängerin, wie man mir sagt. Ich spüre, wie mein Bruder ein Auge auf sie wirft. Da kommt niesend und naseputzend eine etwa neunzehnjährige Amerikanerin auf uns zu. Sie heißt Suzy und ist die Schwester des Offiziers, mit dem ich mich gerade unterhalte. Suzy trägt Blue Jeans und steckt ihre Kleenex-Schnupftücher nach Gebrauch jeweils in die Umschlagfalten ihrer Hosen. Nach einer Weile sammelt sich auf diese Weise eine beachtliche Menge von Schnupftüchern rechts und links über ihren Schuhen, ein deutlicher Kontrast zu den um properes Aussehen bemühten deutschen Besuchern. Ich habe dergleichen noch nie so gesehen, finde diese Methode, wenn schon nicht erlesen, so doch ausgesprochen originell. Als ich ihr das sage, antwortet sie unbefangen und ihrer Sache sicher, das sei so hygienischer, als wenn sie ihr Geschnäuztes in die Hosentaschen steckte. Das leuchtet mir ein und ich komme zu dem Schluss, dass es sich hier um eine Person handelt, die praktisch und selbstständig denken kann. Nach einiger Zeit schlägt sie meinem Bruder und mir einen gemeinsamen Spaziergang Richtung Schloss Oberschleißheim vor, das nicht weit entfernt liegt. Bei unserem Gang entlang einer Waldschneise stelle ich mit Erstaunen fest, dass ihre Kenntnisse früherer bayerischer Herrscher besser sind als meine. Das, zusammen mit den Schnupftüchern in den Hosenumschlägen, ist, so meine ich, für eine so junge Amerikanerin bemerkenswert.

Wenige Tage später erhält mein Bruder einen Anruf der kleinen hübschen Sängerin, ob er zu einer Party kommen wolle. Was könnte ihm Wünschenswerteres passieren? Elegant gekleidet und mit einem hoffnungsvollen Lächeln auf dem Gesicht erscheint er vor ihrer Tür. Doch wer empfängt ihn? Nicht die Sängerin, sondern das Schnupftuchmädchen Suzy, hinreißend hübsch gekleidet, dekolletiert und frisiert, von Schnupfen und Kleenextüchern keine Spur. Sie bemüht sich um ihn, verzaubert ihn. Er erfährt, die Sängerin sei schon verlobt. Nun spürt sein Herz, wohin es gehört und wohin nicht. Es wird ein glücklicher Abend, dem viele solche folgen. Wochen später die Verlobung, Monate später die Hochzeit in München. Das Schicksal hat gewürfelt, und eine Sechs rollt Richtung Amerika.

40
Wieder nach Amerika?

Mein Germanistik- und Geschichtsstudium an der Münchner Universität habe ich parallel zu meinen Rundfunkarbeiten absolviert. Natürlich ziehe ich Vergleiche. An der University of Minnesota studierte ich in Vorlesungen und Seminaren von zehn bis etwa fünfzig Studenten. Es gab gute Möglichkeiten zu persönlichen Gesprächen mit den Professoren und es war leicht, in den Bibliotheken an Bücher heranzukommen. Hier in München dagegen sind die Vorlesungssäle überfüllt, man muss von einer Lehrveranstaltung zur anderen hasten, um noch einen Platz zu erhaschen und landet oft an der Fensterbank oder dicht gedrängt auf einer Treppenstufe. In einem Proseminar bin ich einer von vielen hundert Studenten. Nebenan wird eine bei den Zerstörungen durch die Luftangriffe auf München entstandene Lücke durch rege Bautätigkeit gefüllt. Der Lärm von Presslufthämmern übertönt häufig die Worte des Professors. Es bedarf guter Nerven und eines Platzes in den ersten Reihen, um ihn immer zu verstehen. Soll ich unter diesen Umständen hier weiterstudieren, wo ich doch vielleicht in den USA bessere Möglichkeiten hätte?

Als ich in der Staatsbibliothek ein dringend benötigtes Buch ausleihen will, muss ich fast eine halbe Stunde anstehen, um zu erfahren, dass es längst ausgeliehen ist, ich solle in zwei Wochen wiederkommen. Nun bin ich für mein Seminar schlecht vorbereitet und bin verstimmt über die widrigen Umstände. Als ich zwei Wochen später noch einmal anstehe, um nach dem Buch zu fragen, vertröstet man mich auf weitere Wochen des Wartens und Versuchens. Daraufhin reift mein Entschluss, im Herbst wieder in den USA zu sein und dort mein Studium bis zur Promotion fortzusetzen. Wie aber soll ich das bezahlen? Ich bin von einem ausreichenden Stipendium oder einem halbtägigen Arbeitsplatz abhängig. Wo soll ich mich bewerben? Es gibt dort über zweitausend Hochschulen und Universitäten. Ich sage mir: ‚Think big' und sende mein Anliegen an die germanistischen Abteilungen von drei der führenden Universitäten der Ostküste: an Princeton, Yale und Harvard. In der Germanistik habe ich gewiss die größte Chance. Als ich die drei Briefe einwerfe, habe ich das Gefühl, mit meinem Schicksal Roulette zu spielen.

An ein paar sommerlichen Wochenenden mache ich mit meinen Eltern und meinen Geschwistern bei einladendem Wetter Ausflüge in die Alpen und nach Heidelberg. Dann, eines Tages, erhalte ich eine Zusage von der Harvard University in Cambridge, Massachusetts: ein Stipendium und eine Stelle als Teaching Fellow, also eine Kombination von Studium und Lehre. Mein Herz schlägt hoch, die Würfel sind gefallen. Nun habe ich eine klare Perspektive und ich kann meinen Eltern und meiner Schwester wieder mehr Raum in ihrer engen Behausung geben. Jetzt geht es darum, mit meinen fast nicht mehr vorhandenen Mitteln die USA zu erreichen. Da begegnet mir ein deus ex machina in Gestalt eines Anschlags am schwarzen Brett der Universitätsmensa. Eine New Yorker Organisation sucht qualifizierte Mitarbeiter für ein Bildungs- und Freizeitprogramm auf einem niederländischen Schiff, ab Bremerhaven am 18. September, Ankunft in New York fünf Tage später, Anmeldung bei einem Rechtsanwalt im Münchner Stadtzentrum. Am nächsten Tag finde ich mich bei diesem ein, berichte von meinen Studien und Rundfunkarbeiten in Minneapolis und München, sage ihm, ich wolle in den Staaten weiterstudieren und blicke dabei in ein wohlwollendes junges Gesicht. „Wo wollen Sie denn weiterstudieren?", fragt er. Als ich „Harvard" sage, strahlt es voll freudiger Überraschung. Er hat dort vor einem Jahr studiert, berichtet davon begeistert und verspricht mir, er werde mich der New Yorker Organisation als bevorzugten Kandidaten empfehlen. Noch eine kleine Weile, dann kommt die endgültige Zusage. Ich soll auf einem niederländischen Schiff ein Sprachenprogramm organisieren und bekomme dafür kostenlose Überfahrt in der 1. Klasse. Was kann ich mir Besseres wünschen? Schicksal ist Entscheidung plus Glück.

Vor meiner Rückreise in die Staaten besucht mich in der ärmlichen Münchener Flüchtlingswohnung meiner Eltern eine minneapolitanische Universitätsfreundin aus einem wohlhabenden Elternhaus. Ellens Vater ist ein erfolgreicher Schriftsteller, und sie hat seine Intelligenz geerbt, wenn nicht sogar überflügelt. Sie ist in eine Vereinigung überdurchschnittlich begabter amerikanischer Studentinnen berufen worden, eine große Ehre. Ellen besticht durch ihre Natürlichkeit und fröhliche Bescheidenheit. Sie hat als Nebenfach

Deutsch studiert und benutzt ihre dabei erworbenen Sprachkenntnisse fleißig und klug. Beim Essen zu viert in unserer ärmlichen Flüchtlingsküche zeigt sie keine Spur von Befremdung, sondern passt sich umgehend und problemlos den neuen Gegebenheiten an. Meine Eltern sind von ihr begeistert.

Ellen muss wenige Tage vor mir zurück in die USA. Da wir noch etwas Zeit haben und reiselustige Menschen sind, beschließen wir mit der Bahn auf dem Umweg über Ligurien und die Provence zusammen nach Paris zu fahren. In Südfrankreich fahren wir mit dem Bummelzug entlang der Küste und steigen, als wir kurz vor dem Bahnhof eines Provinznestes einen völlig menschenleeren Sandstrand sehen, aus, nehmen ein erfrischendes vormittägliches Bad im Mittelmeer, ruhen uns aus und haben Freude an unserem jungen Leben. Mit dem nächsten Zug fahren wir nach Marseilles und steigen in einen Schnellzug nach Paris um, der so von Heimkehrern aus dem Strandurlaub überfüllt ist, dass wir die gesamte Zeit im Gang auf unseren Koffern sitzen müssen, ein strapaziöses Intermezzo bar jeder Romantik. So wird man manchmal von einem Extrem in das andere katapultiert. In der Weltstadt bleiben uns noch ein paar gemeinsame Stunden, dann trennen sich unsere Wege. Sie reist in den Mittleren Westen, ich in das fast zweitausend Kilometer entfernte New England. Wir wissen nicht, ob wir uns jemals wiedersehen werden.

41

Sprachunterricht auf dem Atlantik

Nun also zum zweiten Mal Richtung USA, diesmal nach New England und zwar Erster Klasse und kostenlos. Dafür die Organisation eines Sprachunterrichtsprogramms, von dem ich noch nicht wissen kann, wie es aussehen wird. Ich muss freiwillige Lehrkräfte und lernwillige Sprachschüler für die fünftägige Überfahrt finden. Niemand wird bezahlt, niemand muss zahlen. Werde ich bei dem prächtigen Wetter genügend Interessenten finden? Das Nichtstun an Deck ist doch angenehmer, sollte man meinen. Die Passagiere der Arosa Sky bestehen aber zum großen Teil aus amerikanischen Studenten, die von einem Europabesuch zurückkehren. Junge Amerikaner sind gern dabei, wenn etwas los ist. Ich muss versuchen, ihnen Kurse in den europäischen Sprachen anzubieten, mit denen sie in den Ferien konfrontiert waren. Und unter den Europäern an Bord wird es hoffentlich welche geben, die vor der Ankunft in der Neuen Welt ihre Englischkenntnisse gern noch etwas aufbessern. Über die Bordlautsprecher mache ich diese Möglichkeit bekannt und muss nicht lange warten, bis sich die ersten Freiwilligen melden. Gemäß den Anweisungen der Schiffsleitung verteile ich die Kursleiter auf je eine Position an Deck mit jeweils einer Ausweichmöglichkeit bei schlechtem Wetter. Das gebe ich wiederum über die Bordlautsprecher bekannt. Am Vormittag nach der Einschiffung in Le Havre sind Kurse in Englisch, Französisch, Spanisch, Deutsch und Italienisch an der Arbeit. Ich selbst unterrichte eine Gruppe lernbegeisterter und fröhlicher Amerikaner in einfachem Konversationsdeutsch, was uns allen viel Spaß macht. Darüber hinaus achte ich darauf, dass die anderen Kurse an den vorgesehenen Orten reibungslos ablaufen. Wo es Probleme gibt, beseitige ich sie mit Hilfe des zuständigen Schiffsoffiziers. Am Ende haben wir fast ein Dutzend in Sonnenschein und Fahrtwind funktionierende Kurse. Auf diese Weise kostenlos über den großen Teich zu kommen, ist eine wahre Freude. – Wüsste ich mehr von meiner Zukunft, wäre die Freude noch größer, denn spätere Atlantiküberquerungen in der gleichen Funktion werden mir noch einige nicht alltägliche Erlebnisse bescheren.

42
Der Eintritt in den Bildungstempel

Dann Cambridge, Massachusetts. Auch wenn es noch andere Eliteuniversitäten in den USA gibt, so ist doch im öffentlichen Bewusstsein auch außerhalb der Staaten der Name Harvard mit einer besonders strahlenden Gloriole umgeben. Schon die über dem Harvard Yard, dem Mittelpunkt der Universität thronende, über breite Treppenstufen zu erklimmende Widener Library, eine der größten Bibliotheken der Welt, beeindruckt den Neuankömmling. Von hier sind zahllose Nobelpreisträger und berühmte Persönlichkeiten der Wissenschaft und Kultur, der Justiz, der Politik und der Wirtschaft gekommen. Dazu gehören Namen wie Franklin D. Roosevelt, Gertrude Stein, John Dos Passos, T. S. Eliot, John F. Kennedy, Henry Kissinger und Leonard Bernstein. Hier ein Studium abgeschlossen zu haben, ist eine erstklassige Empfehlung für fast jede Karriere. Hier Zutritt zu erlangen, ist der Traum unzähliger junger Amerikaner, von denen viele an den harten Zulassungsprüfungen zum Harvard College scheitern, das die ersten vier Studienjahre umfasst. Da ich schon einen Master of Arts habe, werde ich zur Graduate School of Arts and Sciences gehören, die sich an die College-Jahre anschließt. Ich betrachte es als ein außerordentliches Glück, hier zugelassen zu werden; wenn ich an meine Dresdner Gefängniszelle zurückdenke, geradezu als ein Wunder. Vermutlich hat meine für amerikanische Verhältnisse ungewöhnliche Vita dazu beigetragen, aber auch meine mehrjährige Lehrerfahrung, die für die vorgesehene parallel zum Studium laufende Lehrtätigkeit gewiss von Nutzen sein wird. Mir ist klar, dass jetzt eine der größten Herausforderungen meines Lebens auf mich zukommt.

Ich beziehe ein geräumiges Zimmer in einem nahe dem Zentrum des Universitätsgeländes gelegenen älteren Studentenheim. Es ist mit einem kleineren Nebenzimmer verbunden, das ein Student bewohnt, den ich nur gelegentlich zu sehen bekomme. Sein Vater ist israelischer Diplomat in Kanada. John studiert Politische Wissenschaften und soll, so höre ich von anderen in unserem Hause, brillant sein. Als ich ihn kennen lerne, erwähnt er sofort seine jüdische Herkunft und heißt mich überraschend herzlich willkommen, Deutsche schätze er besonders. Noch weiß ich nicht, warum, und wozu diese Einstellung eines Tages führen wird.

Eine Prüfung im German Department, dann werden mir Seminare empfohlen oder zugewiesen. Der Chairman der Abteilung eröffnet mir, man schätze meinen bisherigen akademischen Werdegang sehr, doch solle ich ruhig die meisten der an der University of Minnesota absolvierten Kurse hier wiederholen, Harvard sei doch etwas anderes. Das klingt zwar hochmütig, wenn nicht zynisch und ist ernüchternd, denn es legt mich auf eine längere Zeit in diesem akademischen Tempel fest. Doch bald soll ich erkennen, dass die Anforderungen hier deutlich höher sind und ich auf diese Weise als Teaching Fellow in eine mir sympathische Gruppe von Mitstreitern gerate. Zu ihr gehört außer einigen gebürtigen Amerikanern, darunter eine Studentin mit bayerischer Mutter und amerikanischem Vater, ein bereits an der Universität Wien promovierter Amerikaner (dessen Titel man hier mit recht eingeschränkter Wertschätzung betrachtet), eine echte Österreicherin und eine Lettin. Später gehört auch Michael Mann zu unserem Seminar, der jüngste Sohn Thomas Manns. Neben meinem Studium muss ich wöchentlich zwölf Stunden auffallend kluge Studenten des Harvard College unterrichten. Die Weichen sind gestellt, die grauen Zellen sind alarmiert, der Kampf beginnt.

Bald bekomme ich zu spüren, welcher Lerndruck einem hier zugemutet wird. Neben meiner Lehrtätigkeit, meinen Kursen und den Vorbereitungen zu den ständigen Prüfungen beträgt das erwartete Lesepensum manchmal mehrere Bücher in der Woche. Bis tief in die Nacht studiere ich, bis mich der Schlaf hoffnungslos übermannt. Wenige Stunden danach sitze ich wieder in einer Vorlesung. Freizeit finde ich in diesen ersten Monaten so gut wie keine.

An einem Oktobertag erschrickt ganz Amerika. Die Russen haben, was den Amerikanern noch nicht gelungen ist, eine Rakete in den Weltraum geschossen, die nun die Erde ständig umkreist und auch die USA überfliegt. Sie heißt Sputnik und bedeutet eine Gefahr für dieses Land und die ganze westliche Welt. Spät am Abend besteige ich den Hügel zum Harvard Observatorium und starre, gemeinsam mit vielen Herbeigeeilten in den sternklaren Himmel, bis Sputnik kommt, ein strahlend fliegendes Gestirn, das uns beunruhigt. Es wird Amerika verändern.

43
Studentische Tragödien

In der Mensa, unter einem großflächigen Wandgemälde von Miró, lerne ich einen sympathischen, feinfühligen Jurastudenten kennen. Er entstammt einer jüdischen Juristenfamilie. Der ältere Bruder ist Jurist, der Vater ebenfalls und auch der Großvater. Und was für ihn am belastendsten ist: Alle waren sie Harvardianer, die ihren Abschluss an der Law School dieser Alma Mater gemacht haben. David leidet unter dem Erwartungsdruck seiner Familie und fühlt sich den Anforderungen der Law School nicht gewachsen. Wenn er sein Examen nicht schaffe, enthüllt er mir, könne er sich in seiner Familie nicht mehr sehen lassen, dann bleibe ihm nichts anderes übrig, als sich umzubringen. Wir sehen uns gelegentlich, haben schöne, oft die wichtigen Dinge des Lebens berührende Gespräche, doch einmal, zur Examenszeit, wirkt er blass und düster. Ich ahne und fürchte, er wird sein Ziel nicht erreichen. Wenige Wochen später erfahre ich zu meinem Entsetzen von seinem Tod. Er hat sich in der Verzweiflung und Scham über seine Unfähigkeit, es seiner Familie recht zu machen, aus seinem Fenster gestürzt. Es soll hier nicht der einzige Fall dieser Art sein. Für manche ist Harvard brutal.

Mein Zimmernachbar John ist bei den in unserem Stockwerk wohnenden Studenten gern gesehen. Er ist bekannt für seine hohe Intelligenz und seine Freundlichkeit. Irgendwann bestellt er für uns beide einen Telefonanschluss, lässt nur meinen Namen im Telefonbuch eintragen und besteht darauf, dass er alle Rechnungen bezahlt. Als er mir seinen Autoschlüssel und seine umfangreiche Briefmarkensammlung anbietet, lehne ich dankend ab. Seine maßlose Großzügigkeit macht mich stutzig. Befremdung befällt mich schließlich, als er, der Jude, mir eines Tages seine Begeisterung für Hitler bekundet. Der sei eine der größten Erscheinungen der Weltgeschichte und habe nur den einen Fehler gemacht, dass er nicht alle Juden umgebracht habe. Im Übrigen sei es bedauerlich, dass ich als Deutscher weder blonde Haare noch blaue Augen habe. Irgend etwas stimmt mit ihm nicht. Jüdischer Selbsthass allein kann es nicht sein. Eine Weile sehen wir uns kaum noch, und das ist mir nun sogar lieber. Wochen später bemerke ich im Vorbeigehen, dass in seinem Zimmer um einen halb gepackten Koffer herum völlige Unordnung herrscht. Will er mitten im Studienjahr abreisen? Nachts wecken mich mehrfach die Geräusche seines seltsamen Pack- und Abreisetriebes auf, so dass ich ihn am Morgen danach darauf anspreche. Er bittet mich, mit niemandem darüber zu sprechen, es sei ein von seiner jetzt in einer Anstalt lebenden Mutter vererbtes psychisches Problem, das in Schüben auftrete. Daraufhin gebe ich ihm mein Wort. Er ist mir gegenüber bisher überaus anständig gewesen. Doch eines Tages entdecke ich durch die geöffnete Tür in seinem Zimmer eine erschreckende Unordnung. Möglicherweise wertvolle Briefmarken seiner Sammlung liegen verstreut im Raum, zum Teil vermischt mit Honig und anderen Speiseresten. Ich kann John nicht vorfinden, um mit ihm darüber zu reden, ihm vielleicht dadurch zu helfen. Nun, da sein Zustand so hochgradig krankhaft ist, frage ich mich, ob ich gegen mein Versprechen doch lieber Meldung erstatten soll, um Schlimmeres zu vermeiden. Da ich eilig zum Unterricht gehen muss, will ich das nachmittags entscheiden, nachdem ich ihn vielleicht habe ansprechen können. Als ich nach Stunden mein Zimmer wieder betrete und in dem seinen ein geradezu unbeschreibliches Chaos entdecke, gehe ich zu unseren unmittelbaren Nachbarn und erfahre, er sei um die Mittagszeit von einem Psychiater und zwei Helfern gegen seinen Widerstand überwältigt und abgeholt worden. In den vergangenen Nächten habe er, der sonst so Großzügige, mehrfach aus den Kühlschränken benachbarter Zimmer Getränke oder Lebensmittel entwendet. Auf dem Bücherbord über dem Kamin meines Zimmers, fast unmittelbar neben meinem Bett, finde ich hinter Büchern ein langes scharfes Messer, das mir nicht gehört und erschrecke. Tage später erscheint sein Vater, der Diplomat, mit seiner jetzigen Frau; feine, offenbar zutiefst besorgte und peinlich berührte Leute. Sie räumen die Unordnung auf, lehnen mein Hilfsangebot ab und entschuldigen sich für das Ungemach, das ihr Sohn mir bereitet haben könnte. Wochen später besuche ich ihn in der Anstalt. Er redet irr, bittet mich, ein gutes Dutzend seiner mir unbekannten Freunde aufzusuchen, deren Anschriften er mit zitternder Hand aufzuschreiben meint. Es ist kein einziger Buchstabe zu erkennen. Alle sagen, John sei ein Genie, doch Genie und Wahnsinn sind manchmal dicht beieinander.

44
Cambridge, heiß

Am Ende meines ersten Studienjahres an der Harvard University verlasse ich das Studentenheim und ziehe in ein nahe gelegenes Privathaus, in dem lauter junge Menschen Einzelzimmer gemietet haben und sich in eine im Kellergeschoss gelegene Küche teilen. Manche studieren, andere arbeiten in einer der Bibliotheken, Museen oder wissenschaftlichen Institute in der Nachbarschaft. Die Mehrheit sind Amerikaner, doch vier von uns sind Ausländer: außer mir ein chinesischer Student aus Malaysia, mit dem ich mich anfreunde, sowie ein Palästinenser und ein Israeli. Während deren Völker daheim sich die Köpfe einschlagen, verstehen sich diese zwei ausreichend gut, bis eines Tages der Israeli den Palästinenser einlädt, ihn nach ihrer Rückkehr in Israel zu besuchen. Da verliert der Palästinenser die Contenance und reagiert empört und beleidigt: Was? Er wolle ihn in seine Heimat einladen, nachdem er ihn aus dieser vertrieben habe? Das sei unverschämt, eher würde er mit einer Waffe zurückkehren. Eine Weile vermeiden sie gemeinsame Gespräche, dann zieht einer von ihnen aus, und unser Haus ist wieder ein Ort des Friedens und der Toleranz.

Heiße Wochen ziehen ins Land. Die Temperaturen steigen zusehends und die Luftfeuchtigkeit mit ihnen. Zum Glück bin ich heiße Sommer von Minneapolis her gewöhnt. Vor mir stehen besonders strapaziöse Wochen: Ich muss, um Geld zu verdienen, arbeiten und mich gleichzeitig auf die gewiss schwerste Prüfung meines bisherigen akademischen Lebens vorbereiten. Als Lehrkraft für Deutsch unterrichte ich in der Harvard Summer School. Meine Studenten sind berufstätige Erwachsene aus vielen Staaten der USA, darunter Apotheker, Ingenieure und Lehrer, die noch nie einen Deutschkurs mitgemacht haben. Sie brauchen ein Diplom über Fremdsprachenkenntnisse oder benötigen Fertigkeiten speziell im Deutschen, meistens Lesekenntnisse. In sechs Wochen muss ich sie von „Guten Tag", „Bitte" und „Danke" so weit bringen, dass sie Goethe-Gedichte, Brecht und deutschsprachige Texte aus Kriminalromanen lesen und sich einigermaßen flüssig unterhalten können.

Es ist ein brutaler Crashkurs, bei dem ich mit anderen zwölf oder dreizehn Kollegen und deren jeweiligen Deutsch-Klassen in Konkurrenz stehe. Wir haben dieselben Texte, das gleiche Lernziel und die gleiche Zeit, es zu erreichen. Nur auf welche Weise man das schafft, ist der jeweiligen Lehrkraft überlassen. Der Zeitdruck ist für alle enorm. Montag bis Freitag gibt es je fünf Stunden Unterricht, an den Nachmittagen und Abenden müssen die Kursteilnehmer täglich mindestens fünf Stunden Hausaufgaben bewältigen, während ich den Lehrstoff, die Lehrmaterialien und das genaue Prozedere, Lernschritt für Lernschritt, für den nächsten Tag plane. Jede Unterrichtsminute ist Gold wert. Nicht nur jeder Kursteilnehmer, sondern auch mein pädagogisches Leistungsvermögen und damit meine Reputation in der Abteilung stehen auf dem Prüfstand. Es ist Hochsommer in Neuengland, die Luft ist oft erbarmungslos heiß und schwül, Ventilatoren oder gar Klimaanlagen gibt es in den Unterrichtsräumen keine. Wir sind alle hochsommerlich gekleidet. Der Schweiß rinnt aus allen Poren. Im Laufe der Zeit geben immer mehr der zum Teil über vierzig Jahre alten Studenten auf. Am Ende bleibt, auch in den Parallelklassen, etwa die Hälfte übrig, eine für die Harvard Summer School charakteristisch hohe „Mortalitätsrate". Erschöpft, aber mit einem Harvard-Diplom versehen, verlassen die „Überlebenden" des harten Lernprozesses den brütenden Bildungstempel. Und ich bin reif für einen Urlaub. Den aber kann ich mir nicht leisten. Eineinhalb Monate der Sommerpause sind vorüber, und mir bleiben nur noch wenige Wochen zur Vorbereitung auf meine erste große mündliche Doktorandenprüfung, die *General Exams*.

45
Die große Prüfung

Ich erhalte eine sogenannte *minimum reading list* mit den Titeln und Autoren aller Werke längs durch die Geschichte der deutschen Literatur von den althochdeutschen Anfängen bis in die Gegenwart, die ich als Minimalanforderung bis zur Prüfung gut genug kennen muss, um meinen Prüfern Rede und

Antwort stehen zu können. Es sind, grob zusammengerechnet, etwa 75.000 Seiten. Der schiere Umfang könnte mich zur Verzweiflung treiben, doch ich muss da hindurch, sonst blamiere ich mich und verliere möglicherweise ein ganzes teures Jahr. Wie aber soll ich das bewerkstelligen? Vieles habe ich irgendwann gelesen, aber mehr oder weniger vergessen, vieles ist mir noch völlig unbekannt. Es ist in der kurzen Zeit menschenunmöglich, all das mir noch Unbekannte zu lesen und das Vergessene wiederzugewinnen. Ich muss alles nicht unbedingt zum Leben Nötige weglassen, auf jedwede Vergnügung verzichten und eine dem hohen Druck angemessene Arbeitsstrategie befolgen. Nun sitze ich täglich für ein gesundes Leben viel zu viele Stunden an meinem Schreibtisch und verlasse meine Klause nur, um die Widener Library aufzusuchen oder um mir die nötigsten Lebensmittel zu besorgen. Mühsam arbeite ich mich von einem Jahrhundert deutscher Literatur zum anderen voran und frage mich ständig, wie ich das enorme Pensum schaffen soll. Der Not gehorchend weiche ich oft auf die Konsultation der Sekundärliteratur aus und spare mir dadurch eine Menge bitter nötiger Zeit. Wird das aber reichen, um dem professoralen Prüfungsgremium den Eindruck zu vermitteln, dass mein Wissen ihren Anforderungen genügt? Von Woche zu Woche wird das einseitige Sitzen und Lernen immer mehr zur Strapaze und allmählich wird mir selbst das Sitzen zu anstrengend. Wenn ich versuche, im Liegen zu lesen und zu lernen, überfällt mich früher oder später eine übermächtige Müdigkeit. Darum weiche ich immer mehr auf den zu meinem Mobiliar gehörenden Lehnstuhl aus, der das fast permanente Sitzen etwas erträglicher macht.

Am Morgen des Examens fühle ich mich so erschöpft, dass ich aus Angst, in den drei oder vier Stunden der Befragung einzuschlafen, gegen meine Gewohnheit mehrere Tassen Kaffee mit Unmengen Zucker trinke. Dann laufe ich in dem Bewusstsein, alles mir physisch und geistig Mögliche getan zu haben, hellwach und doch irgendwie betäubt zum Bush-Reisinger Museum, dem Sitz des Department of Germanic Languages and Literatures, und treffe die Herren der Jury. Es sind acht Professoren, von denen mich nur einige kennen. Sie beäugen mich intensiv und stellen dann ihre Fragen, von Jahrhundert zu Jahrhundert vordringend, in so schneller Abfolge, dass ich den Eindruck habe, die Zielscheibe eines geistigen Trommelfeuers zu sein. Nein, einschlafen kann man unter solchen Umständen nicht. Ich fühle mich auf elektrisierte Weise wach und antworte, was das Zeug hält. Offenbar habe ich doch etwas gelernt. Und wenn in eine Wissenslücke gestochen wird, versuche ich, vorsichtig ausweichend, das mir in diesem jeweiligen Zusammenhang Bekannte an die Herren zu bringen. Mir scheint, die schätzen es, dass ich mir zu helfen weiß. Nach zweimal fast zwei Stunden, mit einer Mittagspause, in der ich ein paar Tassen Tee trinke, ist das Martyrium zu Ende. Ich wanke, tief Luft holend, nach Hause, danke meinem Schöpfer, dass ich es überstanden habe, lege mich hin und falle in einen Tiefschlaf. Tage später wird mir mitgeteilt, ich hätte die Prüfung bestanden. Nun bleibt „nur" noch die Dissertation mitsamt deren Verteidigung unter ähnlichen Umständen. Doch bis dahin ist noch geraume Zeit.

Ein paar Tage Entspannung, dann beginnt das neue akademische Jahr. Ich unterrichte nun Studenten im ersten Jahr Deutsch und bereits Fortgeschrittene. Schnell wird mir klar, dass ich es hier mit respektablen jungen Amerikanern zu tun habe. Ein kaum Zwanzigjähriger hat bereits einen Gedichtband herausgegeben, ein anderer ist Dirigent des Symphonieorchesters der Universität. Ein paar Mädchen zeigen großes Interesse für die deutsche Sprache und möchten gern bald deutsche Literatur im Original lesen können. Ich fühle mich unter Druck und zu Höchstleistungen gedrängt. Bei diesen Begabungen kann ich es mir nicht leisten, schlecht vorbereitet in den Unterricht zu kommen. Das ist außerordentlich anregend, aber auch besonders zeitraubend. Nie wurde ich von jungen Menschen so gefordert.

46
Das Fünfzehn-Dollar-Auto (1. Teil)

Eine Teilnehmerin unseres Seminars stammt aus Österreich und wohnt im Hause des früheren Vorstands der germanistischen Abteilung. Evelyn lädt eine mit ihr befreundete lettische Kommilitonin und mich ein, eine Art abendliches Lernkollektiv zu bilden. Wir treffen uns bei ihr, tauschen unsere

Meinungen und unser Wissen aus, teilen auch, wo es sinnvoll ist, unsere Arbeit. Die flinke Lettin macht für uns Bibliotheksrecherchen, Evelyn bemüht sich um unser leibliches Wohl und ich helfe, wo ich kann. Bis spät in die Nacht büffeln wir und halten uns mit Kaffee, Coca Cola und gegenseitiger Ermunterung wach, bis wir nicht mehr können und gerade noch ein paar Stunden Nachtruhe vor der nächsten Lehrveranstaltung übrig bleiben.

Ausgerechnet jetzt, zur völligen Unzeit, kommt auf mich ein Angebot zu, das ich viel später, wenn ich hoffentlich über mehr Zeit verfüge, gern annehmen würde. Evelyn bekommt Besuch von ihrem aus Neuseeland eingetroffenen Mann, einem Professor, der nach Europa weiterreisen muss, sein Auto aber, das er von der Westküste bis hierher gefahren hat, dahin nicht mitnehmen kann. Ob ich ihm das nicht abkaufen könne. Ich antworte, ich habe weder Zeit für ein Auto noch Bedarf und besitze nicht einmal einen Führerschein. Sie sagt, ich solle mir den Wagen doch wenigstens einmal ansehen. Der Höflichkeit halber sage ich zu und lerne den Professor kennen. Wir besichtigen das Objekt. Es ist ein Pontiac, Baujahr 1947, noch passabel aussehend. Hat Platz für sechs Personen, gute Bepolsterung und ein Radio. Ernüchternd dagegen ist ein schuhsohlengroßes Loch in der Karosserie zwischen Fahrersitz und den Pedalen, das mit einem Teppich abgedeckt ist. Ehrlicherweise zeigt er mir das, sagt mir sogar, der Wagen fresse etwas mehr Benzin und Öl als ein neuer, Benzin und Öl seien ja aber billig. Für einen Studenten sei das doch gerade richtig. Alles gut und schön, entgegne ich, doch könne ich mit einem Auto derzeit einfach nichts anfangen. Es müsste monatelang unbenutzt auf der Straße stehen. Das verstehe er, doch ich müsse den Preis bedenken, er wolle es mir für nur 25 Dollar geben. Ein Auto für 25 Dollar! Ich denke, ich höre nicht recht. So viel ist allein das Radio wert, dessen verführerisch vollen Klang er mir demonstriert. Aber, argumentiere ich standfest, ich brauche jetzt einfach kein Auto, dürfte es nicht einmal vor meine Haustüre fahren. Da überfällt den Professor ein Anflug von Verzweiflung. Er muss morgen wegfliegen und hat keine Zeit, den Pontiac zum Händler oder zum Verschrotten zu bringen. Frustriert Luft holend sagt er nun: „I give it to you for 15 Dollars." Da schaltet sich unsere österreichische Vermittlerin ein, die sich mit dem Wagen nicht belasten will, und erklärt mir ärgerlich und mit der Resolutheit einer Donnergöttin, wenn ich jetzt nicht zusage, sei ich definitiv dumm und könne mich dann hier nicht mehr sehen lassen. Sie muss sehr angespannt sein, um einem Freund so etwas zu sagen. Nun ist meine Erziehung zur Höflichkeit gefordert, und mein Starrsinn kollabiert. Nach tapferer, wenn auch unnützer Verteidigung sage ich „Okay" und tue damit ein gutes Werk, denn ich befreie zwei Menschen von einem Albtraum. Ein Griff in die Geldtasche, ein handshake, und ich bin Besitzer eines spottbilligen Autos mit einem Loch unter den Füßen. Der Wunderwagen wird vor meine Haustüre gefahren und muss dort monatelang ungenützt stehen bleiben, in Regen, Schnee, Eis und glühender Hitze, bis ich Zeit habe, Fahrstunden zu nehmen, meine Prüfung zu machen und den Pontiac seiner eigentlichen Bestimmung zuzuführen. Mein Studium hat absolute Vorfahrt.

Ein halbes Jahr später ist es so weit. Ein chinesischer Student aus Kuala Lumpur, der mit mir im gleichen Haus wohnt, gibt mir freundlicherweise ein paar kostenlose Fahrstunden. Dann die Führerscheinprüfung. Den schriftlichen Teil bestehe ich fehlerfrei, ebenso fast die ganze praktische Prüfung. Erst als wir kurz vor dem Polizeirevier sind, wirft sich mein mürrischer Prüfer plötzlich über mein Lenkrad und behauptet, ich hätte ihn bei der letzten Rechtskurve beinahe umgebracht, er habe vier Kinder zu Hause. Der Mann hasst Harvard-Studenten und vielleicht auch Ausländer oder Deutsche. Mein Einspruch nutzt nichts, er lässt mich durchfallen. Nun muss der Wagen wieder viele Wochen ungenutzt herumstehen. Als ich anderswo die Prüfung wiederhole, habe ich Glück. Der Prüfer hat eine Urgroßmutter aus Deutschland. Europäische Urgroßmütter sind in Amerika manchmal nützlich.

Nun kann ich endlich Freude an dem alten Auto haben. Es bereitet mir und meinen gelegentlichen Beifahrern wegen seiner Treue, seiner Macken und seinem lächerlichen Preis eine Unmenge Vergnügen. Ab und zu platzt einer der vulkanisierten Reifen, wodurch ich angesichts der Häufigkeit des Vorkommnisses bald zu einem erstaunlich geübten Reifenwechsler werde. Dergleichen ficht mich wenig an, besonders wenn ich auf meinen gelegentlichen Fahrten nach New York City triumphierend an Pannenautos vorbeigleite, die das Mehrhundertfache gekostet haben. Nach jeder längeren Reise streichele ich mein ganz besonderes Auto anerkennend. Danke, Evelyn. Wieder hat mir eine Frau geholfen.

47
Tucholsky in Cambridge

In ein paar Monaten muss ich als Teil meines Doktorandenprogramms mit meiner Dissertation anfangen. Worüber aber soll ich schreiben? Die Anstrengungen der Studien- und Lehrtätigkeit machen mich oft müde. Ich sollte daher ein erfrischendes, anregendes Thema wählen, vielleicht eines, das mit der Zeitgeschichte zu tun hat, die mich jetzt immer mehr interessiert. In meiner Dresdner Zeit lernte ich einen Dozenten kennen, der einen Tucholsky-Kurs abhielt, ehe er im Stasigefängnis landete (wie bald danach auch ich). Soll ich ein Tucholsky-Thema wählen? Bei einer Veranstaltung der German Language Teachers Association von Boston und Umgebung spreche ich nach seinem Vortrag einen ursprünglich aus Wien stammenden Professor der Germanistik an, der an einer hiesigen jüdischen Universität unterrichtet. Ich schildere ihm meine Situation und frage ihn, was er von der Idee hielte, Tucholsky als Dissertationsthema zu wählen. Als ich den Namen Tucholsky erwähne, erstrahlt sein Gesicht, das sei eine ausgezeichnete Idee, er sei vor kurzem bei Tucholskys Witwe Mary in deren Archiv in Rottach-Egern am Tegernsee zu Besuch gewesen. Die sei eine großartige Person, die mir bestimmt bei meinem Quellenstudium nützliche Hilfestellung leisten würde. Ja, das müsse ich unbedingt meinem zukünftigen Doktorvater, dem Professor Blume, vorschlagen. Als ich das wenige Tage später tue, erlebe ich zum zweiten Mal das Aufleuchten eines gelehrten Gesichtes. In den Jahren der Weimarer Republik, als er als Schriftsteller in Deutschland lebte, habe er Tucholsky mit Begeisterung „verschlungen", er habe seine Schriften hier in seinem Hause und wolle sich in den nächsten Tagen noch einmal in sie vertiefen, um zu sehen, ob er Tucholsky, also einen Journalisten, in der germanistischen Abteilung vorschlagen könne, wo man bisher nur Dissertationsthemen über Vertreter der deutschen Dichtkunst zugelassen habe. Als er mich schließlich zu sich ruft, eröffnet er mir, er sei fasziniert von seiner Tucholsky-Lektüre der letzten Tage. Was dieser Mann zwischen dem Ersten Weltkrieg und Hitler geschrieben habe, sei heute noch genau so gültig wie damals. Er wolle sich bei seinen Kollegen für die Freigabe eines akzeptablen Themas einsetzen. Sein Vorschlag ist „Tucholsky als Literaturkritiker", das habe schließlich etwas mit der deutschen Dichtkunst im weiteren Sinne zu tun. Nach ein paar Wochen hat er sich, gegen einen gewissen konservativen Widerstand im Kollegium, durchgesetzt. Das Thema ist angenommen. Nun habe ich ein klares Ziel für die nächste Zukunft.

Während ich den Wunsch verspüre, nach meinem zweiten Harvard-Jahr einmal Deutschland wiederzusehen, um meine Eltern und nun auch Mary Tucholsky zu besuchen, erfahre ich von der Existenz eines Reisestipendiums, das für wissenschaftliche Arbeiten im Ausland vergeben wird. Ich erlange dafür die Unterstützung von drei meiner Professoren und bewerbe mich. Nach ein paar Wochen ein Gespräch mit dem in der deutschen Literatur und Geschichte überaus kenntnisreichen Dekan, dann erhalte ich die Zusage. Ein Jahr Westdeutschland und damit Pause vom Harvard-Studienbetrieb steht mir bevor. Doch noch ist es nicht so weit.

48
Der rote Diktator vor amerikanischen Studenten

Im April 1959 besucht der kubanische Staatschef Fidel Castro auf Einladung die Harvard Universität. Er, der erklärte Feind der USA und seines kapitalistischen Systems, darf hier, in dieser Hochburg des freiheitlich kapitalistischen Denkens, eine öffentliche Rede halten. Für mich, den Diktatur- und Kommunismusgeschädigten, ist das eine Sensation. Als Freund Moskaus in unmittelbarer Nähe der Vereinigten Staaten ist Castro eine ständige Gefahr. Und dennoch lädt ihn eine der führenden Universitäten des Landes ein und gibt ihm Gelegenheit, seine Meinung vor jungen Amerikanern frei zu bekunden. Dieser liberale, über die Schranken der aktuellen Politik und die Augenbinden der gegenwärtigen öffentlichen Meinung hinwegblickende Geist beeindruckt mich sehr. So stelle ich mir eine freie, eine offene und intelligente Demokratie vor. Die Veranstaltung findet auf einer Wiese statt und ist sehr gut besucht. Für mich ist es ein seltsames Gefühl, eine Art beklemmte Neugier, diesen Diktator mitten unter seinen Gegnern stehend anzuhören. Ich bin sicher, dass sich nur sehr wenige der meist jungen Zuhörer mit der Gesinnung dieses Mannes identifizieren. Doch alle wollen seine Argumente anhören, um sich danach eine eigene Meinung bilden zu können. Es wird eine lange Rede. Die USA schneiden dabei schlecht ab. Sie hätten laut Castro sein Land zu einer Kolonie gemacht. Sie, die Fahnenträger der freiheitlichen Demokratie, hätten zuvor einen ihnen hörigen ruchlosen Diktator unterstützt, weil er ihren Interessen diente. Er, Castro, und seine Freunde hätten all diese Ausbeuter hinweggefegt. Das imponiert vielen der anwesenden Studenten, und auch ich kann nicht verhehlen, dass ich für den bärtigen Revolutionär einen gewissen Respekt empfinde. Nur dass Kuba nun ein freies Land sei, findet unser aller Widerspruch. Frei von Amerika ja, aber nicht frei von den Machthabern in Havanna und Moskau. Keiner von uns weiß, wie bald uns dieser Mann und sein mächtiger Verbündeter an den Rand eines verheerenden Dritten Weltkrieges führen wird.

49
Die Schöne im Segelboot

Bei einer abendlichen Veranstaltung im German Club unseres Fachbereichs lerne ich beim Singen deutscher Volkslieder, die man hier noch pflegt, Sandy Lee kennen, eine Schönheit unter den blitzgescheiten, aber nicht allzu oft auch auffallend attraktiven Studentinnen des Radcliffe College, dem weiblichen Pendant und Anhängsel der Harvard Universität. Sie spricht schon ein wenig Deutsch, möchte aber ihre Kenntnisse erweitern. Irgend etwas muss sie hierher zum German Club ziehen, denn sie erscheint mehrfach. Wir haben uns noch gar nicht oft getroffen, als sie mich eines Abends zu meinem Erstaunen in ihr Elternhaus einlädt, eine Ehre, die mich nachdenklich macht. Ich nehme an und fahre dorthin. Ihr Vater ist Chefarzt und Professor in Boston, eine stadtbekannte Kapazität. Er residiert in einer stattlichen Villa etwas oberhalb eines von einem Wald umschlossenen kleinen Sees. Alles gehört zum Grundstück der Familie. Ehe ich den Herrn kennen lerne, gehen wir unten im See schwimmen. Dann ist dinner time, und ich treffe den Professor und die restliche Familie. Er bittet mich, neben ihm Platz zu nehmen, weist seiner Tochter und den anderen ihre Plätze zu und bedeutet der Bedienung mit einer imperialen Geste, jetzt das Essen zu servieren. Augenscheinlich ist er hier wie gewiss auch in seiner Klinik der unumschränkte Herrscher, ein amerikanischer Patriarch. Während ich die ersten Bissen im Mund kaue, beginnt er eine Fragenkanonade. Er bittet mich um präzise, knappe Antworten und bekommt sie. Ansonsten käme ich nicht zum Essen, denn mit vollem Mund möchte ich nicht antworten. Wie gut, dass ich Prüfungen gewohnt bin. Diese hier bedarf wenigstens keiner Vorbereitung. Was ich alles studiert habe, will er wissen, wann, wo und warum, welche Abschlüsse ich vorweisen könne, was ich von Harvard halte, von Amerika, von Deutschland im Zweiten Weltkrieg und heute. Schade um das erstklassige Steak, auf das ich mich nur sekundenweise konzentrieren kann. Beim abschließenden Dessert frage ich mich: Möchte ich diesen Großmogul als Schwiegervater haben? Und wieso das alles so plötzlich und geradezu forciert? Offenbar will man das Fräulein Tochter möglichst bald unter die Haube bringen. Der familiäre Druck auf unverheiratete Frauen zwischen zwanzig und dreißig ist ja in diesem Lande oft beträchtlich. Dann erheben wir uns, ich bedanke und verabschiede mich, und Sandy Lee, mit der ich am Tisch kein Wort habe sprechen können, lädt mich zum Segeln ein. Wir ziehen uns um, laufen hinunter zum See, gleiten langsam zu dessen Mitte und mich überkommt ein seltsames, verstörendes Gefühl. Neben mir sitzt, leicht bekleidet wie ich, ein bildschönes weibliches Wesen im passenden Alter, die künftige Erbin eines imposanten Patrimoniums. Rundum kein anderer Mensch in Sicht. Über uns ein stahlblauer, wolkenloser Himmel und zu allem Überfluss ein voller, runder Mond, der uns zu fragen scheint: Was nun? Dies ist ein Paradies, ist eine so perfekte Szenerie, dass sie mir schon kitschig erscheint. Sandy Lee sitzt da, fast regungs- und wortlos. Sie wartet auf irgend etwas, tut aber nicht das Geringste, um es auszulösen. Schließlich kennen wir uns nur oberflächlich. Und nun, in diesen entscheidenden Augenblicken, erkenne ich, dass hier zwar alles Äußerliche im Übermaß vorhanden ist, das Wesentliche aber fehlt. Diese junge Schönheit strahlt auf mich keinen Charme, keinen Witz, kein Element der Verzauberung aus, nicht einmal echte Erotik, und ich spüre: Sie ist nicht für mich gemacht oder ich nicht für sie. Diese Erkenntnis hält mich davon ab, ein Angebot des Schicksals zu nutzen, das mir trotz allen Anscheins kein für mich geeignetes zu sein scheint. Hier ist viel Oberfläche und zu wenig Tiefe. *When in doubt, leave it out* ist eine meiner Lebensweisheiten: Im Zweifel weglassen, verzichten. Und so verlasse ich das Quasi-Paradies mit seinen verlockenden Möglichkeiten nicht ohne das Gefühl, einer teuflisch gekonnt inszenierten Versuchung zu meinem langfristigen Vorteil widerstanden zu haben.

50
Die Brandung

Das Schicksal geht oft seine eigenen Wege. Es macht dir plötzlich ein Angebot, eröffnet eine Möglichkeit und ehe sie dir diese wieder entzieht, musst du dich entscheiden, ob du sie nutzen willst, mit allen potenziellen Folgen, die du manchmal ahnen kannst, manchmal auch nicht, oder ob du sie ungenutzt verstreichen lassen willst. Vielleicht von Tucholsky inspiriert, der sich manchmal in Gedanken auf einer Wolke sah, mit den Beinen baumelnd und voller Nachdenklichkeit über die albern wichtig tuende Welt da unten, habe ich gelegentlich die Vision einer attraktiven Wolke, die an der meinen vorüberzieht, was sie mit größter Wahrscheinlichkeit nie wieder tun wird. Soll ich diese einmalige Gelegenheit nutzen, ehe es zu spät ist, und zu ihr hinüber springen, mit allen Folgen dieses Sprunges? Oder die andere Wolke an die meine binden, vielleicht für immer?

Eine in unserem von jungen Menschen bevölkerten Haus wohnende Bibliothekarin veranstaltet eine Party in der gemeinschaftlichen Küche und lädt mich dazu ein. Unter den Gästen eine Erscheinung, die mich magisch anzieht. Schlank, von einer von mir als schön empfundenen, etwas geheimnisvollen Attraktivität, mit knapp über den Nacken fallenden dunklen Haaren, weiblich wirkenden Bewegungen und einer angenehmen Stimme. Mehrere junge Männer reagieren wie ich und unterhalten sich angeregt mit ihr. Offenbar handelt es sich hier um eine intelligente und gebildete Person der feineren Art. Sie arbeitet als Privatsekretärin für einen Wissenschaftler mit Nobelpreishoffnungen. Als wir uns lange genug stehend zu viert unterhalten haben, ergreife ich die Initiative und bitte den kleinen Kreis nach oben auf mein Zimmer. Dort lichtet sich im Laufe der Zeit die Zahl der Mitbewerber, bis ich schließlich mit Mary Anne alleine bin. Es ist der Beginn einer anfangs schönen, den Duft des Sommers atmenden, dann, nach Monaten, als sich Harmoniedefizite zeigen, allmählich fragwürdig werdenden, viel später, als sie heiratswillig mir ein Ultimatum stellt, schmerzlich endenden Beziehung. Vorerst aber der Charme des Sommers.

Ein Wochenende verbringen wir auf der dem Cape Cod vorgelagerten Insel Nantucket. Wir nehmen Quartier in einem der dort zahlreichen hübschen Privathäuser, die Zimmer vermieten. Mit geliehenen Fahrrädern erreichen wir einen Vorsprung der Insel, wo die Brandung besonders stark ist. Ich stürze mich gern in eine Brandung und kämpfe mit Lust gegen die Wellen an. Mary Anne zieht es vor, mir dabei zuzusehen. Doch diesmal erlebe ich, dass mich die sich überstürzenden Wellen an das sandige Ufer werfen und mein Versuch, mich wieder aufzurichten, um mich erneut in die Fluten zu werfen, jedes Mal daran scheitert, dass mich der Sog der zurückflutenden Wassermengen nach unten wegzieht und ich erst dann den Versuch zum Aufstehen machen kann, wenn mich bereits die nächste Woge erfasst und wieder ans Ufer schleudert. Das geht so eine ganze Weile, bis mich ein Anflug von Angst ereilt, weil ich nicht weiß, wie ich unter diesen Umständen jemals wieder an Land kommen soll, zumal die ständigen vergeblichen Anstrengungen allmählich an meinen Kräften zehren. Ich spüre, dass ich von Mal zu Mal schwerer werde, weil meine Badehose jedesmal, wenn ich zurück ins Meer gezogen werde, mehr Sand aufnimmt. Erst nach vielen am Ende schon verzweifelten Versuchen gelingt es mir endlich durch Aufbietung all meiner Kräfte gerade noch, schnell genug zum Stehen, Wenden und Zurücklaufen zu kommen. Da bemerke ich, dass ich keine Badehose mehr am Körper habe. Das Gewicht des in ihr gesammelten Sandes hat sie ins Meer gezogen, vielleicht der Grund, warum ich es am Ende doch noch geschafft habe. Sie war nagelneu, doch der Atlantik hat sie beim ersten Kontakt geschluckt. Ich werde sie nie mehr finden können. Mary Anne, die sich der Gefahr meiner Situation offenbar nicht bewusst war, lacht beim Anblick ihres entblößten Adonis. Mit einem Handtuch als Hosenersatz um den Unterleib radle ich mit ihr um eine Erfahrung bereichert amüsiert zu unserem Quartier zurück.

Ein anderes Mal, als ich zu Besuch bei ihr bin, überrascht uns eine Sturmwarnung. Ein Hurrikan ist unterwegs und wir verfolgen am Radio seinen Verlauf. Die Nachrichtensprecher warnen die Bevölkerung Bostons und der Umgebung der Stadt, dass der Sturm direkt auf diese zuwandert. Es dauert nicht mehr lange, da hören wir ihn kommen. Bald heult, pfeift und dröhnt er um das Haus herum, schleudert Blätter, Zweige und Papiere, die er aufgewirbelt hat, durch die Luft und brüllt wie ein wütendes Ungeheuer. Es wird immer finsterer. Dann die Stimme aus dem Radio: Das Auge des Sturms erreicht die Stadt. Und tatsächlich: Er lässt nach, kommt völlig zum Erliegen, es wird gespenstisch still. Nicht auf die Straße gehen, warnt der Ansager, denn sobald das Auge des Sturms weiter gewandert ist, wird er wieder losbrechen. Und genau so kommt es, nur dass er sich diesmal noch furioser gebärdet. Immer wütender tobt er gegen die Fenster, dass wir fürchten, er oder ein von ihm aufgewirbelter Gegenstand könnte sie zerdrücken und in der Wohnung ein Chaos anrichten. Dann steigert er sich zu einem Furcht erregenden Orkan. Draußen werden Mülleimer umgeworfen, rollen polternd über Rasen und Straßen, ihr Inhalt fliegt wirbelnd durch die Luft. Äste werden von den Bäumen gerissen, ein Baum stürzt krachend auf die Straße. Die ist von Gegenständen übersät. Da unten, verschüttet von Baumwerk und Schmutz, steht schutzlos mein Fünfzehn-Dollar-Pontiac, zum Glück nicht unter einem Baum. Ob alle Scheiben noch intakt sind, kann ich nicht erkennen. Jede Reparatur würde weit mehr kosten, als ich für das ganze Auto bezahlt habe. Dann wird es dunkel. Diesmal scheint es das Dunkel der einbrechenden Nacht zu sein. Als der Sturm vorüber ist, gehe ich nach unten und betrete mühsam die verschüttete Straße. Unter diesen Umständen käme ich nur wenige Meter weit. Der Rundfunk bittet die Bevölkerung, jetzt nach Möglichkeit kein Privatfahrzeug zu verwenden, weil dadurch die Aufräumarbeiten behindert würden und man ohnehin nicht weit käme. Es bleibt mir nichts, als die Nacht nach dem Erlebnis einer amerikanischen Naturgewalt im Domizil meiner Freundin zu verbringen. Der Weg zur Universität am Morgen danach wird eine beschwerliche Hindernisfahrt.

51
Ein Schiff in Schieflage: Sind Sie verrückt?!

Meine Reise nach Deutschland naht und ich will versuchen, wieder eine kostenlose Schiffsreise als Sprachunterrichtskoordinator über die amerikanische Organisation zu erlangen, mit der ich letztes Mal in die Staaten kam, das Tourist Recreation and Information Program (TRIP). In New York will ich deren Leiter aufsuchen, besuche aber vorher die Toilette auf seinem Korridor. Dort komme ich mit einem fröhlichen Herrn ins Gespräch, der mir, wie ich es schon oft in diesem Lande erlebt habe, in seiner unkomplizierten, natürlich frischen Art schnell sympathisch wird. Als wir die Toilette zusammen verlassen, fragt er mich, ob er mir helfen könne, zu wem ich wolle. Ich nenne den Namen des Direktors und bekomme zur Antwort: „That's me." Es bedarf keiner großen Bemühungen mehr, mich vorzustellen – das ist in der Herrentoilette im Wesentlichen bereits geschehen –, und er ist von meiner Arbeit bei der letzten Atlantiküberquerung unterrichtet. Nach einem höchst angenehmen Gespräch habe ich die Zusage für eine weitere kostenlose Überfahrt Erster Klasse mit einer interessanten Tätigkeit an Bord in der Tasche und habe einen Beweis dafür, wie nützlich Toiletten gelegentlich auch sonst noch sein können.

Ende August ist es soweit. Mary Anne begleitet mich bis zum Schiff im Hafen von Montreal und darf noch eine Besprechung des TRIP-Personals beobachten. Dann Musik, Papierschlangen, Abschiede, Tränen und meinerseits ein großes Fragezeichen: Ist diese Frau für mich gemacht, gedacht? Werden wir ein knappes Jahr der Trennung unbeschadet überstehen? Noch in der ersten Stunde, während wir im Nebel den St. Lawrence-Strom entlang zum offenen Meer fahren, beginne ich mit meiner Arbeit, lasse mir die Liste der an Bord vertretenen studentischen und sonstigen Organisationen geben, notiere die Kajütennummern ihrer jeweiligen Leiter, schreibe eine Mitteilung über das am nächsten Morgen stattfindende Treffen aller an Sprachunterricht an Bord Interessierten, kopiere und verteile sie und mache mehrfach Ansagen über die Bordlautsprecher: Morgen früh zehn Uhr dreißig im größten Saal des Schiffes. Noch ahne ich nicht, was da auf mich zukommt.

Nachdem das Schiffspersonal den Saal soweit wie möglich von Möbeln befreit hat, strömt das junge amerikanische Volk herein, bis er so voll ist, dass es eng wird. Vielleicht sind nur Amerikaner so erpicht auf zukunftsgerichtete Aktivitäten, wenn sie sich doch ruhige, gemütliche Tage gönnen könnten. Diese jungen Menschen wollen etwas erleben, schon hier auf dem Schiff. Mit einem Mikrofon in der Hand steige ich auf einen verbliebenen Tisch, heiße die Menge willkommen, erkläre die Prozedur und bitte alle diejenigen, die sich für Deutsch-, Französisch- oder Italienischunterricht interessieren auf die Backbordseite, Interessenten für alle anderen Sprachen nach Steuerbord. Das verursacht ein beträchtliches Gewühl, eine Volksbewegung der nach Schätzung eines anwesenden Schiffsoffiziers fast eintausend Lernlustigen, vornehmlich in Richtung Backbord. Da plärrt mich der Schiffsoffizier an: „Sind Sie wahnsinnig? Sehen Sie nicht, was los ist?" Erschrocken und zugleich amüsiert erkenne ich: Unser Schiff steht schief, deutlich nach Backbord geneigt, sozusagen ein Schiff in sprachlicher Schieflage. Schnell erklimme ich von neuem den Tisch und muss, während ich die Menge auffordere, sich anders zu verteilen, aufpassen, dass ich nicht selbst seitwärts rutsche. Nach Minuten eines fröhlichen Durcheinanders ordnet sich alles neu, das Schiff liegt wieder waagerecht. Nun teile ich die Sprach- und Unterrichtsgruppen neu ein und frage nach freiwilligen unbezahlten Lehrkräften.

Kurz vor dem Mittagessen haben wir etwa zwanzig Gruppen mitsamt Lehrkräften, darunter eine, in der eine Pariser Lehrerin amerikanischen Kindern ein wenig Französisch beibringen will. Ich weise allen ihren jeweiligen Treffpunkt zu und bitte sie, den Saal zu räumen, denn die Essenszeit naht. So von der Erdanziehung beeinträchtigte Vorbereitungen für den Sprachunterricht habe ich noch nie erlebt. Es wird eine heitere, lebhafte Überfahrt, die zu vielen Bekanntschaften, vielleicht auch Freund- und Liebschaften führt. Für mich ist sie arbeitsreich, aber erfüllend, anregend und amüsant. Mitten auf dem Atlantik, nachdem wir ein paar Eisberge passiert haben, halte ich unter dem Titel „Pulverfass Berlin" einen Vortrag über die aktuelle Situation am Eisernen Vorhang, der vor allem von Studenten besucht wird, die nach Deutschland reisen. Dann, ehe wir in Le Havre ankommen, gesteht mir eine Italienerin, die eine Konversationsgruppe geleitet hat, sie habe zum ersten Mal unterrichtet und sei begeistert, denn sie wisse nun, für welchen Beruf sie geschaffen sei. Und für so schöne Erlebnisse bekomme ich eine freie Atlantiküberquerung Erster Klasse.

52
Auf dem Flugzeugträger

In Paris klammern sich zwei amerikanische Mädchen an mich, die noch nie zuvor ihre Heimat verlassen, nie Französisch gelernt und Angst vor französischen Männern haben. Nach mehreren vergeblichen Versuchen – Paris ist jetzt voller Touristen – finde ich ein Hotel für sie, muss sie aber danach ihrem Schicksal überlassen, weil ich auf dem Umweg über die provenzalische und ligurische Küste nach München zur Hochzeit meiner Schwester reisen möchte.

Für eine Woche in Cannes. Im Centre National de la Jeunesse finde ich für zwei Dollar pro Tag Übernachtung und kärgliches Essen. Dafür gibt es viel sympathisches junges Volk aus vielen Ländern und den langen Sandstrand voller *cheesecake*. Soviel Ausgezogenheit habe ich an amerikanischen

Stränden bisher noch nicht erlebt. Draußen im Meer der US-Flugzeugträger *Saratoga*. Ich schließe mich drei Iren an. Einer von ihnen fragt mich, ob ich auch Ire sei, und das, so scheint mir, ohne Ironie. Es ist ein überraschendes, wenn auch wohl übertriebenes Kompliment für mein derzeitiges Englisch.

Dann wieder eine genutzte Chance: In einem Strandcafé sehe ich mehrere amerikanische Matrosen mit dem Namen *Saratoga* an den Mützen. Einer von ihnen ist ein Offizier. Ich spreche ihn an und frage, ob ich seinen Flugzeugträger besuchen könne, ich würde ein paar nette skandinavische Mädchen mitbringen. Das wirkt. Am nächsten Tag stehe ich zur vereinbarten Zeit mit achtzehn handverlesenen schwedischen, deutschen und französischen Mädchen an der Pier. Der Officer strahlt. Weil wir zu viele für das kleine Boot seien, würde es zweimal fahren, das mache aber gar nichts, im Gegenteil. Wir kommen unter einem gewaltigen Schrägdach an und werden mit einem Aufzug nach oben gefahren. Man begrüßt uns freundlich, reicht Kaffee und bestaunt die taufrische europäische Weiblichkeit. Manch sehnsüchtiger Matrosenblick heftet sich an die Flachsblondeste unter unseren schwedischen Schönheiten. Der Offizier, dem wir diesen ungewöhnlichen Besuch verdanken, ist hoch zufrieden und ich habe an der Sache meinen Spaß. Die Flugzeuge bekommen wir nur flüchtig zu sehen, doch dieses riesige Monstrum von einem Schiff macht auf uns einen außerordentlich starken Eindruck. Es erzeugt, so sagt man uns, so viel Strom, dass es eine größere Stadt damit ausreichend versorgen könnte. Nach dem Erlebnis wird unser Besuch auf der *Saratoga* das beherrschende Thema im *Centre International*. Nun kennen mich hier so viele Leute, dass ich auch ohne die drei Iren ein sehr schönes Strandleben haben könnte. Doch die Woche ist schnell herum, und ich muss weiter. San Remo, Nizza, Genua, Mailand. In jeder dieser schönen, an geschichtlich bedeutenden Gebäuden so reichen Städte geht mir das Herz auf. Ich, der nach Amerika entflohene Europäer, spüre in meinem tiefsten Inneren, dass ich doch eigentlich diesem Kontinent angehöre. Bei prächtigstem Spätsommerwetter gleite ich mit dem Zug bewundernd durch das vor Früchten berstende Etschtal, diesen Garten Gottes. Wie schön sie doch ist, diese Welt, die ich, mehreren Schlachtfeldern und Gefängnissen entronnen, zutiefst und dankbar genieße.

53
Bei Mary Tucholsky

Schon kurz nach der Ankunft in München, der Zufluchtsstätte unserer aus der sowjetischen Hemisphäre geflüchteten Familie, erlebe ich die Hochzeit meiner Schwester. Auf einer Terrasse über dem Starnberger See im Angesicht einer sonnenbeschienen Alpenkette feiern wir weiter und ich denke dabei nach über meine wahre Heimat, mein Alter und meine nun schon bedenklich lange während Ungebundenheit. Meine Schwester ist fünfzehn Jahre jünger als ich, ist in einen Studenten verliebt und ankert nun, wie vor Jahren mein ebenfalls jüngerer Bruder, bereits im Hafen der Ehe. Ich, der Älteste, brauche am meisten Zeit, ehe ich mich binde. Erst will ich ein abgeschlossenes Studium und einen Beruf haben, der eine wirtschaftliche Grundlage für eine Familie bildet. Vor neun Jahren hatte ich zwar als staatlich diplomierter Lehrer in Dresden einen Beruf, doch durch meine Verhaftung, das Vierteljahr im politischen Gefängnis, meine anschließende Flucht nach Westberlin, das kurze Studium an der Freien Universität und dann den völligen Neubeginn in Amerika habe ich viel Zeit verloren, von den fast sechs Jahren Militärdienst und Kriegsgefangenschaft ganz zu schweigen. Meine Vita ist eben anders, aber doch gewiss nicht freudlos. Geduld ist angesagt, irgendwann wird es schon werden. Goethe hat auch erst spät geheiratet.

In München treffe ich einen meiner Harvard-Dozenten, einen humorvollen amerikanischen Bayern und zwei meiner Mitdoktorandinnen aus Cambridge, eine Lettin und eine amerikanische Jüdin deutscher Abstammung. Gemeinsam besuchen wir vier Entwurzelten das Oktoberfest, das größte alkoholische Vergnügen der Welt. Dort, mit schweren Bierkrügen in den Händen und von südgermanisch lärmenden Urlauten und markerschütternder Blasmusik umgeben, sinnieren wir, soweit das unter den akustischen Umständen geht, über unsere jeweilige Herkunft, unsere Exilexistenz und unsere Identität. Gehören wir hierher oder dorthin? In die Bierrummelkultur, auch wenn sie uns vorübergehend Spaß macht, wohl eher nicht, aber nach Europa? Oder doch nach Amerika?

Dann stürze ich mich in das kulturelle Leben der Stadt, besuche ein Kabarett mit dem alten Friedrich Hollaender, dem Komponisten des Chansons „Ich bin von Kopf bis Fuß auf Liebe eingestellt", der Kurt Tucholsky kannte, und nehme teil an einer Feier zu Ehren Klaus Manns. In Cambridge studiere ich zusammen mit seinem jüngsten Bruder Michael, hier aber ist seine Schwester Erika anwesend. Es wird ein aufregendes Erlebnis, weil ein Zuhörer unbedingt Details über Klaus Manns Tod und dessen Ursache wissen will. Standhaft weigert sich Erika Mann, innerhalb einer Feier zum Gedenken an ihren Bruder zu dessen Suizid und seinen Ursachen Auskunft zu geben, doch der Frager insistiert. Das sei geschmacklos, sagt sie und das Publikum unterstützt sie, fordert den Mann auf, zu gehen. Der aber denkt nicht daran. Die Veranstaltung, die würdig begonnen hat, endet beinahe im Tumult.

Umso erfreulicher wird mein Besuch bei Mary Tucholsky, der Witwe des Autors, über den ich meine Dissertation schreiben will. Sie wohnt inmitten einer idyllischen Landschaft am Fuße des Wallbergs in Rottach-Egern am Tegernsee. Ihr für das Voralpenland charakteristisches Haus ist zugleich das Tucholsky-Archiv. Sie, eine Lady von Kopf bis Fuß mit der Ausstrahlung einer starken, selbstbewussten Persönlichkeit, empfängt mich überaus herzlich, lädt mich zum Kaffee ein und stellt mir Frau Gerold, ihre Schwägerin, vor, die ihr zur Hand geht und mir bereits in Boston als eine erstklassige Köchin geschildert wurde. Schon steht selbstgebackener Kuchen auf dem Tisch, während ich über meinen Werdegang und Amerika berichte, wofür sich Frau Mary außerordentlich interessiert. Sie hat für die nächsten elf Tage ein in der Nähe befindliches Nachtquartier für mich besorgt. Tagsüber kann ich mich bei ihr im Archiv aufhalten und die beiden Hauptmahlzeiten mit ihr und Frau Gerold einnehmen. Einen idealeren Studienplatz kann ich mir nicht vorstellen. Beim Essen, bei gemeinsamen Spaziergängen und beim gemütlichen Beisammensein in den Abendstunden erfahre ich unerwartet viel über Tucholsky, über die Jahre, die sie mit ihm zwischen dem Baltikum und Paris verbrachte, die vielen Jahre der Trennung, die Verbrennung seiner Schriften bis hin zu der ihr von ihm nahegelegten Scheidung von ihm, dem verbannten Juden. Sie berichtet auch von ihren abenteuerlichen Versuchen, nach der Ächtung des Schriftstellers durch die Nationalsozialisten von ihm

Geschriebenes hier und da in Berlin so zu verstecken, dass, nach dem Krieg verwertet werden konnte. Sie, die geschiedene Frau, hat alles in Deutschland und in aller Welt Erreichbare in mühsamster Arbeit gesammelt und archiviert. Immer wieder läutet das Telefon mit der Bitte um Auskunft oder die Berechtigung zur Benutzung irgendwelcher „Tucho"-Elaborate. Seit Jahren gibt es in Deutschland eine sogenannte „Tucholsky-Renaissance". Nach dem nazistischen Debakel sind seine zeitkritischen, die Gefahren für Deutschland früh vorausahnenden Schriften hoch aktuell und darum sehr gefragt. Allabendlich von neun bis zehn Uhr sitzen wir im Wohnzimmer und hören uns Tonbänder mit Tucholsky-Texten oder Vorträge an, die bei Rundfunksendungen oder Veranstaltungen zu Ehren des Autors entstanden sind. Das Haus am Wallberg ist eine wahre Fundgrube für einen wie mich. Gelegentlich kommen Besucher, die ich kennen lerne und durch die ich manches erfahre. Einmal ist es der Schriftsteller Axel Eggebrecht, ein anderes Mal Frau Marys Mitherausgeber der Gesammelten Werke Tucholskys, Fritz Raddatz.

An einem Sonntag lädt mich Frau Mary zu einem Ausflug mit der Seilbahn auf den Wallberg ein. Weißblau sonniges Wetter liegt über Berg und Tal. Als wir oben ankommen und die Fernsicht auf österreichische, italienische und schweizerische Berggipfel bestaunen, entdecke ich plötzlich auf einem Liegestuhl ein mir bekanntes Gesicht. Es ist David G., der Public Relations Officer von Radio Free Europe in München, mit dessen Hilfe ich im Herbst 1956 eine Ton- und Textdokumentation über die Tragödie des von sowjetischen Besatzungstruppen niedergeschlagenen ungarischen Aufstands hergestellt habe, die ich dann den Vereinten Nationen übergab. Ein herzliches Hallo, Vorstellung von Frau Mary und zu unserer Überraschung macht er mir da oben auf dem Berg ein Job-Angebot. Er möchte mich als seinen Mitarbeiter haben, eine finanziell und auch sonst verlockende Offerte, die er mir schon einmal gemacht hat, nur dass sie diesmal noch attraktiver ist. Als wir uns von David getrennt haben und den langen Fußweg den Wallberg hinuntergehen, sagt mir Frau Mary in ihrer energischen Art, das mit RFE komme überhaupt nicht in Frage, jetzt jedenfalls nicht. Erst solle ich meinen Doktor machen und dann das doppelte Gehalt verlangen. Es ist auch für mich keine Frage, dass ich erst meinen Studienabschluss haben muss, ehe ich ein Arbeitsverhältnis annehme. Es wird sowieso anders kommen.

Im Dezember besuche ich David G. in seinem Büro bei Radio Free Europe am Ostrand des Englischen Gartens. Er bringt mich für unser Gespräch in die Kantine. Dort, so erfahre ich, wurde vor Wochen, angeblich auf Anweisung eines tschechischen Staatsbeamten Atropin in einige Salzstreuer gemischt. Atropin ist ein in der Tollkirsche enthaltenes Gift. Wenn die Geschichte stimmt, ist dies ein Beispiel einer kriminellen, wohl auch dilettantischen Variante der kalten Kriegsführung. Auf jeden Fall ist dieser der Information der Bevölkerung kommunistisch regierter Länder dienende amerikanische Sender ein Politikum besonderer Art. Eine letzte Versuchung: Hier könnte ich eine spannende Arbeit finden, aber soll ich das? Hier Teilnahme am Kalten Krieg, dort Harvard, Tucholsky und meine Promotion. Mary Tucholsky hat Recht: Die Promotion als akademischer Abschluss hat Vorrang.

Zum Jahresende 1959 fahre ich mit Studenten der Universität München nach Wien. Am 31. 12. erlebe ich zusammen mit Kommilitonen aus Persien, Rumänien, Frankreich und USA im Konzertsaal einen turbulenten Übergang ins neue Jahr. Hunderte von Luftballons schweben von oben herunter und werden unten von der Menge aufgefangen und zum Platzen gebracht. Nach dem fröhlichen Trommelfeuer sorgen zwei flotte Kapellen für Stimmung. Um vier Uhr morgens sind wir wieder im Hotel. Am Nachmittag und Abend des 1. Januar erleben wir im Burgtheater Schillers kompletten „Wallenstein" mit einer erstklassigen Besetzung. Ewald Balser als Wallenstein, Hilde Krahl als Gräfin Terzky. Aber sieben Stunden Klassik in einem abgedunkelten Raum nach einer halb durchzechten Nacht sind bei aller Bewunderung für Schiller und Schauspieler ein ermüdender Tribut. Trotzdem gehen wir anschließend zu später oder schon früher Stunde mit ein paar Amerikanern noch in ein griechisches Restaurant. Man ist nur einmal jung.

54
Mit päpstlichem Segen

Alles geschieht irgendwann zum ersten Mal. Als ich zur Osterzeit 1960 als Teilnehmer einer internationalen Studentenreise zum ersten Mal Italien besuche, kann ich nicht ahnen, welche Bedeutung dieses schöne Land wenige Jahre später für mich haben wird und dass ich es von da an unzählige Male besuchen werde.

Als wir am frühen Morgen in Venedig ankommen, nähern sich mehrere dunkelhaarige jugendliche Gestalten unserem Bus und klopfen an alle Fenster, hinter denen sie weibliche Wesen erblicken, klopfen mit auffordernden Gesten. Erschreckt klammert sich meine amerikanische Nachbarin an mich und bittet mich, sie in der Stadt zu begleiten. Als ich mein Einverständnis gebe, schließt sich eine Französin mit der gleichen Bitte an. Wie vor kurzem in Paris wandere ich nun als Beschützer junger Weiblichkeit durch eine der schönsten Städte der Welt. Wahrlich, ich kann mich nicht beklagen.

In elf Tagen fünfzehn weltberühmte Städte zu besuchen, noch mehr Kirchen und Museen zu bestaunen, die allesamt voll sind von historischen Kunstwerken, ist gewiss nicht die sinnvollste Art, ein Land kennen zu lernen. Doch das meist prachtvolle Wetter, unser Wissensdrang und die Kameradschaft unter uns jungen Reisenden machen das, was für Ältere gewiss eine Strapaze wäre, zu einem lohnenden Erlebnis. Padua, Ferrara, Ravenna, Urbino, Perugia, Assisi und dann am Ostersonntag Rom. Auf dem Petersplatz erteilt uns Papst Giovanni seinen Segen *urbi et orbi*. In Siena beobachte ich alte Frauen auf Eselsrücken, andere mit gefüllten Waschtrögen auf dem Kopf, und darüber, auf Jahrhunderte alten Häusern, sprießen Fernsehantennen aus den Dächern, ein Potpourri der Kulturgeschichte. Dann Florenz, durch das ich blind für die Zukunft wandele, ohne Ahnung des später Kommenden. Schließlich noch Bologna und Verona und zum Abschluss am Ufer des Gardasees bei lindem Abendwetter ein fröhlicher Tanz der Nationen. Bei so viel Freude und internationaler Harmonie denke ich an meine Jahre auf russischen Schlachtfeldern und in sowjetischen Gefangenenlagern zurück.

So grausam und entbehrungsreich jene Zeit war, so sehr werde ich jetzt für sie entschädigt.

55
Ein Artikel und seine Folgen

In München arbeite ich fleißig an meiner Dissertation. Doch mich treiben auch journalistische Ambitionen. Die Bostoner Tageszeitung *The Christian Science Monitor* hat mich beauftragt, einen Artikel über neue Entwicklungen bei Radio Free Europe zu schreiben. Der Sender ist jetzt oft Gegenstand kritischer Presseberichte, da man ihm vorgeworfen hat, im Herbst 1956 den tragisch zu Ende gegangenen Aufstand der Ungarn gegen die sowjetische Besatzung leichtfertig unterstützt und den Revolutionären falsche Hoffnungen gemacht zu haben. Seit einiger Zeit hat nun die europäische Zentrale in München, ich weiß nicht, ob aus diesem Grund, eine neue Leitung. Das Thema reizt mich, habe ich doch damals bei RFE den Aufstand intensiv miterlebt, miterlitten und rundfunkjournalistisch begleitet. Außerdem ist dort noch David G. im Amt, der Public Relations Officer jener Monate. Ich besuche ihn zu einer Vorbesprechung in seinem Büro. Er vermittelt mir Interviews mit dem für politische Fragen Zuständigen, einem Professor aus Oregon und mit dem neuen Chef des Senders, Dr. H., einem gebürtigen Holländer. Beide bestätigen mir, man achte jetzt besonders auf objektive Berichterstattung nach dem Vorbild der BBC, bringe also auch kritische Berichterstattung über Entwicklungen im Westen. Außerdem wolle man die Zuhörer im kommunistischen Einflussbereich besser über Westeuropa informieren, das ihnen näher liegt als die USA. Der Vorwurf, eine aufwieglerische Institution zu sein, sei damit gänzlich substanzlos. Nach Fertigstellung meines Artikels zeige ich ihn David G. zur Überprüfung und schicke ihn nach seinem OK nach Boston. Wenige Tage nach seiner Veröffentlichung unter dem Titel „*RFE Seeks More Impartiality*" bittet mich David in sein Büro. Es gibt großen Ärger. Als man in der amerikanischen Zentrale des

Senders den Artikel gelesen hatte, rief man sofort den Münchner Senderchef an und fragte ihn, ob er mich kenne, mir ein Interview gegeben und meinen Artikel gelesen habe. Als er das bejahte, habe die Direktion empört reagiert. RFE habe immer objektiv berichtet, wurde ihm bedeutet, und mit der von ihm geduldeten Darstellung gieße er nur Wasser auf die Mühlen der Kritiker. David bestätigt mir, dass mich keine Schuld treffe, eher ihn selber, er habe aber meinen Text für zutreffend empfunden und folglich freigegeben. Wenig später wird der Direktor entlassen, ein ehrenhafter Mensch und tüchtiger, von seiner Königin ausgezeichneter ehemaliger Diplomat. Diese Wirkung hatte ich mit meinem unschuldigen Artikel nicht beabsichtigt. Es können freilich auch andere Gründe eine Rolle gespielt haben.

Der *Christian Science Monitor* wünscht von mir auch einen Artikel über die neue deutsche Armee, besonders die Erziehung ihrer Soldaten zu „Staatsbürgern in Uniform", wie sie von dem General Wolf Graf von Baudissin konzipiert worden ist. Nach diversen Recherchen und einem Interview mit einem Oberst der Bundeswehr, der mir vermittelt worden ist, schreibe ich meinen Bericht, schicke ihn nach Boston und bekomme zur Antwort, man werde ihn nicht drucken, weil man dem Grafen die Möglichkeit der Überwachung dieser Erziehung entzogen habe. Mein Artikel berichte folglich eher über seine ehrenwerte Absicht als über die Realität. Wer als Journalist tätig sein will, schreibt manchmal für den Papierkorb.

Was mit meinem Artikel „*Munich – a Metropolis of Culture and Fun in Figures*" geschieht, verfolge ich schon gar nicht mehr, denn jetzt, kurz vor meiner Rückreise zum amerikanischen Bildungstempel, ist meine Dissertation viel wichtiger. Die ersten hundert Seiten sind fertig, was folgt, ist in groben Zügen konzipiert. Doch eigentlich dürfte es genügend amerikanische Zeitungsleser interessieren, dass es im Jahre 1959, also kaum eineinhalb Jahrzehnte nach der Zerstörung Deutschlands, in München über viertausend weitgehend ausverkaufte Theater- und Konzertveranstaltungen gegeben hat und dass das Oktoberfest von sechs Millionen Menschen besucht wurde, denen 300.000 Hühner zum Opfer fielen. Amerikaner lieben doch eindrucksvolle Zahlen.

Mehr Erfolg habe ich mit meinem vereinbarten Jahresbericht an den zuständigen Dekan der Harvard-Universität. Ich schildere ihm alles, was ich an Interessantem und meiner Dissertation Dienlichem während meines knappen Jahres als Nutznießer meines Reisestipendiums getan und erlebt habe. Als Antwort erhalte ich einen enthusiastischen Brief. Er findet meinen Bericht *„tremendously exciting"* und man sei *„dead right"* gewesen, mir diese Zuwendung zu gewähren. Na bitte. Ich, der einstige deutsche Weltkriegssoldat und damit militärische Feind der Amerikaner, habe von ihnen ein großzügiges Geschenk erhalten, das ich zu ihrer Zufriedenheit genutzt habe. Nun kehre ich auch gern und guten Gewissens zu ihnen zurück.

Bei dem schönsten aller denkbaren Wetter mache ich mit meinen Eltern und einer meiner Cousinen noch eine Traumreise ins Engadin, bei der ich wieder einmal spüre, wohin ich eigentlich gehöre. Doch vorerst sind die Weichen anders gestellt. Der akademische Abschluss hat Vorrang vor allem anderen. Nach Besuchen bei lieben Menschen auf dem Weg nach Bremerhaven schließlich wieder das Schiff.

56
Der falsche Prediger

Wieder ist es das holländische Schiff Arkadia, und ich bin ein weiteres Mal für die Organisation kostenloser und unbezahlter Sprachkurse für die Zeit der Atlantiküberquerung zuständig. Diesmal ist unsere für die Freizeitbetreuung der Passagiere ausgewählte Mannschaft verhältnismäßig klein. Der Leiter unserer Gruppe ist ein Heidelberger Theologieprofessor. Am Samstag abend nach der Einschiffung in Bremerhaven bittet er mich nachdrücklich um einen Gefallen. Morgen, am Sonntag um 10 Uhr müsse er einen Gottesdienst abhalten. Da die meisten Passagiere Amerikaner seien und sein Englisch für eine Predigt in ihrer Sprache nicht ausreiche, erwarte er, dass ich sie als Dolmetscher ins Englische übersetze. Ich gebe ihm zu verstehen, dass ich niemals dergleichen gemacht habe, der Bibelsprache im Englischen nicht mächtig sei und mich schlechthin für diese Aufgabe nicht eigne. Woraufhin er mir zu verstehen gibt, dass ich gar keine Wahl habe, denn in unserer Mannschaft sei keiner, der das so gut könne wie ich und er sei dem Kapitän und der New Yorker Zentrale gegenüber verpflichtet, den Gottesdienst abzuhalten. Wie er sich das vorstelle, frage ich. Seine Sprache sei auf Grund seines Berufes professoral und kirchlich. Am meisten aber fürchte ich mich vor seinen komplexen Schachtelsätzen und theologischen Eskapaden, doch er beharrt darauf, dies sei jetzt meine vom Herrn erteilte Aufgabe und der werde mir schon helfen. Ich hätte mich bereit erklärt, auch Tätigkeiten außerhalb des Sprachunterrichts zu übernehmen. Jetzt hat er mich am Haken. Ich hole tief Luft und frage ihn, mein Pflichtgefühl über meine Protesthaltung stellend, worüber er denn sprechen wolle. Über „irgend etwas" aus dem Matthäusevangelium, sagt er. Ja, aber was denn, welches Kapitel? Das wisse er noch nicht, er könne es mir erst morgen beim Frühstück sagen. Dann händigt er mir eine deutschsprachige Bibel aus und sagt, ich solle einfach vor dem Schlafengehen den ganzen Matthäus lesen, es täte mir auf jeden Fall gut, und der Rest ergebe sich dann von selbst. Das kann ja heiter werden, denke ich, spüre in dem Ansinnen des Dieners des Herrn einen Anflug von Sadismus oder Zynismus, sehe aber keinen Ausweg und ergebe mich in mein Schicksal.

Die Nacht verbringe ich mit Matthäus im Bett. Mein Schlaf ist so unruhig wie die See. Am Morgen des Herrn komme ich im schwarzen Anzug, weißen Hemd und meiner dunkelsten Krawatte zum Frühstück und suche den Professor. Doch der ist nicht zu sehen. Auch in seiner Kabine ist er nicht. Kurz vor zehn Uhr begegne ich ihm auf einer Schiffstreppe. Er habe seine Predigt jetzt fertig. Ob ich sie schnell noch einsehen könne, frage ich. Aber nein, schriftlich habe er sie natürlich nicht. Lieber Gott, hilf! Ich bitte ihn noch einmal, einfache, kurze Sätze zu sprechen, übersetzbare Sätze. Dann betreten wir würdigen Schrittes die über den Saal erhobene Bühne. Er steht links, ich rechts. Jeder von uns hat ein Standmikrofon, an dem er sich zumindest seelisch festzuhalten versucht, denn das Schiff schwankt des hohen Seegangs wegen mitsamt Saal und Bühne. Der Raum ist bis zum letzten Platz gefüllt. Auf den hinteren Reihen bemerke ich ein paar Personen mit Beuteln vor dem Mund. Zum Glück habe ich reichlich gefrühstückt, das soll ja unter solchen Umständen gut sein. Dann geht es los. Der Professor tut genau das, was ich befürchtet habe: Lange Schachtelsätze mutet er mir zu, macht aus der schönen lutherischen Bibelsprache eine Heidelberger Vorlesung. Schlimmer noch: Die versammelte Gemeinde starrt nur auf mich, denn mich verstehen sie, den anderen nicht. Unter Aufbietung aller meiner geistigen Fähigkeiten und der mir zur Verfügung stehenden Englischkenntnisse versuche ich, seine Sätze zu portionieren und verständlich zu machen. Nach einer Weile geht das erstaunlich gut, doch dann scheitere ich an einem Wort, das ich nicht einmal im Deutschen recht verstehe und im Englischen folglich nicht ausdrücken kann. Nach einem Augenblick des Zögerns und einem inneren Blitzgebet kommt mir doch eine Erleuchtung, und ich sage etwas, von dem ich nicht sicher bin, dass er es so gemeint hat. Doch es kommt jetzt nicht auf Präzision an sondern darauf, das ich irgend etwas sage, sonst beginnen unsere Zuhörer an meiner Übersetzerkompetenz zu zweifeln. Mein geistlicher Partner kann mein Englisch sowieso nicht begutachten, und die da unten sind zum Teil seekrank. Die Klippe ist umschifft, und von nun an geht alles glatt. Als er Amen sagt und ich das problemlos mit englischer Aussprache wiederhole, bin ich erlöst, ein wenig stolz und meinem himmlischen Helfer dankbar.

Unmittelbar nach dem Gottesdienst nähern sich zwei Jungen mit ihrem Vater und bitten mich, in ihren Heften zu unterschreiben, dass sie mit ihrer Teilnahme der sonntäglichen religiösen Pflicht Genüge getan haben. Wenn schon, denke ich, dann richtig und walte mit meiner Unterschrift kaltblütig des mir aufgezwungenen Amtes. Gelassen und erfreut nehme ich ihr „Thank you, reverend" – danke, Hochwürden – entgegen. Für diese Leute war ich der wichtigere, weil verständlichere Geistliche.

Am Abend findet im größten Saal des Schiffes ein Fest statt. Die besten Bikinis werden gesucht. Leicht, zum Teil überaus leicht gekleidete Mädchen verschiedener Schönheitsgrade stellen sich vor dem Saal an und ich habe die delikate Aufgabe, jeder von ihnen eine Nummer anzuheften. Das gestaltet sich in mehreren Fällen mangels ausreichender Textilien recht schwierig. Als ich gerade mit einem solchen Fall beschäftigt bin, erblicke ich den Vater und seine beiden Söhne von heute morgen, die mich fassungslos ansehen und offenbar entsetzt sind über einen Geistlichen, der sich für solche Tätigkeiten hergibt. Als sie sich verstört abwenden, tun sie mir Leid, denn ich jubele innerlich. Für einen solchen Spaß eine kostenlose Atlantiküberquerung Erster Klasse! Manchmal ist das Leben richtig schön.

Die Überfahrt Richtung Neue Welt beschert mir noch eine Bekanntschaft, von der ich nicht ahnen kann, dass sie zu einer Jahrzehnte währenden Freundschaft führen wird. In einer Pause meiner Aufsichtstätigkeit als Sprachkurskoordinator fällt im Sonnenschein oben auf Deck mein Blick auf einen jungen Mann, der mit einer Kamera hantiert, die ich zuvor noch nie gesehen habe. Ich frage ihn auf Englisch, um was für ein Fabrikat es sich handele und erfahre, es sei eine sehr wertvolle und ausgezeichnete schwedische Marke. Im Laufe des Gesprächs erwähnt er, dass er aus Zürich kommt, woraufhin wir uns auf Deutsch unterhalten. Architekturstudent ist er und befindet sich auf dem Weg zur Harvard Universität in Cambridge, Massachusetts, also genau dahin, wohin auch ich unterwegs bin. Nun haben wir etwas Gemeinsames und beschließen, uns in Cambridge zu treffen. Die Harvard School of Architecture ist schließlich nur wenige hundert Meter von meiner Unterkunft entfernt. Könnten wir in die Zukunft blicken, sähen wir uns noch im nächsten Jahrtausend in freundschaftlicher, wenn auch geografisch getrennter Verbindung, Ueli in Zürich, ich in München. Eine gesegnete Atlantiküberquerung mit Langzeitfolgen.

57
John F. K., der Präsidentschaftskandidat (1960)

Am Bahnhof in Boston erwartet mich Mary Anne. Wir hatten während meines Aufenthalts in Europa gelegentlichen Briefkontakt, doch fragen wir uns wohl beide, ob unsere Beziehung von Dauer sein wird. Ich bin jetzt doch wieder spürbar von meinen europäischen Eindrücken geprägt und sehe mich trotz meiner bis jetzt sechsjährigen, doch weitaus positiven Amerikaerfahrung noch nicht auf immer in diesem Land. Bei einem gemeinsamen Besuch auf Cape Cod lerne ich ihre Eltern kennen. Der Vater ist ein amerikakritischer, frustrierter Schriftsteller, der früher für die United Fruit Company in der Karibik arbeitete und entsetzt über die Ausbeutung ihrer nichtamerikanischen Arbeiter die Firma verließ. Die Mutter beschwert sich über das alte, sich in erkennbarer Schieflage befindliche Haus, in dessen Küche Flüssigkeit, die auf den Boden fällt, immer in dieselbe Richtung läuft. Statt einer Toilette im Haus gibt es im Garten ein hölzernes Outhouse mit einem ausgesparten Herzchen in der Tür. Der Vater fühlt sich wohl in diesem alternativen Amerika, die Mutter gar nicht. Sie will im Gegensatz zu ihrem mehr an Sparsamkeit als an Bequemlichkeit interessierten Mann ein ordentliches, horizontal stehendes Haus mit mindestens einer Toilette unter dem Dach „like all the other housewives in America". Als sie mir ein Zimmer zuweisen will, eröffnet ihr Mary Anne, sie werde mit mir oben im Dachboden übernachten. Entweder weil sie ihre Ohnmacht gegenüber der längst erwachsenen und auf Selbstständigkeit bedachten Tochter kennt oder vielleicht auch aus einer in diesem Land nicht so selbstverständlichen Liberalität heraus antwortet sie mit einem schnoddrigen „I don't care".

Am Strand lerne ich den Sohn der Familie kennen. Kaum haben wir zu sprechen begonnen, fragt er mich wie aus der Pistole geschossen, ob ich seine Schwester heiraten wolle. Das wirkt auf mich wie ein Überfall und ich spüre in mir einen Widerstand. Mary Anne übt eine starke, vor allem ästhetische Anziehungskraft auf mich aus, aber vor einer Vereinnahmung schrecke ich doch zurück. Meine ausweichende Reaktion, ich bräuchte noch mehr Zeit, ehe ich eine solche Entscheidung treffen könne, ist eine Vorankündigung dessen, was Monate später kommen wird.

In Cambridge und Boston, ihrem Wohnort, verbringen wir noch manche schöne Stunde im Konzert, in Theatern und Museen, in den schönen Parks der Stadt und, manchmal gemeinsam mit Ueli, rund um die Harvard-Universität oder am Strand. Da ich jetzt keine Kurse mehr besuchen, sondern nur noch halten muss, gelingt es mir mehr als früher, studienfreie Stunden zu schaffen und zu nutzen. Allerdings muss ich mich nun mit Nachdruck um die Fertigstellung meiner Dissertation bemühen. Ich empfinde es als eine Ehre und ein Privileg, dass ich in der Widener Library, der größten Universitätsbibliothek der Welt in den „stacks", den nur für Bibliothekare, Professoren und Doktoranden zugänglichen Bücherregalen, umgeben von Tausenden von germanistischen Büchern einen eigenen Schreibtisch habe. Hier könnte man Jahre verbringen.

Dann erleben wir den Wahlkampf für die nächste amerikanische Präsidentschaft. Der republikanische Vizepräsident Richard M. Nixon und der demokratische Senator John F. Kennedy aus Massachusetts treten gegeneinander an. Mary Anne, wie wohl die meisten jungen Menschen um uns herum, bewundert Kennedy und nimmt – im Gegensatz zu manchen anderen Amerikanern – als Protestantin keinen Anstoß an der Vorstellung eines ersten katholischen US-Präsidenten. Gemeinsam erleben wir am Fernsehschirm eine aufregende Debatte zwischen ihm und Richard Nixon. Kennedy ist voller Elan und strahlt Hoffung aus, während Nixon etwas verbissen und weniger attraktiv wirkt. Der Mann aus Massachusetts brilliert mit seinem erstaunlichen Faktenwissen, das er scheinbar spielend einsetzt. Wir halten ihn für den blitzgescheiteren und sympathischeren Kontrahenten. Sein jugendlicher Charme und Esprit und sein souveräner Stil sprechen uns an. Wir wünschen ihm den Sieg. Später wird man diese Debatte zwischen zwei Präsidentschaftskandidaten als historisch bezeichnen.

Nicht lange danach besucht Kennedy die Harvard-Universität. Ich höre seinen Vortrag vor mehreren hundert Studenten, von denen gewiss viele aus republikanisch gesinnten Elternhäusern stammen. Manche von ihnen werden sich nach diesem überzeugend frischen Auftritt eines intellektuell ansprechenden Kandidaten vielleicht fragen, ob sie aus der Familientradition ausbrechen und für diesen katholischen Demokraten stimmen sollen. Nach dem Vortrag mische ich mich unter die erdrückend dichte Menge vor dem John Harvard Monument, sehe und fotografiere den Star aus nächster Nähe und fahre, als sein Konvoi verschwindet, mit der U-Bahn nach Boston, wo er am Abend eine Rede halten will. Als er dort eintrifft, gelingt es mir, ein paar Minuten lang mit meinem Fotoapparat rennend seinem Wagen zu folgen und aus der Bewegung und der nicht gerade idealen Perspektive zwei Aufnahmen zu machen. Dann laufe ich zum Boston Garden, wo der Empfang durch das Democratic State Committee stattfinden soll. Dort herrscht erwartungsvolle Spannung und eine überaus freundliche und fröhliche Atmosphäre.

Ein Senator des Staates Massachusetts hat Chancen, Präsident der ganzen Nation zu werden. Als er eintrifft, bricht Jubel aus. Der Hoffnungsträger betritt den Saal. Es folgt das bei solchen Anlässen für dieses Land typische Unterhaltungsprogramm, das bei uns zuhause vermutlich eher als albern und politikfremd betrachtet würde, aber eine Tradition ist, ohne die sich die Amerikaner nicht für einen Politiker oder eine Partei erwärmen könnten. Amerikaner trennen Politik und Unterhaltung nicht so scharf wie Europäer. Es ist müßig, das zu kritisieren. Sie sind eine jüngere Nation und Unterhaltung nährt das jugendliche Lebensgefühl. Dann die Rede des Kandidaten. Er will ein von einem neuen Pioniergeist erfülltes Amerika, das bereit ist, mit ihm zu neuen Grenzen aufzubrechen, der „new frontier". Das zündet nicht nur bei den jungen, sondern auch den vielen älteren Menschen, die hier versammelt sind. Auch ich kann mich seiner Ausstrahlung nicht entziehen. Auf jeden Fall war ich Augenzeuge von Momenten amerikanischer Geschichte. Am 8. November – wir erleben es intensiv mit – wird Kennedy zum neuen Präsidenten der USA gewählt.

58
Eine akademische Fleischbeschau

Meine Harvard-Zeit geht nun ihrem Ende entgegen. Daher muss ich mich jetzt um das Danach kümmern. So bald schon wieder nach Deutschland zurückzugehen, halte ich für unangebracht. Ein Harvard-Doktorat, von dem ich nun nicht mehr so weit entfernt bin, dürfte innerhalb der Germanistik in den Staaten mehr Gewicht haben als in Europa und eine Laufbahn als Collegeprofessor will ich jetzt als Möglichkeit nicht ausschlagen. Folglich muss ich mich als Erstes hier umsehen.

Im Dezember findet in Philadelphia die Annual Convention, die Jahrestagung der Modern Language Association statt, mit mehreren tausend Professoren der größte Kongress einer Berufsgruppe in den USA. Dort besteht die Gelegenheit, am Rande der unzähligen Vorträge zum übergeordneten

Thema Sprachen und Literaturen sich um eine Anstellung an einer der amerikanischen Universitäten und Colleges zu bewerben. Mit meinem Pontiac fahre ich nach Philadelphia. An einem dafür vorgesehenen Ort in der Kongresszentrale hinterlasse ich meinen Namen, den des Hotels und eine Kurzfassung meines Werdeganges. Fachbereichsvertreter, die für das nächste akademische Jahr eine Stelle neu besetzen wollen, können sich nun bei mir melden. In den drei Tagen der Konferenz werde ich von fünfzehn Professoren um ein Gespräch gebeten. Sie kommen aus Kalifornien, Florida, der Ostküste und dem Binnenland. Einer meiner früheren Harvard-Professoren, ein ursprünglicher Deutsch-Franzose, der inzwischen an der University of Illinois unterrichtet, bittet mich zusammen mit vier anderen Bewerbern zu einem Cocktail seiner Abteilung. Cocktail-Partys sind in der Regel oberflächlich, haben aber den Vorteil, dass man, da man meistens steht, leicht von Gesprächspartner zu Gesprächspartner wechseln kann. So werde ich im Laufe von kaum zwei Stunden von allen Anwesenden aus Illinois mehrfach angesprochen, ausgefragt, abgeklopft und beäugt. Was ich gelernt und getan habe, was ich am liebsten und am besten zu unterrichten meine, was meine langfristigen Vorstellungen seien und, wenn sie von meiner ostdeutschen Vergangenheit hören, wie ich aus dem sowjetischen Machtbereich herausgekommen sei. Wie auch meine anderen vierzehn Interviews ist dies eine Art akademische Fleischbeschau, die mich, freilich mit umgekehrten Vorzeichen, ein wenig an die Stunde der für mein späteres Leben entscheidenden Selektion in meinem letzten sowjetischen Kriegsgefangenenlager erinnert, als ich splitternackt und knochendürr vor einer sowjetischen Ärztekommission stand, deren Mitglieder einzeln an meinen ausgemergelten Pobacken zupften, um festzustellen, ob ich für weitere Schwerarbeit noch zu gebrauchen oder aber reif für den Transport in die Heimat sei. Hier ist man freundlich und respektvoll und vermittelt einem bei geistigen Getränken das angenehme Gefühl, eventuell erwünscht zu sein. Kürzer, aber beinahe herzlich ist das Gespräch mit dem Chairman der Germanistik der Princeton University. Ich habe seinen überaus ansprechenden Campus besucht und liebäugele ein wenig in diese Richtung. Seltsam dagegen das Interview bei dem Herren aus Florida. Er hält mich für überqualifiziert, das würde nur Unfrieden in sein

Department bringen. Wenn er wüsste, wie gut ich weiß, wie viel ich nicht weiß. Nein, da will ich nicht hin. Am Ende stehen drei Angebote zur Auswahl: Princeton, Illinois und Smith College, eine renommierte Hochschule für junge Damen im Westen von Massachusetts, also nicht allzu weit von Harvard und Boston entfernt und immer noch in Reichweite von New York City. Dort unterrichtet Reinhard Lettau, den ich bei einem Harvard-Seminar über mittelalterliche Literatur kennen gelernt habe. Er scheint sich für mich als neuen Kollegen zu interessieren.

Nach Cambridge zurückgekehrt konsultiere ich meinen Doktorvater, Professor Blume. Sein Vorschlag ist eindeutig: Er empfiehlt mir das Smith College. Dort käme ich am schnellsten dazu, Literatur zu unterrichten. Und in der liberalen, weltoffenen Atmosphäre dieser nicht weit von Boston und nicht zu weit von New York in einer gefälligen neuenglischen Landschaft gelegenen Hochschule würde ich mich vermutlich am wohlsten fühlen. Ich schätze sein Urteil sehr und besuche das College für einen Abend und einen Vormittag. Ein gefälliger Campus, an dessen Rand ein seinem Namen Ehre machender Paradise Pond, ein Teich mit Fluss, Wasserfall und angrenzenden Sportplätzen und überall freundlich in die Welt und manchmal auch auf den Besucher blickende junge Weiblichkeit. Die Entscheidung ist gefällt. Welche Folgen sie haben wird – wer weiß. Sie könnten weit in die Zukunft reichen.

Als ich Illinois absage, ist man, nachdem man die anderen vier Kandidaten hintan gestellt hat, beinahe verärgert. Der nette Chairman von Princeton dagegen schreibt gentlemanlike eine Gratulationsnotiz an meinen zukünftigen Chef am Paradise Pond. Nun ist ein Stück Zukunft abgesichert und ich kann mich, von meiner Unterrichtstätigkeit abgesehen, ganz dem Abschluss meiner Dissertation widmen. Mein Doktorvater examiniert die vierhundert Seiten und legt mir mehrere Verbesserungen nahe. Während ich mich um diese bemühe, erscheint ein Brief von Mary Tucholsky, der ich eine Kopie des Textes geschickt habe. Sie nennt meine Arbeit über Tucholsky „die fundierteste und bisher stilistisch beste". „Sie haben Tucho wirklich erfasst und verstanden." Ermutigt von diesem Urteil lege ich Hand an den letzten Schliff und reiche mein Opus ein.

In der Widener Library beggne ich einem erwachsenen jugoslawischen

Doktoranden. Als er von meiner Herkunft erfährt, bittet er mich um ein Gespräch bei einer Tasse Kaffee. Wir stellen fest, dass wir im Kriege zur gleichen Zeit in Jugoslawien waren, allerdings als Feinde. Während ich als Panzersoldat mit der Bahn auf dem Weg nach Griechenland war, gehörte er zu den Partisanen, die uns gern umgebracht hätten. „Ich habe die Deutschen so sehr gehasst", gesteht er mir, „dass ich die Augen ihrer Toten sammelte. Einmal war meine Tasche voll von ihnen." Ein Leichenschänder a. D. Für Widerstand gegen Hitlers Armee habe ich Verständnis, doch hier packt mich ein nachträgliches Entsetzen. Ich frage mich, wie sich solche Grausamkeit mit einem Harvard-Studium verträgt. Doch jetzt ist der Augensammler recht manierlich. In Amerika vertragen sich auch einstige Feinde. Wir verabschieden uns friedlich und sehen uns nie wieder.

In der Bostoner Innenstadt halte ich meinen fünfzigsten Vortrag in englischer Sprache. Zu meiner Überraschung entpuppen sich die Gastgeber als ein ausschließlich aus schwarzen Damen bestehender Nähclub, für mich eine ganz neue Erfahrung. Man empfängt den aus Europa stammenden Harvard-Doktoranden wie einen Würdenträger und stellt mich mit viel Aplomb der Präsidentin, ihrer Stellvertreterin, der Vorsitzenden, deren Stellvertreterin und der für „International Affairs" zuständigen Lady vor und natürlich auch „our treasurer", der Kassenwärtin. Hier ist man bestens organisiert und stolz darauf, bemüht sich sichtlich und übertrieben, die Gepflogenheiten der Weißen zu imitieren, denn man möchte ja gern so sein und angesehen werden wie sie. Dann werde ich von der Vorsitzenden dem versammelten Plenum von etwa vierzig farbenfroh und zum Teil mit kühnen Hüten bekleideten Damen wie ein Engel von einem anderen Stern gepriesen. Dem Wunsch der Anwesenden nachkommend spreche ich über meine most personal experiences im Krieg, in der sowjetischen Gefangenschaft, im politischen Gefängnis der DDR, meine Flucht nach Westberlin, das geteilte Berlin, das ausgebombte, gespaltene Deutschland und den Kalten Krieg. Die dunkelhäutigen Damen lauschen mit gebannter Aufmerksamkeit und wirken am Ende ergriffen, wenn nicht überfordert. Für sie sind das sind Nachrichten aus einer anderen Welt. Fast ehrerbietig dankbar geleitet man mich danach zum Ausgang und wünscht mir Gottes Segen.

59
Ein deutscher Schriftsteller besucht Harvard

Ein hoch gewachsener, norddeutsch blonder Typ mit Bürstenhaarschnitt und einer leicht geröteten Nase auf hellem Gesicht. Er ist ruhig, wirkt etwas scheu und hält häufig die Daumen unter seinem Revers. Ich lerne ihn bei einem Empfang der germanistischen Abteilung der Harvard University kennen, der im Garten eines unserer Professoren stattfindet, eines gebürtigen Österreichers, der seiner jüdischen Herkunft wegen einst seine Heimat verlassen musste. Die beiden kontrastieren auffällig, haben aber die Liebe zur Literatur, die Sprache und die verlorene Heimat gemeinsam. Der blonde Norddeutsche kommt aus der DDR und hat ein Buch geschrieben, das Aufsehen erregt: „Mutmaßungen über Jakob". Sein Name ist Uwe Johnson. Wir kommen ins Gespräch und ich frage ihn nach seinen Eindrücken hier in den Staaten. Er sagt, vieles beeindrucke ihn sehr, er suche aber bisher vergeblich nach einem praktikablen Kompromiss zwischen dem Sozialismus, dessen Nachtseiten er kennen gelernt hat und dem Kapitalismus, wie er ihn hier erlebt. Der sei ihm auch nicht recht geheuer. Industrielle, die er hier im Lande nach ihrer Bereitschaft zum profit sharing gefragt hat, hätten ihm abschlägig geantwortet.

Tage später treffen wir uns bei einem Empfang des Harvard International Seminary wieder. Diesmal sind zwei namhafte deutsche Journalisten dabei, Dr. Gresmann von der Wochenzeitung Die Zeit und Dr. Vetter von der Frankfurter Allgemeinen Zeitung. Unser Gespräch wird plötzlich von einer irisierenden Erscheinung unterbrochen, einer schönen jungen Polin, die sich uns beigesellt und durch ihren besonderen Charme unser Interesse erregt. Hans Gresmann nennt ihr Verhalten uns drei Germanen gegenüber „engagierte Koketterie", die sich abhebe von der im Grunde weniger gebenden Freundlichkeit vieler Amerikanerinnen. Mag sein.

Uwe Johnson treffe ich noch einmal bei einem Symposium des Harvard International Seminary, an dem er aktiv teilnimmt. Das Thema heißt: „Braucht der Westen eine Ideologie?" Seine Gesprächspartner kommen aus Israel und den Philippinen. Offenbar nervös fingert er mit einer Streichholzschachtel und schiebt Streichhölzer auf dem Tisch hin und her, als seien sie Gedanken, die er zu ordnen oder umzuordnen versuche. Den Grund erwähnt er in seinem Diskussionsbeitrag. Es ist die aktuelle Situation in der DDR, die ihn beunruhigt. Dort haben die Sowjets seine Heimat – es war ja auch meine – militärisch vom Westen abgeriegelt. Er hat aber noch Angehörige und Freunde dort, um die er sich nun Sorgen macht. Diese Menschen sind Gefangene einer Ideologie. Wir im Westen sind frei, doch welche überzeugendere gesellschaftspolitische Ideologie haben wir der sozialistischen entgegenzusetzen außer dem Versprechen größerer Freiheit? Ja, so folgert er, der Westen brauche eine Ideologie. Nach dem Symposion spreche ich ihn an und mache noch einen kurzen Spaziergang mit ihm. Ich will ihn noch fragen, ob nicht eine der Humanität verpflichtete, den common sense anstrebende parlamentarische Demokratie wünschenswerter sei als noch eine Welt- und Menschenverbesserung versprechende Ideologie, da kommt sein Taxi und wir verabschieden uns. – Ich werde Uwe Johnson nie wiedersehen, aber viel von ihm hören, denn er wird bald zu Deutschlands angesehensten Schriftstellern zählen.

60
Willy Brandt in Neuenglands Academia

Das German Department der Harvard University lädt ausgewählte Professoren verschiedener Fakultäten, Persönlichkeiten des hiesigen öffentlichen Lebens und einige Doktoranden zu einem Empfang. Er gilt dem Oberbürgermeister von Berlin, Willy Brandt, dem ersten Repräsentanten der Frontstadt im Kalten Krieg zwischen den beiden rivalisierenden Gesellschaftssystemen Kommunismus und Kapitalismus. Willy Brandt ist ein deutscher Politiker, der hier mit besonderem Respekt rechnen kann, weil er im Kriege ein Gegner des Hitlerregimes war und heute westliche Interessen an geografisch exponierter Stelle vertritt. In einer fast geselligen Atmosphäre skizziert er die Brisanz der aktuellen Lage seiner Stadt, damit die des geteilten Deutschlands und die zwischen Ost und West. Er macht klar, dass Amerika jetzt nicht an seiner Ostküste aufhört, sondern am Berliner Checkpoint Charly.

Kurz danach hält er vor der versammelten Professoren- und Studentenschaft der Universität eine Rede in einwandfreiem Englisch. Ich empfinde das als eine Freude und Erleichterung und bin stolz auf diesen Vertreter meiner Heimat. Mit seiner markanten Rhetorik, vor allem aber seiner globalen Sicht, die den Horizont des geteilten Berlin zu einer die Welt umspannenden Optik erweitert, fasziniert er seine Zuhörer. Die Lage der Stadt und die Deutschlands sei höchst gefährlich, aber der Westen sei stark und müsse nur an seine Werte und diese Stärke glauben, dann bestehe Hoffnung, dass er obsiege. Er brauche in seiner Auseinandersetzung mit dem moskowitischen Sozialismus keine Anti-Ideologie. Als ihn in der anschließenden Diskussion ein Student fragt, ob er meine, der Westen müsse im Angesicht der sowjetischen atomaren Bedrohung noch mehr Atombomben bauen, antwortet Brandt humorvoll, er habe in seiner Rede bereits zu so vielen Themen seine Meinung gesagt, mit denen sich ein Bürgermeister normalerweise nicht beschäftigen müsse, dass er die Antwort auf diese Frage lieber besser Qualifizierten überlasse. Er bekommt dafür stürmisch heiteren Applaus.

Anlässlich seines Besuches in Neuengland hält er an mehreren Universitäten vom Rundfunk übertragene Vorträge zur weltpolitischen Situation zwischen Kommunismus und Kapitalismus, zwischen Arm und Reich und wie man am vernünftigsten damit umgehen sollte. Er plädiert für eine Beschränkung der atomaren Bewaffnung auf die gegenwärtigen Großmächte und für ein allmähliches Zugehen auf die Völker des Ostens. Nur so könne man die drohende Weltkatastrophe vermeiden. Es sind visionäre Vorträge, die eine geduldige, das friedliche Miteinander anstrebende Vorgehensweise propagieren. Dieser Bürgermeister ist ein Staatsmann. – Jahre später wird Willy Brandt deutscher Bundeskanzler.

61

Die Berliner Philharmoniker im Women's College

Die Harvard-Zeit ist nun zu Ende. Mit meinem zwölf Jahre alten Pontiac und seinem Karosserieloch unter meinen Füßen transportiere ich meinen gesamten Besitz mit Hilfe eines Anhängers von Cambridge nach Northampton im schönen Westen des Staates Massachusetts. Das Smith College, die größte Hochschule für junge Damen im Lande, wird meine neue Heimat. Es ist eine Hochburg des amerikanischen akademischen Liberalismus. Anders Denkenden gegenüber ist man hier toleranter als an manch anderer Hochschule. Hier lehren viele landesweit geachtete Professoren, angeblich auch einige wenige Homosexuelle. Während der McCarthy-„Hexenjagd" gegen Linksgerichtete in den frühen Fünfzigerjahren blieb man hier standhaft. Mich empfangen ein sonniges Herbstwetter und ein von freundlich lächelnden Studentinnen wimmelnder Campus. Ich unterrichte Deutsch für Anfänger, Konversation für Fortgeschrittene und als ersten Einstieg in die Literatur einen Goethe-Kurs. In der warmen Jahreszeit ist es nicht verpönt, ab und zu einmal den Unterricht auf eine nahe gelegene Wiese zu verlegen. Kurzum: Die akademische Atmosphäre ist sympathisch.

Mitten im Herbstsemester konzertiert die Berliner Philharmonie unter Leitung von Karl Böhm im College. Es hat ein ausreichendes finanzielles Polster, um sich einen Abend lang ein weltberühmtes Orchester leisten zu können. Der Chefdirigent Herbert von Karajan pausiert inzwischen im Norden Neuenglands. Unser Historiker Prof. von Klemperer und einige andere Fakultätsmitglieder laden zu einem Abendessen im feinsten Hotel der Stadt. An unserem Tisch sitzt der Intendant der Philharmonie, Dr. Stresemann, Sohn des einstigen deutschen Reichskanzlers. Man spricht über die gespannte Lage in Berlin, über Wagner, Nietzsche und den Kanzler Stresemann.

Am Abend das Konzert. Im Saal die meisten Professoren, einige Studenten sowie Interessierte aus der Stadt und der Umgebung, darunter auch manche Deutsche. Wir hören Hindemith, Mendelssohn und Beethoven. Hindemith ein Synkopenfest, Mendelssohn ein hier öfter gehörter Genuss und Beethovens Siebente der fulminante Höhepunkt. Am Ende springen alle von den Sitzen, applaudieren viele Minuten lang und trampeln vor Begeisterung. Wir waren Zeugen eines besonderen künstlerischen Ereignisses.

Mit einer meiner Studentinnen gehe ich zum Hotel Northampton, wo sich mehrere der Berliner Philharmoniker an der Bar einfinden wollen. Wir setzen uns neben den Konzertmeister, einen amerikanischen Staatsbürger, der uns sagt, er lebe zwar in Deutschland, würde aber niemals seine Staatsbürgerschaft aufgeben. Einer der Streicher dagegen mag amerikanische Städte nicht. Wie schön seien doch im Vergleich die deutschen. Die jungen Musiker am Tisch sprechen alle beachtlich gutes Englisch. Ihnen gefällt Vermont am besten, vielleicht weil dessen Landschaft mancher deutschen ähnlich ist. Ihre bevorzugte Konzerthalle ist ihrer idealen Akustik wegen die Boston Symphony Hall. Während wir uns bei erfrischendem Budweiser-Bier unterhalten, werden wir plötzlich von Melodien abgelenkt, die ein Pianist in unserer Nähe spielt. Es sind Improvisationen zu Themen des heutigen Konzerts. Er hat das Programm studiert, kennt die Musik und macht nun aus Hindemith, Mendelssohn und Beethoven einen musikalischen Barcocktail erster Qualität. Die Philharmoniker sind vom Können dieses Mannes beeindruckt. Bald erfahren wir, er komme aus New York City und spiele oft und gern in Hotels. Viel zu begabt für einen Backgroundmusiker, sagen die Berliner.

Es war ein Abend voller Kultur. Wo in den USA Hochschulen sind, da gibt es auch ein kulturelles Leben, und Hochschulen gibt es mehrere tausend. Northampton, Massachusetts, eine bescheidene, aber gefällige Kleinstadt ist dafür ein Beispiel.

62

Das Fünfzehn-Dollar-Auto (2. Teil): Die Strafe

Nach einem weihnachtlichen Besuch bei meinem Bruder in Minnesota bin ich am achten Tag des neuen Jahres wieder in Northampton. Um meinen

Lebensmittelvorrat aufzustocken, fahre ich mit meinem Auto in die Stadt, parke im Angesicht eines Verkehrspolizisten an der zentralsten Kreuzung, werfe eine Münze ein, kaufe ein und komme zurück. Jetzt steht der Polizist hinter meinem Wagen. „Is this your car?", fragt er mich mit geradezu vorwurfsvoller Miene. Ja, antworte ich ahnungslos, ob etwas nicht stimmt. Er fordert mich auf, laut zu lesen, was auf meinem Nummernschild steht. Jetzt erschrecke ich: Dort steht die Zahl des vor acht Tagen zu Ende gegangenen Jahres, nicht die des jetzigen, was bedeutet, dass ich mit einem unversicherten Auto gefahren bin, eine Todsünde. Vor meiner Abreise in den Urlaub habe ich vergessen, meine neue Versicherungspolice zu bezahlen. Meine Versicherung hat mir keine Zahlungsaufforderung geschickt. Nun bricht das Unglück über mich herein. Der Hüter des Gesetzes verlangt meine Autopapiere und meinen Autoschlüssel, lässt den Wagen auf meine Kosten abschleppen und mich mit meiner prall gefüllten, schweren Einkaufstüte zu Fuß nach Hause gehen, ein Vorgeschmack des Kommenden.

Nach zwei autolosen Wochen die Gerichtsverhandlung. Der Richter ist von der nicht kriminellen Qualität meiner Vergesslichkeit unbeeindruckt und verurteilt mich zu einer Strafe von $ 25, was fast das Doppelte des Kaufpreises meines Autos ist, das allein schon ein ungewöhnliches Strafmaß, aber was weit schlimmer ist, zu drei Monaten Fahrverbot. Wer längere Zeit am Rande einer amerikanischen Kleinstadt gelebt hat, in der es keine öffentlichen Verkehrsmittel für den innerstädtischen Verkehr gibt, wird ermessen können, was das bedeutet. Jedwede Erledigung muss zu Fuß geschehen, Gewichte müssen manchmal kilometerweit geschleppt werden, Besuche von Veranstaltungen oder bei Bekannten sind wesentlich eingeschränkt oder man ist von der Hilfe anderer abhängig, eine unangenehme Belastung. Der Zeitverlust ist beträchtlich. Täglich mehrfach Taxis in Anspruch zu nehmen, geht bei einer Dauer von drei Monaten zu sehr ins Geld.

Zu Hause in Deutschland war ich zwar ein politischer Gefangener, bin aber einer Verurteilung entgangen. Hier nun bin ich, ein ansonsten rechtschaffener Bürger, ein Verurteilter. Es ist die autolose, die schreckliche Zeit. In diesem Land ist das besonders hart. Doch ich habe weit Schlimmeres erlebt und überstanden. Die Zeit danach wird umso schöner sein.

63
Die letzte Prüfung (1962)

Meine zweite und letzte große Prüfung vor der Promotion an der Harvard University naht zusehends. Sie besteht aus einer mehrstündigen Befragung: der thesis defense (der Verteidigung meiner Dissertation) und einer Überprüfung meiner Kenntnisse der Sekundärquellen zur gesamten deutschen Literaturgeschichte. Das heißt, ich muss mehr als zweihundert Bücher der Sekundärliteratur kennen: Titel, Autor, Erscheinungsjahr, Inhalt und literaturgeschichtliche Bedeutung. Wie kann ich das schaffen, da ich mit allem, was zu meiner Unterrichtstätigkeit gehört, bereits ausgelastet bin? Auf meine Freizeit muss ich nun auf jeden Fall ein paar Monate lang verzichten, der akademische Abschluss hat absoluten Vorrang. Disziplinierte Zeitökonomie ist das Gebot der Stunde. Eines ist zu erfahren, auf welche Werke der Sekundärliteratur es ankommt, ein anderes, sie in den Bibliotheken zu finden und einzusehen, sich Notizen zu machen und diese sich einzuprägen. Das bedeutet einen enormen Zeitaufwand.

In der College-Bibliothek, in meinem Büro und zu Hause wühle ich mich nun im Eiltempo durch Berge von Büchern. Manchmal bin ich von der Rücksichtnahme meiner Studentinnen gerührt, die mich während meiner Bürostunden sprechen möchten, aber darauf verzichten, wenn sie mich durch mein Bürotürfenster, hinter Büchertürmen halb verborgen, studieren sehen. Sie wissen von meiner Prüfung und wünschen mir Erfolg. Manchmal frage ich mich, wie ich die Fülle des Lernstoffs memorieren soll, wie meine unzähligen Karteikarten in meinem Gehirn gespeichert werden können. Eine effiziente Lerntechnik muss her.

Eine französische Kollegin gibt mir einen Tipp. Sie empfiehlt mir, das Wesentliche auf Tonband zu sprechen und immer wieder abzuhören, bis es mein geistiger Besitz geworden ist. Seit meinen häuslichen Münchner Rundfunkproduktionen besitze ich ein Tonbandgerät, das ich nun tagtäglich einsetze. Bei jedweder nicht geistigen Verrichtung höre ich mir die Informationen an, die ich von meinen zahllosen Karteikarten in Akustik verwandelt habe. Es beginnt mit dem morgendlichen Aufwachen und endet beim nächtlichen Einschlafen. Das ist mühsam, unnatürlich und stumpfsinnig, aber es wirkt. Schließlich bin ich des Tonbands im Hirn so überdrüssig, dass ich mich nach der Prüfung sehne.

Am Tag vorher fahre ich nach Cambridge. Eine Nacht ohne Tonband, dann sitze ich mit vier Herren am Tisch: meinem thesis adviser (dem Doktorvater), zwei anderen meiner Professoren und dem Dekan, der als zweiter Dissertationsbegutachter mein magnum opus gelesen hat und sich in deutscher Literatur einschließlich Tucholsky und Geschichte gut auskennt. Eine Stunde lang stellen sie mir unzählige Fragen, die mein Thema betreffen oder tangieren. Ein paar peinliche Fragen sind dabei, doch die Herren scheinen zu spüren, dass ich mich in der Materie gut auskenne und an der ergiebigsten Quelle studiert habe, nämlich im Rottach-Egerner Tucholsky-Archiv bei der Witwe des Autors. Nach der ersten Stunde Kaffeepause.

Dann die Prüfung zur germanistischen Bibliografie, dem Teil, der mir am meisten Sorgen gemacht hat. Doch das Tonbandgerät in meinem Kopfe entfaltet eine wundersame Wirkung. Ich weiß viel mehr, als ich dachte. Nur vier von etwa vierzig Fragen vermag ich nicht augenblicklich richtig zu beantworten, das Gros meiner Antworten ist spontane Umsetzung gespeicherter Akustik in Sprache. Wo ich mich am schwächsten wähnte, schneide ich am besten ab. Am Ende beglückwünschen mich die Herren und zwei freundliche Sekretärinnen laden mich zu einem entspannten Kaffeestündchen ein. Dann gehe ich, leicht lädiert, aber zu einem grausamen Abenteuer bereit, zum Harvard Square und löse mir ein ticket für den Film „Spartacus". Dort erlebe ich, wie ein paar hundert oder tausend Sklaven von den Römern gekreuzigt werden. Das ist genau der Wahnsinn, den ich jetzt brauche, um meine innere Anspannung los zu werden. Diese Nacht schlafe ich besonders tief.

Nach Northampton zurückgekehrt, laden mich vier französische Kolleginnen zu einer Doktoratsfeier mit echtem Champagner ein. Auf der Flasche thront ein kleiner Doktorhut. Ein Vierteljahr später wird mir in Cambridge bei der großen jährlichen Commencement-Feier im Harvard Yard der Titel offiziell verliehen. Gertrude und Cully Swanson, ohne die mein Leben gewiss anders verlaufen wäre, sind dafür nach Cambridge gekommen. Ohne sie wäre ich wahrscheinlich nicht so lange in den USA geblieben und folglich nicht hier gelandet. Sie sind stolz auf ihren „shirt tail relative", ihren „Hemdzipfelverwandten", und bitten mich zu einem Essen in einem der feinsten Hotels der Stadt. Meine Studentenzeit – lang genug hat sie gedauert und war auch nicht nur Studium – ist nun endgültig vorüber. Das Werk, es ist vollbracht.

Von nun an kann ich mich voll auf das Unterrichten konzentrieren, das jetzt doppelten Spaß macht. Der ausnahmslos freundliche Ton meiner Studentinnen, die mich zu meinem akademischen Abschluss an Amerikas Nobeluniversität beglückwünschen, erhellt meine Arbeit und mein ganzes Dasein als college teacher. Die gefällige Campusatmosphäre und meine berufliche Tätigkeit erfüllen mich mit solcher Genugtuung, dass ich beim Empfang meiner Gehaltsmitteilung manchmal überrascht und dankbar denke: Und für diesen Spaß wirst du auch noch bezahlt. Ein Umstand mag dabei eine gewisse Rolle spielen: Ein von einem jungen Mann geleiteter Fremdsprachenunterricht für Studentinnen ist nicht frei von einem gewissen erotischen Reiz, der, wenn man ihn maß- und sinnvoll nutzt, den Lerneifer und Lernfortschritt beflügeln kann. Auch das gehört zum pädagogischen Eros, der fast sinnlichen Freude am Vermitteln von Kenntnissen, Fertigkeiten und Einsichten.

64
Unter Architekten

Die Wände von New York City-Apartments sind manchmal sehr dünn. Mein schweizer Freund Ueli ist nach erfolgreicher Diplomierung an der Harvard School of Architecture nach Manhattan umgezogen, wo er für eine größere Architekturfirma arbeitet. Er hat mich in seine neue Wohnung eingeladen, First Street East. Er erwartet eine junge Dame, ebenfalls Architektin, und serviert mir bei einem Plausch inzwischen Drinks. Vom Nebenzimmer hören wir, wie eine weibliche Stimme offenbar am Telefon in französischer Sprache verliebte Gespräche führt. „Wohnt sie bei dir?", frage ich. „Nein, die wohnt im benachbarten Apartment." Die Wände in diesem Haus sind so hellhörig gebaut, dass die ansonsten so geschätzte privacy darunter schmerzlich leidet. Der Bauherr oder der Architekt hat auf rücksichtslose Weise gespart. „You can hear your neighbor change his mind" ist eine passende ironische Redeweise für eine derartig ruchlose Bauweise. Ich kann tatsächlich hören, wie der unsichtbaren Nachbarin ein anderer Treffpunkt für ihr nächstes Rendezvous einfällt.

Dann kommt Uelis Gast, eine elegante, attraktive Erscheinung namens Jane, wie sich später herausstellt, ein Stück Schicksal, Uelis Schicksal. Ich bin nur dessen Zeuge. Wir verbringen einen sympathischen Abend und zwei Funken springen über. Monate später bin ich Gast der beiden bei einer Art Verlobung, die sie unter lauter befreundeten Architekten im wohlhabenden Westchester County nordöstlich von Manhattan feiern. In Cambridge hat mich Ueli mit manchen seiner international renommierten Architekturprofessoren bekannt gemacht: Louis Kahn, José Louis Sert, von Moltke, und wir erlebten sogar den alten Gropius. Nun bin ich von deren New Yorker Kollegen umringt. Doch das mit Jane soll nicht gut gehen. Sie machen eine Reise nach Mexiko und es gibt Missstimmung. Sie passen doch nicht zu einander. Später wird die Ehe geschieden. Doch einer, der so begabt, leistungsfähig und gesellig ist wie Ueli, bleibt nicht allein. Er wird noch zweimal heiraten. Auf die Architektur des eigenen Lebens hat man Einfluss, doch selbst als Fachmann nur beschränkten.

65
Die in der Gosse liegen

Man lebt gut auf diesem College-Campus. Inmitten einer gefälligen, erfrischend grünen Landschaft liegt es an einem idyllischen Ortsrand, nur Minuten von der Kleinstadtmitte entfernt. Zu verschiedenen Zeiten errichtete, gepflegt wirkende Gebäude in verschiedenen Stilen setzen auf dem Rasengelände Akzente. Den geistigen Mittelpunkt bildet die beachtlich gut ausgestattete Bibliothek. Verstreut rundum die manchmal wie Wohnhäuser aussehenden, manchmal breiter ausladenden Unterrichts- und die komfortabel ausgestatteten Wohngebäude der Studentinnen. Für das Lehrpersonal stehen ausreichend viele Büros zur Verfügung. Manch einer der schon etablierteren Professoren hat das seine sehr wohnlich eingerichtet. Es gibt ein College-eigenes Kunstmuseum, mehrere Theater- und Konzertbühnen, auf denen oft Sehens- und Hörenswertes geboten wird. Für sportliche Betätigung findet man fast alles, von Tennisplätzen bis zum Pferdeparcours. Im Vergleich zu den meisten europäischen Hochschulen ist die Ausstattung luxuriös. Das College ist wohlhabend und hier zu leben hat einen gewissen Charme.

Als uns der zur Zeit im mittleren Westen lehrende Germanistikprofessor, Essayist und Dichter Hans Egon Holthusen zu einer öffentlichen Vorlesung besucht, führen wir vom German Department ihn durch den Campus. Als er die sympathisch dreinschauenden, manchmal auffallend hübschen Studentinnen erblickt, fragt er uns, ob man als Mann „in so einem erotischen Treibhaus" auch arbeiten könne. Ja, man kann, und gut sogar.

Doch es gibt Örtlichkeiten in diesem Land, die ganz und gar nicht anziehend sind. Eine meiner Studentinnen lädt mich aus Anlass eines meiner gelegentlichen Ausflüge nach New York City in ihr Elternhaus in Manhattan ein. Wir machen einen Spaziergang durch den Süden der Stadt und erreichen die Bowery, einen der ärmlicheren Bezirke der Stadt. Dort gehen wir erschreckt an unzähligen Obdachlosen vorbei, die umgeben von Bierdosen, Schnapsflaschen und Schmutz auf Decken oder Zeitungspapier über den Gittern der Subway liegen, damit sie vor allem nachts Wärme von unten bekommen. Es sind die, die inmitten dieses reichen Landes in der Gosse liegen, die Gescheiterten, die Wegwerfprodukte der kapitalistischen Gesellschaft. Als meine Begleiterin das erlebt, beginnt sie zu weinen. Sie habe so etwas noch nie gesehen, sei zwar in dieser Stadt aufgewachsen, aber nie hier gewesen. Auch das gehört zur amerikanischen Wirklichkeit.

66

Die jüdische Studentin

Judy ist eine meiner Literaturstudentinnen und ist eine der Besten, ein kluges, jugendfrisches und attraktives Menschenkind. Sie ist eine Jüdin deutscher Abstammung. Da sie blond und blauäugig ist, was man von mir nicht sagen kann, meint sie einmal scherzhaft, sie sehe germanischer aus als ich, im Umkehrschluss ich daher „jüdischer" als sie. Sie ist geradezu ein Argument für die Albernheit des rassischen Vorurteils. Wenn es etwas an ihr gibt, das sie jüdisch wirken lässt, dann ist es ihre blitzende, oft humorige Intelligenz. Wir unterhalten uns manchmal über den immensen Beitrag, den jüdische Intelligenz der deutschen Kultur und Wissenschaft gebracht hat und über den schwer fassbaren Wahnsinn, die grenzenlose Dummheit, sie aus dem Lande zu jagen und auszurotten. Wie viel ärmer wäre die deutsche Kulturgeschichte ohne Namen wie Heinrich Heine, Freud, Kafka, Werfel, Feuchtwanger, Zweig, Döblin, Tucholsky, Hasenclever und die Heerschar anderer jüdischer Geister! Ohne den antisemitischen Wahn hätte es nicht den verheerenden Exodus deutscher Intelligenz gegeben und Deutschland wäre heute ein führendes Zentrum westlicher Geistigkeit und wissenschaftlicher Brillanz. Wenn ich mir vorstelle, wie Judy, wenn sie, so wie sie jetzt ist, im „Dritten Reich" gelebt hätte, aus der Universität verstoßen, aus dem Haus vertrieben, entwürdigt, eingesperrt und umgebracht worden wäre, erschrecke ich und schäme mich als Deutscher, der jene Zeit als Jugendlicher miterlebte, ohne sie zu verstehen.

Manchmal sprechen wir über die jüdische Religion, die sie gar nicht praktiziert, von der sie aber dennoch geprägt ist. Ihr Christen, sagt sie, lernt märchenhaftes Denken, glaubt an Berichte von einer unbefleckten Empfängnis, einer Verwandlung von Wasser in Wein, einem Spaziergang über den Wassern eines Sees und die Himmelfahrt eines Predigers. Uns bringt der Rabbi schon in der Kindheit das logische, sachliche, von Märchenvorstellungen unverdorbene Denken bei. Auch das gehöre zu den Gründen für die auffällige Zahl jüdischer Erfolge. Und die erlebe ich bei den Verleihungen akademischer Titel am Ende des Studienjahres immer wieder. Jedes Mal ist der Anteil jüdischer Studentinnen, die mit „magna cum laude" oder „summa cum laude" abschließen, überproportional im Verhältnis zu ihrer Zahl in der Studentenschaft. Als mich eine andere brillante jüdische Studentin um ein Gutachten bittet, weil sie an der Oxford University weiterstudieren möchte, schreibe ich, dass sie mit ein wenig mehr Studium ohne Weiteres meine Arbeit übernehmen könnte. Sie geht nach Oxford und wird später eine erfolgreiche Professorin.

67
Welch schöne Frau! Gehört sie Ihnen?

Mit dem italienischen Passagierschiff Aurelia fahre ich Ende Juni – wieder kostenlos und Erster Klasse – für einen Sommer nach Europa. Das von mir an Bord zu organisierende dreitägige Sprachprogramm gerät angesichts der geradezu ausufernden Lernwilligkeit der über tausend amerikanischen Studenten, die sich zum Mitmachen bereit erklären, diesmal zu einer besonders anstrengenden Arbeit.

Bei einem Kapitänsessen lerne ich die Tochter des Reeders unserer Schiffahrtslinie kennen, eine kontaktfreudige, interessante junge Contessa mit blumigem Namen. Abends tanzen wir unter den schmunzelnden Augen ihres Herrn Papa zusammen. Sie spricht erstaunlich gut Deutsch, ich bin noch weit davon entfernt, Italienisch sprechen zu können. Mit ihrem Vater, dem Conte, geht das nur in seinem reichlich brüchigen und meinem eingeschränkten Französisch. Es wäre gewiss amüsant, unserer Kommunikationsakrobatik zuzuhören. Wo aber Sympathie besteht, wird auch Verständigung möglich.

Bei der Ankunft in Frankreich bleibt die wohl aufregendste Erscheinung studentischer Weiblichkeit unseres Schiffes an mir hängen, eine ungewöhnlich aparte Halbindianerin. Judy ist stolz auf diese halbe Herkunft, und das gefällt mir. Aber mit besonderer Intelligenz oder Persönlichkeit ist sie leider nicht gesegnet. Wie sie es bis zum Studium gebracht hat, bleibt ihr Geheimnis. In der kurzen Zeit, die wir zusammen in Paris verbringen, sagt sie fast zu allem, was ich ihr an Attraktionen zeige, immer wieder: „Oh, it's wonderful, it's wonderful! I love it, I love it!" Ihre Bemerkungen sind stereotyp und bar jeder Differenzierung. Auf die Dauer ist das ernüchternd. Am Jardin du Luxembourg bemüht sich ein ungarischer Musiker, den ich anspreche, auffallend gern um uns. Er hat eben nicht nur Gehör, sondern auch Augen. „Welch schöne Frau", sagt er zu mir, „gehört sie Ihnen?" Nein, denke ich, es wäre eine Katastrophe, und erschrecke, dass ich angesichts dieser Augenweide so denke. Aber Schönheit alleine, ohne Pfiff, Witz oder Geist, kann ganz schön langweilig werden. Vielleicht tue ich ihr Unrecht, denn auf dem Schiff hat sie mich am letzten Tag, als mich nachmittägliche Müdigkeit überfallen hatte, wachgekitzelt. Das war doch immerhin etwas.

In der Schweiz besuche ich die überaus freundliche Familie einer jungen Organistin, die ich auf dem Atlantik kennen gelernt habe, und Uelis Eltern. Er hat mich gebeten, sie von der Qualität ihrer amerikanischen Schwiegertochter zu überzeugen, die sie noch nicht kennen. Sie haben offenbar Angst, ihren Sohn an Amerika zu verlieren. Der Herr Oberförster, ein gebildeter und renommierter Naturschützer, macht auf mich einen starken Eindruck. Mit seinem Sohn, der selber eine starke Persönlichkeit von überdurchschnittlicher Leistungsfähigkeit ist, kommt er aber offenbar in manchen Dingen nicht so gut zurecht. Er wünscht sich für ihn eine bodenständige schweizerische Frau. Noch wissen wir nicht, dass die Verbindung mit der Architektin Jane keine dauerhafte sein wird und damit die elterliche Besorgnis und auch meine Überzeugungsbemühungen unnötig sind.

In Basel, im Elsass und in Salzburg treffe ich meine Smith-Studentin Judith K., in München wohne ich bei meinen Eltern. Im Tucholsky-Archiv in Rottach-Egern lerne ich Alfred C. kennen, einen deutschen Juden, der nach New York geflohen ist. Er hat in meiner Dissertation geschnüffelt und findet sie so gut, dass er mir einen Vortrag bei Professor Holthusen, dem Programmdirektor des New Yorker Goethe-Hauses verschaffen will. In Hamburg hinterlasse ich im Büro der Gräfin Dönhoff, einer der herausragenden Persönlichkeiten des deutschen Journalismus ein paar Fotos, die ich anlässlich ihres Besuches im Smith College gemacht habe, wo sie mit einem akademischen Titel geehrt wurde. Dann bin ich schon wieder auf dem Schiff Richtung Montreal. Diesmal habe ich nur an die hundert Lernwillige an Bord, was mir eine geruhsame Reise beschert. Europa war kurz, aber anregend. Es immer wieder zu sehen, tut mir gut. Doch wird mir der Spagat zwischen den beiden Erdteilen auf Dauer gut bekommen?

68

Wie ist das, wenn ein Krieg ausbricht?
(Herbst 1962)

Ein unruhiger Herbst kündigt sich an. Im September erschüttert ein gewaltiges Erdbeben den Iran und tötet über zehntausend Menschen. In Minneapolis nimmt Gertrud Swanson das Telefon in die Hand und ruft wohlhabende und einflussreiche Freunde und Bekannte an, Firmenchefs, Fabrikanten, Ärzte, Professoren, Journalisten. Sie organisiert einen clothing drive, eine Kleider- und Deckensammlung für die Erdbebenopfer. Sie lässt Artikel und Aufrufe in den lokalen Zeitungen drucken, wird von Rundfunk- und Fernsehsendern interviewt, findet Helfer und eine Sammelstelle und hat nach zwei Wochen mehrere tausend Decken und eine Unmenge Kleidung zusammen. Was ihr noch fehlt, ist ein Flugzeug für den Transport nach Teheran. Sie überredet einen ihr bekannten Boss von Pan American Airways und bekommt den Flieger. Es ist eine für dieses Land typische Privatinitiative einer Frau ohne Amt, die ihre Intelligenz und ihr Durchsetzungsvermögen nutzt, um notleidenden Menschen fern der USA zu helfen. Sie hat das auch für Chile und andere Länder getan.

Im Oktober bricht im Lande Alarmstimmung aus. Amerikanische Spionageflugzeuge haben auf dem mit Moskau verbündeten Kuba Langstreckenraketen entdeckt, die nur sowjetischer Herkunft sein können. Sind es gar Raketen mit Atomsprengköpfen? Es wäre eine tödliche Gefahr für die gesamte Ostküste bis hoch nach Boston, also in unsere Gegend, eine weit größere Gefahr für das Land, als sie der letzte Weltkrieg darstellte. Sowjetische Schiffe und U-Boote kreuzen unweit der Küste Floridas. In Washington und im UN-Gebäude in New York drängt die Regierung auf eine Bestätigung der Raketenstationierung seitens der Sowjetunion. Präsident Kennedy informiert die Nation über die plötzliche, unerwartete Gefährdung. Er befiehlt eine Blockade Kubas, schickt Kriegsschiffe Richtung Karibik und droht sowjetischen Schiffen und dem Mutterland mit Kampfhandlungen, wenn es die Raketen nicht umgehend wieder abbaut und zurückschickt. Wir stehen am Rande eines Atomkrieges. Die Sowjetunion ist von amerikanischen Raketen bedroht, die vor allem von Basen in der Türkei jederzeit eingesetzt werden können. Wird der sowjetische Premier Cruschtschow es wagen, sein Land und sein Regime aufs Spiel zu setzen? Ein Fehler irgendeines amerikanischen oder sowjetischen Kommandanten kann das atomare Chaos auslösen. Über uns fliegen jetzt manchmal Langstreckenbomber, die wir sonst nie wahrgenommen haben. Mein Nachbar, ein junger Biologieprofessor klopft an meine Tür und fragt mich völlig verängstigt: „Wie ist das, wenn ein Krieg ausbricht?" Ich hätte da doch schon Erfahrung. Müsse man sich im Keller aufhalten? Was, um Gottes Willen, müsse man tun. Ich antworte ihm, wenn es einen Atomkrieg gäbe, wären wir ihm hier hilflos ausgeliefert, unsere Keller wären lächerliche Zufluchtsorte. Er solle sich aber beruhigen, denn ich glaube nicht, dass eine der beiden Regierungen so kopflos handeln würde, nicht nur den Feind, sondern dabei auch sich selbst auszulöschen. Schließlich hätten wir einen brillanten Präsidenten und die Russen seien traditionell Meister im Schachspielen, also im Weiterdenken.

Nach ein paar Tagen ziehen die Sowjets unter den Augen der Amerikaner ihre Raketen wieder ab und der Frieden ist gerettet. Erst viel später erfahre ich, dass die Gefahr doch weit größer war, als ich dachte. Wir waren tatsächlich am Rande des Dritten Weltkrieges. Ganz so unbegründet, wie ich meinte, war die Angst meines Nachbarn also nicht.

69
Die Florentinerin

Seltsam: Im Deutschen spricht man von einem Lehrkörper, im Englischen von einem student body. Man könnte ja in diesen Unterschied etwas hineinlesen, doch scheint es mir sinnvoller, davon Abstand zu nehmen. Jedenfalls kehren im September beide Körper von nahen oder fernen sommerlichen Abenteuern in ihr akademisches Nest zurück. Einer war zu Ausgrabungen in Kleinasien, ein anderer zu wissenschaftlichen Studien in Spanien, Deutschland oder England, noch andere waren zur Erholung auf Hawaii oder zu Besuch in Südamerika. Als Folge findet ein angeregter und anregender Erfahrungsaustausch unter Professoren wie unter Studenten statt.

Im September 1962 – ich habe inzwischen den Rang eines Assistant Professor erreicht – versammeln sich in unserem College alle Lehrkräfte der fremdsprachlichen Fachbereiche in einem Auditorium. Man blickt neugierig um sich, will wissen, wer da ist, wer fehlt, wer neu ist. Einige Reihen vor mir entdecke ich einen mir noch unbekannten schwarzen weiblichen Haarschopf. Wer mag das sein? Es dauert lange, bis sie einmal kurz ihr Gesicht einer Nachbarin zuwendet und ich dadurch ihr Profil wahrnehmen kann. Markant, denke ich, dunkler Teint, auf jeden Fall interessant. Woher mag sie kommen? Spanien, Iran oder woher sonst? Nach der Veranstaltung verlässt sie mit einer mir bekannten französischen Kollegin das Gebäude. Wir treffen aufeinander. Jeanette stellt sie mir vor. Sie ist Italienerin aus Florenz und heißt Ilaria. Wie es in diesem Land unter Kollegen üblich ist, nennen wir uns von Anfang an beim Vornamen. Tage später bemerke ich, dass sie eine ihrer Unterrichtsstunden zeitgleich mit einer der meinen im gleichen Gebäude unter mir im Erdgeschoss abhält. Als sie ihren Raum verlässt, spreche ich sie an und wir führen, am Ende im herbstlichen Sonnenschein auf der Holztreppe des Hauses sitzend, ein längeres Gespräch. Ich kann nicht ahnen, dass dies der Beginn einer Geschichte ist, die viele Menschen, mehrere Generationen und zwei Erdteile umfassen wird. Wir sehen uns von diesem Tag an öfter, unternehmen vieles gemeinsam und werden allmählich, wenn auch noch unverbindlich lose, ein Paar.

Ich habe es nun mit einer Südländerin zu tun. So viel manchmal ausuferndes Temperament ist mir noch nicht begegnet. Das ist reizvoll, wird jedoch manchmal von anderen mehr bewundert als von mir. Einmal, auf einer New-York-Reise mit meinem Fünfzehn-Dollar-Auto, erlebe ich halb amüsiert, halb erschreckt, wie meine Beifahrerin zu den südländischen Klängen meiner Radiomusik in deren Rhythmus auf ihrem Sitz derartig leidenschaftlich herumhüpft, dass der ganze Wagen anfängt, ins Schwanken zu geraten. Was hast du dir da bloß angelacht, denke ich, da sind noch atavistische Urwaldinstinkte lebendig. Doch ich bin jung und abenteuerlustig. Das nicht Alltägliche, wenn es attraktiv ist, reizt mich. Sogar mit manchmal impertinentem Widerspruchsgeist vermag ich umzugehen. Ein angenehm kultivierter Soziologe, Amerikaner ostasiatischer Abstammung, den sie vor mir kennen gelernt hat, ist an ihr interessiert. Ein spanische Literatur und Sprache lehrender Kollege, Amerikaner griechischer Herkunft, ist begeistert von ihren Körperformen und ihrer *italianità*. Kein Hindernis, angesichts meiner Nachkriegserkenntnisse und meiner Tucholsky-Prägung eher eine Ermutigung, ist für mich ihre Herkunft aus einer antifaschistischen Familie. Ihr Vater, Juraprofessor an der Universität Florenz, war eine herausragende Persönlichkeit der florentinischen Resistenza, ihr Großvater ein Mussoliniverächter. Diese Frau ist intelligent und gebildet, hat in Paris und Cambridge studiert und an der Universität Florenz promoviert. Sie kann auf Deutsch Goethe und Brecht zitieren. Ich vermag ein paar lateinische Hexameter vorzusagen, aber keine einzige Zeile eines italienischen Gedichts. Die Signorina ist das, was man auf Englisch „a challenge" nennt, eine Herausforderung, eine Aufgabe, die besondere Bemühungen verlangt. Mal sehen.

Zur Osterzeit des kommenden Jahres unternehmen wir unsere erste gemeinsame Reise. Über einen Zwischenstopp in Miami, bei dem wir dessen von älteren Leuten bevölkerten und beobachtungsbedingt von mir despektierlich „Krampfadernstrand" genannten Sandstrand besuchen, fliegen wir nach Yucatan, der Mayahalbinsel Mexikos. In den Pyramidentempeln Chichen-Itza und Uxmal beggenen wir einer fremdartigen, mit vielen Fragezeichen behafteten, vor über einem halben Jahrtausend untergegangenen Kultur. Von ihr und ihren Trägern weiß man weniger als von den alten Griechen und

Römern, die viele Jahrhunderte vor ihnen lebten. Der Gedanke, dass hier auf Geheiß der Priester Menschen einem Regengott geopfert wurden, dass man, um diesem einen Gefallen zu tun, ausgewählten jungen Frauen die Herzen aus dem Leib riss, lehrt einen das Gruseln. Welchen Frauen und nach welchen Kriterien? Den Schönsten, den Hässlichsten, den Töchtern der Konkurrenz? Es ist möglich, wenn nicht wahrscheinlich, dass hier brutale Machtinteressen unter dem Vorwand religiöser Notwendigkeiten mit im Spiel waren.

Nachdem ich die sprichwörtliche „Rache des Montezuma" in meinem Bauch zu spüren bekommen habe und zum zweiten Mal seit meinen sowjetischen Kriegserlebnissen die Bisse von Flöhen in einem mexikanischen Hotel, fahren wir, von Einheimischen, vielleicht den Nachfahren der Mayas, sowie ein paar Ziegen und Hühnern umgeben, in einem Bus zur Nordostküste der Halbinsel und setzen auf einem Boot zu einer kleinen Insel über, auf der wir ein Hotel gebucht haben. Etwa auf halber Strecke wimmelt es um uns herum von Haien, ein für schwimmfreudige Strandurlauber wenig erfreulicher Anblick. Nach dem tropisch heißen Urwaldwetter, den nachdenklich stimmenden Aasgeiern am Urwaldrand und der Bekanntschaft mit blutrünstigen Göttern würden wir gern zur Abwechslung in wenn schon nicht kühlem, so doch wenigstens nassem Karibikwasser baden. Aber vielleicht sind das menschenfreundliche Haie. Isla Mujeres heißt die Insel, also Fraueninsel, die sich bei unserer Ankunft dadurch auszeichnet, dass wir nur Männer zu sehen bekommen und nur von Männern bedient werden. Trinkgeld erhoffend tragen sie unser Gepäck, zeigen uns zu viert oder fünft das Zimmer, das Bad und die Fenster, als wäre uns dergleichen noch nie begegnet, erklären alles wortreich und unverständlich, schlagen sämtliche Bettzipfel um, damit wir sehen, dass jeder von ihnen etwas für uns tut. Jetzt wissen wir, wir sind hier willkommen, und unser Trinkgeld ganz besonders. Unter den Haien um die Insel herum dürfte es mehr weibliche Wesen geben als auf dieser Insel, sonst tummelten sie sich da nicht in solcher Fülle.

An einem frühen Nachmittag entfliehe ich dem allzu oft verabreichten Bohnenbrei und begebe mich an den menschenleeren Strand am Nordende der Insel. Dort schwimme ich erst ein wenig, dann etwas mutiger hinaus ins Meer, dabei vorsichtshalber ständig meine Orientierungspunkte am Strand im Auge behaltend. Nach einer Weile bemerke ich plötzlich, dass ich ohne mein Dazutun in eine von mir nicht beabsichtigte Richtung gezogen werde. Ich bin offenbar in eine von der Westseite der Insel kommende Strömung geraten, vor der mich niemand gewarnt hat. Erschreckt biete ich all meine Kräfte auf, um gegen diesen Strom anzuschwimmen, erkenne aber schnell, dass meine Mühe vergebens ist, denn ich werde immer weiter abgetrieben. Da draußen sind die Haie, was um Himmels willen tun? Eben war ich doch noch in ruhigem, sicherem Gewässer, denke ich, aber wie kann ich wieder dahin gelangen? Einer plötzlichen Eingebung folgend versuche ich nun, statt hoffnungslos gegen das Übel anzuschwimmen, in einem stumpfen Winkel zu ihm in Richtung des ruhigeren Gewässers, nicht aber der Insel zu steuern. Wenn mir das nicht gelingt, bin ich verloren. Doch während ich unter Aufbietung all meiner Reserven diese Richtung anstrebe, bemerke ich, wie ich immer weiter von der Insel weggespült werde. Nun packt mich endgültig die Angst. Doch Angst verkrampft. Ich brauche jetzt einen kühlen Kopf und versuche, meiner Logik folgend, trotzdem meinen fast im rechten Winkel zur Insel ausgerichteten Kurs mit all meiner Kraft weiter zu verfolgen, während ich noch mehr ins Meer hinausgezogen werde. Plötzlich spüre ich, dass ich in ruhigeres Gewässer gerate und entdecke zu meiner Beruhigung meine Referenzpunkte auf der Insel wieder. Jetzt nur so weiter, vielleicht ist das Schlimmste schon vorbei. Es scheint, ich habe richtig gehandelt. Zügig und möglichst unaufgeregt schwimme ich nun dem Strand schnurgerade entgegen, bis ich ihn am Ende meiner Kraft erreiche. Erschöpft im Sand liegend sende ich eine Dankesbotschaft in den blauen Himmel. Ich bin noch einmal davongekommen, war aber in größter Lebensgefahr. Hier gab es keine Warnung, keinen Beobachter und keinen, der mich hätte retten können. Ich war ahnungslos und leichtfertig ins Meer geschwommen, konnte aber durch logisches Denken einem bösen Ende entrinnen. Von einem Hai gefressen zu werden, ist gewiss keine angenehme Erfahrung.

An einem anderen Tag nehme ich mittags ein Ruderboot und bemerke, während ich durch das glasklare Wasser unter mir den smaragdgrünen Meeresboden betrachte, zu spät, dass es besser gewesen wäre, ich hätte mir ein Hemd übergezogen. Die Sonne hat mich in weniger als einer halben Stunde so intensiv bestrahlt, dass ich den furchtbarsten Sonnenbrand meines Lebens erleide. Bald packt mich ein heftiges Fieber. Die besorgte Florentinerin holt Essig und reibt mich ein. Doch das schmerzt und meine Haut fällt in Fetzen herab. Der Sonnenbrand, eine Folge mangelnder Achtsamkeit, verdirbt mir den Rest des Urlaubs, lehrt mich aber eine wichtige Lektion für mein weiteres Dasein. Manche Erkenntnis muss man mit Schmerzen bezahlen.

Es bleibt die Erinnerung an eine seltsame Kultur mit ihren faszinierenden Pyramidentempeln, geheimnisvollen Bilderschriften, einer blutrünstigen Gottheit und bei glühender Ostersonne auf dürren Ästen lauernde Aasgeier, die auf jene warten, die am Ende sind, und an erschreckend nahe Haie, die auch Kerngesunde gern verspeisen.

Am Ende des akademischen Jahres bringe ich meine Florentinerin zu dem Greyhound-Bus, mit dem sie eine Erkundungsreise in den Westen antreten will, nach welcher sie, ohne dass wir uns hier noch einmal sehen, nach Italien zurückfliegen will. Wie haben ihr die neun amerikanischen Monate gefallen? Sehr gut, sagt sie, möchte aber den Rest ihres Lebens nicht hier verbringen. Viel später, bei meinem ersten Besuch in der prächtigen Toskana, werde ich das sehr gut verstehen. Als wir uns vor dem Bus verabschieden, weiß ich nicht, ob das, was uns nach vielen gemeinsamen Erlebnissen zusammengeknüpft hat, von Dauer sein wird. Ein späterer Briefwechsel hält diese Möglichkeit zumindest offen. – Eineinhalb Jahre später sind wir ein Ehepaar.

70
Überraschung im Central Park

Dieser Park ist ungewöhnlich. Umgeben von übergangslos hochaufragenden Wolkenkratzern birgt er manchmal Unerwartetes. Bei einem Sonntagsspaziergang begegnet mir mitten im zwanzigsten Jahrhundert ein mittelalterlich gekleidetes Paar. Verträumt Seifenblasen in den blauen Frühherbsthimmel pustend, hüpft es, unwirklich anzusehen, an mir vorüber, eine romantische Phantasmagorie zwischen nüchternen Betonriesen. Unter einem Baum predigt ein bärtiger Untergangsprophet Reue, Abkehr von den Sünden und Vorbereitung auf den nahenden Weltuntergang. Nicht weit von ihm hält ein anderer, von Schautafeln, aber keinerlei Zuhörern umgeben, einen leidenschaftlichen Vortrag über den gesundheitlichen Wert einer vor allem aus Körnern bestehenden Ernährung. Kinder spielen Baseball oder lassen Drachen steigen, Liebespaare sitzen oder liegen im Gras, und auf einem Teich gleiten Enten, Schwäne und Ruderboote still dahin. Der Central Park – ein Ruhepol in der hektischen Weltstadt New York. Ich frage eine mir bekannte Schriftstellerin, wieviel denn an den Berichten über Kriminalität im Park wahr sei. Wenn man sich, meint sie, auf die Stunden vor dem Einbrechen der Dunkelheit beschränkt, könne man sich verhältnismäßig unbesorgt im Park bewegen, „meistens jedenfalls".

Ermutigt von den vormittäglichen Eindrücken begebe mich am Spätnachmittag, während die Sonne noch hoch genug am Himmel steht, wieder in den Park, diesmal mit meinem Fotoapparat. Überall begegne ich weißen, schwarzen und braunen Menschen, und es würde in den Rahmen passen, wenn auch plötzlich ein paar grüne auftauchten. Promenierende, Sport Treibende, Pärchen überall. Als mich mein Weg etwas hügelan führt, sehe ich oben vor mir eine Gruppe mir verdächtig erscheinender Männer beieinander stehen. Als ich ihnen näher komme, wird mir deutlich, dass es sich um Homosexuelle handelt. Ich gehe mitten durch sie hindurch und entdecke bald darauf in der Ferne einen üppigen Baum voller schwarzer Objekte. Neugierig strebe ich ihm entgegen. Als ich, nahe gekommen, Bewegung in ihm erkenne, wächst mein Interesse. Ich bereite meine Kamera vor, halte an und drücke, als der Baum meinen Sucher füllt, auf den Auslöser. Plötzlich gleiten und purzeln die Gestalten mit der Behendigkeit von Affen von den Ästen, gehen auf mich zu und umringen mich. Es mögen zwanzig junge Schwarze sein, manche stämmige Burschen. Mir ist nicht wohl zumute. Ein junges, recht attraktives Mädchen mit Schokoladenteint tritt hervor, stemmt drohend die Hände in die Hüften und fragt mich provozierend: „Sir, wer hat Ihnen die Erlaubnis gegeben, mich zu fotografieren?!" Ich bin überrascht und antworte, ich habe nicht sie fotografiert, sondern den ganzen Baum mit allen, die darauf saßen, denn das sehe man ja nicht alle Tage. „Also haben Sie *mich* fotografiert", folgert sie vorwurfsvoll. Die Runde blickt mich drohend an und ich erflehe innerlich eine göttliche Eingebung. Zu meinem Glück kommt sie in Sekundenschnelle. So, dass es alle hören, sage ich, ich käme vom deutschen Fernsehen und bereite einen Dokumentarfilm über den Central Park vor, und wenn ich ihn drehe, würde ich sie um Erlaubnis bitten und alle Anwesenden einladen, mitzumachen. Das haben sie gewiss nicht erwartet. Die Aussicht, im internationalen Fernsehen eine Rolle zu spielen, scheint der Anführerin und wahrscheinlich auch den anderen attraktiv genug zu sein, um mich nicht zu behelligen. Ein Augenblick des Zögerns, dann gibt die junge Dame, ganz Boss, wortlos ein Zeichen, und die jungen Männer öffnen mir eine Gasse. Ich sage „Thank you and goodbye" und verlasse unbeschädigt den Ort der Gefahr.

Ein paar hundert Meter weiter treffe ich zu meiner wenn auch nur vorübergehenden Beruhigung zwei Polizisten, die aufgeregt in ihre Walkie-Talkies sprechen. Ich frage einen von ihnen, was denn los sei. Im Brustton des von Ungeheuerlichem Wissenden antwortet er: „Wenn ich es Ihnen sagte, würden Sie es mir nicht glauben." Etwas Schlimmes muss geschehen sein oder sich anbahnen. Welches denn der sicherste Weg sei, um aus dem Park heraus zu kommen, frage ich unter dem Eindruck der angespannten Situation. „Den gibt es nicht", ist seine lakonische Wegbeschreibung. Entweder ist der Mann ein Meister des schwarzen Humors oder hinter seiner theatralischen Redeweise steckt bitterer Ernst. Während die beiden Polizisten wieder schwer Verständliches in ihre Walkie-Talkies rufen, schleiche ich mich, Wege meidend, umsichtig zwischen Büschen und Bäumen, immer den näher kommenden Autolärm und die allmählich sichtbar werdenden Obergeschosse der East Side ansteuernd, noch ein paar hundert Meter weiter, bis ich, um ein amerikanisches Erlebnis bereichert, die Sicherheit der menschen- und autoreichen fünften Avenue erreicht habe.

71
Die Dachparty

Was kann man bei einem Umzug in einen fremden Ort erwarten? In Amerika manchmal Erstaunliches.

Mein Bruder hat sich von seinem Beruf als Hubschrauberpilot – erst in der US Army, dann im Dienste der kanadischen Regierung – verabschiedet und ist, als Ingenieur, Angestellter der größten amerikanischen Versicherung geworden. Als ich ihn kurz nach seinem Umzug in ein Wohnhaus besuche, erzählt er mir, dass ihm am Tag des Einzugs seine Nachbarn angeboten haben, sich während der arbeitsamsten Tage um seine kaum einjährige Tochter zu kümmern und ihm wo immer nötig zu helfen. Unmittelbar nach meiner Ankunft werde ich von ihnen zu einer Grillparty in einem benachbarten Garten eingeladen. Sie nennen das eine „roof party". Die Dächer der Häuser in dieser Straße sind alle in der gleichen Weise und mit dem gleichen Material gebaut worden und die ältesten von ihnen sind nicht mehr dicht. Daraufhin hat sich die Nachbarschaft zu einem Einkaufs- und Arbeitskollektiv zusammengeschlossen, dem sich nun auch mein Bruder allzu gern hinzugesellt hat. Während die Männer das Material für alle Dächer preisgünstig einkaufen und gemeinsam je nach Bedarf von Dach zu Dach arbeiten, kümmern sich die Frauen um die Kinder und die Verpflegung. Der Geist der Siedlerpioniere früherer Jahrhunderte ist hier noch lebendig. Neben der Ersparnis für alle hat das auch den Vorteil des Zustandekommens eines nachbarschaftlichen Gemeinschaftsgefühls, aus dem sogar andauernde Freundschaften werden können. Auch mich, den völlig Fremden, empfängt man herzlich und interessiert. Man nennt mich sofort bei meinem Vornamen, fragt mich ungeniert nach meiner Verwandtschaft hier und in Deutschland, nach meiner beruflichen Tätigkeit, meinem Studium und meinen Plänen und verhilft mir zu dem Angebot an Steaks, gegrilltem Huhn, Salaten, Kuchen und Getränken. In Minutenschnelle gehöre ich dazu und erlebe eine der Stärken dieses Volkes.

72
Die Schreckensnachricht *(22. 11. 1963)*

Zusammen mit Männern verschiedener Berufe spiele ich zur Mittagszeit in der Sporthalle des Vereins Christlicher Junger Männer Volleyball, als plötzlich der Direktor des Hauses vom Geländer des oberen Stockwerks erregt zu uns herunter ruft: „The President was shot!" Es dauert eine Weile, bis wir von Schrecken gepackt begreifen, was wir gehört haben, dass nämlich der amerikanische Präsident John F. Kennedy gemeint ist und dass auf ihn ein Attentat verübt worden ist, vielleicht mit tödlichem Ausgang. Es ist eine Hiobsbotschaft von nationaler und internationaler Bedeutung. Bestürzt, fassungslos und noch ungläubig verlassen wir den Court, begeben uns in den Fernsehraum und werden Zeugen eines Dramas von weltgeschichtlicher Dimension. Angespannt verfolgen wir die Wiederholung des vor Minuten live ausgestrahlten Ereignisses: die durch die Innenstadt von Dallas fahrende Autokolonne, den erst strahlenden, winkenden, doch plötzlich zusammensackenden Präsidenten, seine sich über ihn beugende Frau Jacqueline, die von hinten auf den Wagen kletternden Sicherheitsbeamten, die Weiterfahrt zum Krankenhaus, die erregten Fragen, ob er noch lebt, die Mitteilungen der Ärzte und schließlich die Gewissheit: John F. Kennedy, das Idol von Abermillionen im In- und Ausland ist tot. Eine Hoffnung für Amerika und die Welt ist in einem Augenblick wie eine Seifenblase geplatzt. Die Geschichte scheint still zu stehen, unser Fassungsvermögen ist überfordert. Amerika steht unter Schock.

Ich kann meine Unterrichtsstunden in diesen Tagen nicht halten, ohne auf dieses Ereignis einzugehen. Vor mir sitzen verstörte junge Amerikanerinnen, manche mit Tränen in den Augen. Man hat ihnen einen Traum zerstört, den Traum von einem jugendlichen, friedlichen und fortschrittlichen Amerika, das der Menschheit ein Vorbild sein würde. Er fand in diesem einen Menschen seine Verkörperung. Doch der ist nun nicht mehr. Wer aber hat ihn getötet und warum? Eine Studentin aus den Südstaaten gesteht, dass es bei ihr zu Hause manche gebe, die ihm ein solches Schicksal gewünscht haben. Um so größer ist die Betroffenheit der anderen. Wie soll ich unter diesen Umständen über deutsche Schriftsteller der Klassik und der Romantik sprechen? Meiner im Unterricht öfter geäußerten These, dass alles mit allem zusammenhängt folgend, schlage ich Brücken von Goethe über Heine, Nietzsche, die politischen Morde während der Weimarer Republik und das Hitlerreich bis zum zweiten Weltkrieg und dem heutigen Amerika. Das friedliche Lehren und Lernen hat plötzlich eine andere Dimension. Wir sind uns der historischen Bedeutung dieses Moments und unserer ständigen Gefährdung bewusst.

Die Tage und Wochen danach werden ein erdumfassend aufwühlendes Geschehen. Ich habe in diesem Lande bisher nur friedliche, glückliche Jahre erlebt, und nun dieses furchtbare Ereignis. Ist dies ein Wendepunkt in der amerikanischen Geschichte?

73
Der jüdische Kollege

Wir begegnen uns zufällig am Ausgang der College-Bibliothek. Er hat dunkles, wallendes Haar, ein gebräuntes Gesicht mit verhalten markantem Profil, eine leicht nach vorn gebeugte Haltung und trägt einen Stapel Bücher unter dem Arm. Ich öffne ihm die Tür. Ein „Thank you", ein beiderseitiges Lächeln, sonst nichts. Oder doch? Tage später stehen wir hintereinander im Faculty Club in der Warteschlange vor der Essensausgabe und wechseln ein paar Worte, dann sitzen wir uns am Tisch gegenüber. Studentinnen haben mir erzählt, Serge Doubrovsky sei ein hervorragender Professor der französischen Literatur. Irgend jemand hat mir gesagt, er sei jüdischer Herkunft und habe während der Besatzung Frankreichs durch deutsche Truppen als junger Schüler eine schwere Zeit gehabt. In Paris habe er sich ständig vor den Deutschen und ihren französischen Kollaborateuren, zu denen auch einige Mitschüler gehörten, verstecken müssen. In unserem Gespräch erfährt er jetzt, dass ich im German Department unterrichte und Deutscher bin, schweigt daraufhin sichtlich betroffen und spricht mit anderen. Später wird er mir gestehen, dies sei ein erschreckender Augenblick für ihn gewesen, denn ich sei der erste Deutsche, dem er seit seiner Jugend begegnet ist und eine solche Begegnung habe er eigentlich um alles in der Welt vermeiden wollen. Doch wir treffen wieder aufeinander, und er kann und will mir nun offenbar auch gar nicht mehr ausweichen. Er ist mir sympathisch und ich spüre in ihm ein gespannt neugieriges Interesse an mir.

Wochen vergehen, bis nach gelegentlichen kurzen Wortwechseln eines Tages das von mir Unerwartete geschieht. Er lädt mich in sein Haus ein. Es befindet sich weit außerhalb des Ortes, weswegen ich mit der Bahn dorthin fahre. Er holt mich am Bahnhof mit dem Auto ab, fährt ein paar Meilen, hält plötzlich im Niemandsland an und stellt den Motor ab. Er müsse mir, ehe ich sein Haus betrete, ein paar Fragen stellen, die ihm auf der Seele brennen. Und nun setzt er mich einer bedrückenden Kanonade von Fragen aus, denen ich nicht ausweichen will. Wie mein Schülerleben war im Dritten Reich, ob ich Juden kannte, was ich von ihnen wusste, was ich und meine Eltern damals empfanden, was wir in der Hitlerjugend taten, wussten und erlebten, was ich von den Konzentrationslagern wusste, wer meine Freunde waren, ob wir als Soldaten politisch geschult wurden, ob ich an der Hinrichtung von Partisanen beteiligt gewesen sei und so fort. Wie konnten wir um Gottes Willen Handlanger eines so grausamen Verbrechens werden? Hatten wir wirklich nichts gewusst, nichts gesehen, nichts gehört oder gespürt? Es ist nicht das erste Mal in diesem Lande, dass mir diese schmerzlich gravierenden Fragen gestellt werden, und ich beantworte sie auch dieses Mal ehrlich und ausführlich und werde dabei von neuem seelisch aufgewühlt. Ich sage ihm, dass wir das damals ganz anders gesehen haben, dass wir Jungen, wie die meisten Deutschen, Hitler für einen anständigen, tapferen Menschen hielten, der Deutschland von der ausländischen Bevormundung nach dem ersten Weltkrieg und dem entehrenden Versailler Vertrag wieder zu seinem Recht verhelfen wollte, dass wir ihn verehrten und uns keiner deutschen Verbrechen bewusst waren. Dass wir geprägt waren von unserer Erziehung zu Gehorsamkeit und Pflichterfüllung. Ja, dass wir naiv waren, blind gläubig und falsch oder gar nicht informiert, dass das Ganze aus heutiger Sicht und nach dem heutigen Kenntnis- und Erkenntnisstand auch für mich nur schwer erklärbar sei. Wir sahen unser Vaterland von Feinden umstellt und wollten es, wollten unsere Familien schützen. Was wir heute als Beihilfe bei einem schrecklichen Verbrechen erkennen, empfanden wir damals als patriotische Pflicht. Unsere jugendliche Begeisterungsfähigkeit wurde für ein Verbrechen missbraucht, das wir nicht als solches erkannten. Meine fast verzweifelten Bemühungen, sein Verständnis zu erreichen, scheinen eine ganze Weile auf Ungläubigkeit zu stoßen und versetzen ihn und mich in Unruhe. Wir, ein Franzose und ein Deutscher, einstige Feinde, ringen mühsam um eine Annäherung, wringen unsere Seelen aus. Mein Verständnis für sein Unverständnis und meine unermüdliche Bereitschaft, auf seine Fragen uneingeschränkt einzugehen, beeindrucken ihn schließlich doch. Es ist keinerlei Feindschaft in seinem Ausdruck, nur eine beinahe flehentliche Bitte um Erklärungen. Noch bestünde die Möglichkeit für ihn, auch wenn es nun ein Affront wäre, seine Einladung zurückzuziehen. Doch er fragt immer weiter. Mehr als zwei Stunden vergehen, ermüdende Stunden, und unsere Mägen rufen nach Erlösung. Schließlich erweicht ihn meine Bereitschaft, die Tortur zu ertragen. Er scheint meine Erregung und mein Bedürfnis, ihm entgegenzukommen, zu spüren. Plötzlich holt er tief Luft, reicht mir die Hand und sagt zu mir: „Horst, you are my friend." Das Eis ist gebrochen, der Motor springt an. Wir fahren zu seinem Haus, ich lerne seine beunruhigte Frau, Chefredakteurin einer New Yorker Zeitschrift für die schwarze Bevölkerung kennen und teile nun mit ihm ein reichlich verspätetes Mahl. Kein Wort fällt mehr über das unheimliche Thema aus der immer noch gegenwärtigen Vergangenheit.

Später, nach meinen amerikanischen Jahren, wird er mich mehrfach in München besuchen, wird bei mir wohnen und jedes Mal mit mir das KZ Dachau besuchen. Er wird einen ersten Roman schreiben, in dem er mich, seine künstlerische Freiheit nutzend, zu einem ehemaligen Offizier der deutschen Wehrmacht verwandelt, der nach dem Krieg, mit einer Florentinerin verheiratet, in einer gepflegten Münchner Wohnung zwischen ausgewählten toskanischen Möbeln und Kunstwerken lebt. Damit macht er mich, wenn auch verfremdet, zu einer Nebenfigur der modernen französischen Literatur. Und ich werde ihn mehrfach in Paris besuchen und seine neue Frau kennen lernen, eine gebildete Österreicherin, deren Vater Nazi war – ausge-

rechnet das noch, es ist wohl sein Schicksal. Noch später werde ich ihm eine Lesung im Münchner französischen Kulturinstitut verschaffen. Dort wird er mit fast vulkanischer Leidenschaft die Liebe zu dieser Frau besingen und uns seinen unsäglichen Schmerz nach ihrem Freitod nachempfinden lassen. Ein erschütternder Vortrag, nach dem kein Mensch zu applaudieren vermag.
– Serge Doubrovsky ist Träger des angesehenen französischen Literaturpreises Prix Médicis.

74
Günter Grass im Women's College

Einigen meiner Germanistikstudentinnen steht ein großes Ereignis bevor. Mein Kollege Reinhard Lettau hat in Deutschland ein in geschliffenstem Deutsch geschriebenes Buch voller verschmitzt grotesker Geschichten unter dem Titel „Schwierigkeiten beim Häuserbauen" veröffentlicht, das weitgehend hier am College entstanden ist. Jetzt gehört er zu der renommierten Gruppe 47 deutscher Nachkriegsautoren, zu der auch der mit ihm befreundete Schriftsteller Günter Grass zählt. Auf Lettaus Einladung hin besucht dieser unser College. Vor einem Auditorium deutschkundiger Professoren aus den Hochschulen der Umgebung und einigen unserer Studentinnen liest er aus seinem Roman „Die Blechtrommel", der jetzt auch in den USA Furore macht. Eine Anglistikprofessorin, die mit mir noch nie ein Wort gesprochen hat und von der ich gar nicht wusste, dass sie ausgezeichnet Deutsch versteht, spricht mich hinterher tief beeindruckt an und sagt mir, dieser deutsche Autor sei eine Jahrhundertbegabung und werde bald als der führende Schriftsteller der deutschen Nachkriegsliteratur gelten.

Für die Dauer seines Aufenthaltes in unserer Gegend wohnt Günter Grass bei Reinhard Lettau draußen auf dem Land. Am nächsten Abend findet in diesem Haus eine große Party statt, zu dem Lettau Kollegen, Freunde und auch ein paar meiner Studentinnen einlädt, die ich aussuchen darf. Weil die Party gewiss lange dauern wird und die jungen Damen dem üblichen Reglement entsprechend um zehn Uhr abends wieder in ihrem dormitory sein müssen, besuche ich deren für ihre Unversehrtheit verantwortlichen Hausdamen und bemühe mich, ihnen klarzumachen, welche Bedeutung die persönliche Begegnung mit einem berühmten Schriftsteller ihres Fachgebiets für das weitere Studium der jungen Germanistinnen haben würde und bitte herzlich und dringend um eine Verschiebung des Zapfenstreichs auf Mitternacht, weil die Begegnung sonst zu kurz und oberflächlich ausfallen würde. Es fällt den Damen sichtlich schwer, die erwünschte Ausnahme zu machen, doch gelingt es mir schließlich, sie vom Nutzen und der relativen Gefahrlosigkeit des Unternehmens zu überzeugen.

Mit fünf fröhlich aufgekratzten, gescheiten und gar nicht unattraktiven jungen Amerikanerinnen am Ende ihres zweiten Lebensjahrzehnts an Bord meines uralten Pontiac fahre ich hinaus aufs Land und mische mich mit ihnen unter das Getümmel der Party. Ich stelle die erwartungsvollen Studentinnen dem großen Autor vor, der bald eine von ihnen zum Tanz einlädt und sie den ganzen heiteren Abend lang nicht mehr aus den Augen lässt. Irgendwann scheint das seiner Frau nicht mehr recht zu gefallen und sie zieht sich nach oben in ihre Gemächer zurück. Umso vergnügter wird der tanzende Dichter, bis ich ihm meines Versprechens der fristgemäßen Ablieferung im sicheren Hafen eingedenk seine Tanzpartnerin entreißen muss. Pünktlich um Mitternacht liefere ich meine freudig erregte Fracht in ihren Schlafstätten ab und höre später, welch begeisterte Berichte sie dort mitgeteilt haben. Man soll nicht meinen, das Leben in einem women's college sei langweilig.

Als sich Reinhard Lettau Monate später verabschiedet, um zu einem Treffen der Gruppe 47 nach Deutschland zu reisen, fliegt er, mit einer abgetragenen, durchlöcherten bluejeans-Hose bekleidet, Erster Klasse. Es ist der Stil einer sich anbahnenden neuen Zeit, provokant lässig sein Freigeistertum zu demonstrieren, das sich den Teufel um bürgerliche Zwänge schert. Lettau ist ein sympathischer Kollege, ein manchmal auf skurril kritische Weise intellektueller Denker und, einer Offiziersfamilie entstammend, ein leidenschaftlicher Antimilitarist. Später geißelt er Missstände sowohl in seiner amerikanischen als auch in seiner deutschen Heimat. Die Stadt Berlin erklärt ihn für eine Weile zur persona non grata.

75
Kurt Tucholsky in Manhattan

Auf meiner letzten Europareise habe ich anlässlich eines Besuches im Tucholsky-Archiv in Rottach-Egern, das von der Witwe des Autors geleitet wird, eine folgenreiche Bekanntschaft gemacht. Zwischen einer Unzahl von Büchern aus den Zwanzigerjahren sitze ich im Obergeschoss, als Mary Tucholsky zum Mittagessen läutet. Unten am Esstisch neben Frau Mary ein Herr aus New York. Er heißt Alfred Cohn, ist deutsch-jüdischer Herkunft und hat heimlich in meiner Dissertation über Tucholsky als Literaturkritiker gelesen, die er jetzt als einen so wichtigen Text preist, dass man mehr daraus machen müsste. Er kennt den Programmdirektor des Goethe-Hauses an der Fifth Avenue in New York, Professor Holthusen, bekannt als Dichter und brillanter Essayist und verspricht mir, er wolle ihn nach seiner Rückkehr dazu überreden, mich zu einem Vortrag im Goethe House einzuladen.

Monate später erreicht mich in Massachusetts ein Schreiben von Hans Egon Holthusen. Worüber ich denn sprechen würde. Tucholsky war ein Mensch zwischen den ideologischen und politischen Stühlen, ein „Unbehauster" im Rilkeschen Sinne und Holthusen hat sich mit dem Phänomen des unbehausten Menschen literarisch beschäftigt. Dies miteinander verknüpfend, schlage ich das Thema „Kurt Tucholsky, ein unbehauster Deutscher" vor. Das zündet an der Fünften Avenue. Die Einladung kommt.

Im April 1964 erscheine ich im Goethe House in Manhattan und werde zu einem Vorgespräch und einem Drink in die in einem oberen Stockwerk gelegene Holthusensche Wohnung eingeladen, wo ich seine Familie kennen lerne. Als ich anschließend den Vortragssaal betrete, ist er bis zum letzten Platz gefüllt. Es sind meist Herren fortgeschrittenen Alters. Viele, wenn nicht die meisten von ihnen dürften jüdische Deutschlandflüchtlinge sein. Schnell werde ich mir der besonderen Situation bewusst. Hier soll ein ehemaliger Hitlerjunge und Soldat der Wehrmacht des Führers, der inzwischen an einer amerikanischen Hochschule lehrt, vor Opfern des Regimes sprechen, zu dessen Räderwerk er einst gehörte; ein brisantes Unterfangen. Doch er will über einen deutschen Juden sprechen, der in radikaler Opposition zu jenem Regime stand, das ihn ausbürgerte, seine Bücher verbrannte und ihn damit zur Wirkungslosigkeit im Ausland verbannte. In den Gesichtern der Anwesenden spüre ich angespannte Erwartung.

Ich referiere über die schillernde Persönlichkeit des leidenschaftlichen Publizisten der Weimarer Zeit, über seine Haltung zur damals herrschenden Klasse, zu den Parteien, dem Judentum, dem Katholizismus, dem Kommunismus und Sigmund Freud, schildere seinen unermüdlichen, am Ende verlorenen Kampf für ein humanes und friedfertiges Deutschland und analysiere abwägend die Vorwürfe, die ihm als kämpferischer Kritiker der Weimarer Republik und damit als einem ihrer möglichen Totengräber gemacht worden sind. Am Ende heftiger Applaus. Ich blicke in einige strahlende Gesichter, ein paar Taschentücher wischen unter nassen Augen. Mir scheint, ich habe diesen um ihre Heimat Betrogenen aus dem Herzen gesprochen. Ein renommierter Fotograf, von dem es ein berühmtes Einstein-Foto gibt, auch er deutsch-jüdischer Herkunft, macht ein Portraitfoto von mir, das danach Monate lang in der Eingangshalle des Hauses hängen wird. Schließlich Abschied von den Holthusens – ich ahne noch nicht, dass ich bald für viele Jahre zu ihrem Münchner Freundeskreis gehören werde – und ein Gespräch mit Alfred Cohn in einem nahe gelegenen coffee shop. Er erklärt mir, welche Rolle mein Vortrag gespielt habe. Seit Hans Egon Holthusen, in der frühen Nazizeit ein SS-Mann, der noch vor dem Ende des Krieges seinen Irrtum korrigierte, Programmdirektor im Goethe House wurde, haben viele, vor allem viele seiner jüdischen Besucher dessen Veranstaltungen boykottiert. Alfred Cohn hat bei ihnen um Verständnis geworben, Holthusen sei ein ehrbarer Mensch und ein anständiger Deutscher, dem man seinen jugendlichen Fehltritt nachsehen müsse. Viel habe das nicht genutzt, als aber nun ein in Amerika promovierter und lehrender Deutscher über Tucholsky sprechen sollte, einen jüdischen deutschen Schriftsteller, der einst eines ihrer Leitbilder war, wollten sie sich das nicht entgehen lassen. Es sei eine Sternstunde für sie gewesen. Und für mich war es ein Höhepunkt meiner amerikanischen Jahre.

Hans Egon Holthusen wird später Präsident der Bayerischen Akademie der Schönen Künste.

76
Schicksalsbriefe

Wohin gehöre ich? Das ist die Frage, die sich wohl die meisten Auswanderer immer wieder stellen. Die Kultur, aus der man kommt, prägt das Leben danach und manchmal schmerzt die Beschäftigung mit dieser Frage, denn sie hat mit einem Austausch von Verlusten und Gewinnen zu tun. Man muss abwägen und dann eine harte Entscheidung treffen.

Ich habe nun ein ganzes Jahrzehnt einen Ozean entfernt von meiner Heimat gelebt, habe einen Beruf gefunden, mit dem sich auch für den Rest meiner Arbeitsjahre leben ließe, habe Freunde und angenehme Kollegen. Wenn ich bleibe, winkt mir, so flüstert es mir mein mir wohl gewogener Chairman zu, in ein bis zwei Jahren eine Festanstellung als Associate Professor. Doch irgend etwas zieht mich zurück nach Europa, nach Deutschland. Bei meinen gelegentlichen Besuchen dort spürte ich ein deutliches Zugehörigkeitsempfinden. Nach Ostdeutschland kann und will ich nicht zurück. Aber Westdeutschland habe ich als Arbeitsplatz noch nie ausprobiert. Bei meinem letzten Deutschlandaufenthalt habe ich in München gelegentlich der Vorlesung eines Mitglieds des Fernsehdirektoriums des Bayerischen Rundfunks den Vortragenden in einer Pause angesprochen und gefragt, ob er meine, dass einer wie ich in seinem Hause von Nutzen sein könnte. Er ließ das offen, riet mir aber, mit ihm in Verbindung zu bleiben. Jetzt schreibe ich dem Herrn, ohne zu wissen, dass er bald Fernsehdirektor sein wird. Kaum zwei Wochen vergehen und er antwortet, er könne sich an unser Gespräch erinnern und hätte mir bereits ein Angebot gemacht, wenn ihm meine Anschrift bekannt gewesen wäre. Er brauche mich dringend ab 1. Juli 1964 als Redakteur für ein zu gründendes Fremdsprachenprogramm. Das Schicksal klopft wieder einmal an meine Tür. Ich spreche mit meinem Chairman, dieser mit dem College-Präsidenten. Man gewährt mir ein Jahr leave of absence, einen unbezahlten Urlaub, und hält so lange meine Stelle für mich frei. Zwei Wochen unruhigen Nachdenkens, dann der entscheidende Schicksalsbrief: Ich sage dem Bayerischen Rundfunk zu, eine geradezu existenzielle Entscheidung zwischen zwei Welten, zwei Sprachen, zwei Berufen – mit allen möglichen Konsequenzen. Es ist eine Festlegung für mindestens ein Jahr. Ein Jahr?

77
Unfassbar!
(Das Fünfzehn-Dollar-Auto, letzter Teil)

Noch einmal fahre ich mit meinem guten alten Pontiac nach Manhattan, parke an der East Side und komme nach etwa vierzig Minuten zurück. An der Windschutzscheibe finde ich einen Strafzettel: Wegen zwanzig Minuten Parkzeitüberziehung $ 15 Strafe. Fünfzehn Dollar, der Kaufpreis meines Autos! Es ist nicht zu fassen. Ich bin entsetzt. Amerika ist meistens freundlich, doch es kann auch brutal zuschlagen. Ich wohne in Massachusetts, also einem anderen Staat. Darum habe ich nicht die Absicht, New York ein so unverhältnismäßiges Opfer zu bringen. Nach Northampton zurückgekehrt, gelingt es mir kurz vor meiner Abreise nach Deutschland, den Pontiac an eine französische Kollegin zu verkaufen. Ich weise sie auf alle Schwächen des Wagens und auf die nagelneuen vulkanisierten Reifen hin und überlege mir, welchen Preis ich ihr nennen soll. Mir scheint, sie würde der Qualität des Autos misstrauen, wenn ich ihr sage, für wie wenig Geld ich es erstanden habe, und nenne darum $ 25 als Kaufpreis. Was? Ein so großes Auto für nur fünfundzwanzig Dollar? Sie kann es kaum fassen. Wir machen eine Probefahrt und sie strahlt, ist mehr als zufrieden. Der Deal ist perfekt. Vielleicht ist sie die erste Frau, die ich wirklich glücklich gemacht habe.

Eineinhalb Jahre später wird mich in München ein Brief der New Yorker Polizei erreichen, ich schulde ihnen noch $ 15 und möchte diese doch bitte schnellstens bezahlen. Eine höfliche Bitte ohne Säumniszuschlag. Woraufhin ich das New York Police Department in einem besonders freundlichen Schreiben mit beigefügtem Scheck für seine detektivische Tüchtigkeit angesichts des Ausfindigmachens meiner neuen überseeischen Anschrift beglückwünsche und mich für die Verzögerung der Begleichung entschuldige, aber wer wolle schon als Strafe für eine Parkzeitüberziehung von zwanzig Minuten den Kaufpreis seines Autos bezahlen. Jetzt aber sei ich gern dazu bereit, denn in Amerika habe man mich stets freundlich behandelt. Das dürfte in New York Heiterkeit ausgelöst haben. Fazit: Auch ein Fünfzehn-Dollar-Auto kann eine Menge Freude bereiten. Und: Das gibt es nur in Amerika.

78
Der Schock vor dem Abschied

Kurz vor meiner Abreise aus Northampton, Massachusetts, in die alte Welt Europa brauche ich noch einen Koffer. Im Ortszentrum soll es einen suitcase shop, ein Koffergeschäft, geben. Da ich es nicht finde, frage ich einen an einer Kreuzung stehenden älteren Herrn: „Excuse me, I'm looking for a suitcase shop", der solle doch hier sein und ob er wisse, wo. Der Mann blickt mich wie entgeistert an, steht starr und schweigt. Ist er taub oder stumm oder beides? Ich wiederhole meine Frage. Da geschieht das völlig Unerwartete, Empörende. Statt einer Antwort auf meine Frage sagt er auf Deutsch, nein, auf Sächsisch: „Saachn Se mal, sind Se vielleicht aus Saxn?" Ich denke, mich trifft der Schlag. Der Mann, ohne Zweifel ein Produkt meiner sächsischen Heimat, hört aus meinem Englisch meine Herkunft heraus! Ein gutes Jahrzehnt lang habe ich in diesem Land gelebt, täglich Englisch gehört und gesprochen. Mehrfach wurde ich gefragt, ob ich Engländer sei oder Ire. Und jetzt das! Hätte ich nicht ein friedliches Naturell, ich könnte ihm an die Kehle springen. Er ist aus Chemnitz, lebt schon lange in den Staaten, ist Musiker von Beruf, ein Künstler mit einem überaus feinen Gehör, das mir nun die Schamröte ins Gesicht treibt.

Ich brauche einen Trost. Vielleicht ist das einer: Englisch ist doch eine angel-sächsische Sprache, also mit meiner heimatlichen Mundart irgendwie verwandt. „Ä Song" klingt auf Englisch genauso wie auf Sächsisch. Überhaupt, der unbestimmte englische Artikel „a" ist reinstes Sächsisch! Wenn das keine Verwandtschaft ist! Und außerdem haben meine amerikanischen

Studenten jedes Mal, wenn ich ihnen interessehalber denselben Text auf Hochdeutsch und auf Sächsisch vortrug, die sächsische Aussprache als die wärmere, gemütlichere und sympathischere empfunden. Nun bin ich halbwegs getröstet.

Und doch: Jahrzehnte lang habe ich mich bemüht, meinen ohnehin verhältnismäßig milden Dresdner-sächsischen Akzent abzustreifen und meinte, es schon längst geschafft zu haben. Und nun soll er in meinem Englisch verborgen sein? Aus meinem Deutsch in eine Fremdsprache geschlüpft? Muss ich ein weiteres Jahrzehnt hier bleiben, bis der Chemnitzer ihn nicht mehr aus der heraushört? Zu spät. In München habe ich zugesagt, hier habe ich mich abgemeldet. Schock hin, Schock her, die Würfel sind gefallen.

Was lerne ich daraus? Erstens: Auch zur Unzeit ist man vor Überraschungen nicht sicher. Zweitens: Ein überaus feines Gehör kann auch Verdruss bereiten.

79
Abschied von Amerika (Juni 1964)

Das Leben zwischen zwei Welten geht zu Ende und mit ihm der transatlantische Spagat. Ich trenne mich, nicht ohne Zweifel und Schmerzen, von meiner neuen Heimat und kehre zur alten zurück. Abschied vom Paradise Pond, von den freundlich lächelnden Studentinnen, den wohlwollenden Kollegen, dem gefälligen Leben zwischen Büchern und lernwilligen jungen Menschen, von der Weitergabe von Wissen und Erkenntnissen an neue Generationen.

Und dann noch einmal Manhattan, die himmelstürmenden Beton- und Glastürme, Symbole einer überaus begabten, nicht immer alles wissenden, aber strebsamen Nation und unter strahlender Frühsommersonne der grüne, manchmal Überraschungen bergende Central Park. Ich, der ich dabei bin, meine Heimat wiederzufinden, durfte an seinem Rande an illustrer Stelle vor einem Publikum von Vertriebenen über Kurt Tucholsky sprechen, einen verfemten Deutschen ohne Heimat, der im Ausland freiwillig aus dem Leben schied. Und am östlichen Saum der Wolkenkratzerinsel machte ich die erschreckende Erfahrung, dass eine kurze Parkzeitüberschreitung hierzulande den Kaufpreis eines Autos kosten kann. Diese Stadt beherbergt alles, was es an Menschheit gibt – eine Unzahl von Reichen und Bettelarmen, von Heiligen und Verbrechern, Sündern und ganz normalen Menschen. Hier leben Völker, Rassen und Religionen, die sich anderswo die Köpfe einschlagen, friedlich mit- oder nebeneinander. Hier ballt sich eine ungeheure Energie an Fleiß, Erfindungsgeist und Lebenswillen zusammen. New York City ist ein Moloch und ein Wunder zugleich.

Dann mit dem Bus den eher ernüchternden Weg durch die Queens entlang zum John F. Kennedy Airport, John F. Kennedy, den ich erlebte und sterben sah. Diesmal also nicht mehr mit dem Schiff, die Zeiten haben sich geändert, die Kontinente rücken immer näher aneinander. Wie schön waren doch die geruhsamen mehrtägigen Atlantiküberquerungen auf Touristen- und Studentenschiffen, wo ich für junge Menschen Sprachunterricht organisieren konnte, einmal notgedrungen als falscher Prediger auftreten durfte und ein anderes Mal mit vielen hundert lern- und erlebnisfreudigen amerikanischen Studenten ein vieltausend-Tonnen-Schiff in Schieflage brachte.

So angefüllt von Erinnerungen an die neue Welt in nur sieben Stunden mit Sack und Pack in die alte, andere Welt versetzt zu werden, ist ein aufwühlender Vorgang. Ich bin dabei, den Kontinent, die Nation, die Gesellschaft, die Freunde, und auch noch den Beruf zu wechseln. Das ist eine geradezu gewaltsame Entwurzelung und Transplantation. Doch ich fühle mich ihr gewachsen. Amerika hat mich gestärkt und bereichert. Jedes Wasser findet seinen Weg und jedes Menschenleben auch.

Amerika, du warst gut zu mir, hast mir zwar erst meine Heimatstadt zertrümmert, doch aus gutem Grund, hast mich aber dann an dich gezogen, hast mir Chancen eröffnet, Vertrauen geschenkt, hast mich gefördert und erfreut. So vielen liebenswerten, warmherzigen und hilfsbereiten Menschen bin ich begegnet. Von ihnen werde ich zehren. Amerika, ich danke dir. Du wirst dich ändern, wie sich Europa und vor allem meine Heimat Deutschland geändert hat, hier zum Vorteil, da zum Nachteil. Es gibt vieles, wofür man dich bewundern und auch manches, dessentwegen man dich schelten kann. Du bist großartig, aber manchmal auch erschreckend. Von Gefahren bedrängt magst du, wie alle großen Nationen, dann und wann Irrwege begehen und in der Überzeugung, Gutes zu tun, Schäden anrichten, die vermutlich vermeidbar gewesen wären. Doch den rechten Weg wirst du immer wieder finden. Denn dein Kern ist gut, gesund und stark.